विश्व हिंदू परिषद् के शिल्पी

दादा साहेब आपटे

विश्व हिंदू परिषद् के शिल्पी
दादा साहेब आपटे

डॉ. कुलदीप चंद अग्निहोत्री

प्रभात प्रकाशन, दिल्ली
ISO 9001:2008 प्रकाशक

प्रकाशक • **प्रभात प्रकाशन**
4/19 आसफ अली रोड,
नई दिल्ली–110002

संस्करण • प्रथम, 2018
मूल्य • चार सौ रुपए
मुद्रक • आर–टेक ऑफसेट प्रिंटर्स, दिल्ली

Vishwa Hindu Parishad Ke Shilpi : DADA SAHEB APTE
by Dr. Kuldeep Chand Agnihotri ₹ 400.00
Published by Prabhat Prakashan, 4/19 Asaf Ali Road, New Delhi-2
e-mail: prabhatbooks@gmail.com ISBN 978-93-5266-545-7

श्री अशोक सिंहल जी

एवं

श्री श्रीकांत जोशी जी

की पावन स्मृति को समर्पित

इस संस्करण की कैफियत

इस पुस्तक का पहला संस्करण 2006 में प्रकाशित हुआ था। उस समय इसका प्रकाशन दिल्ली की दादा साहेब आपटे स्मारक समिति ने किया था। बाद में इसके मराठी और गुजराती संस्करण भी प्रकाशित हुए। लेकिन ये सभी संस्करण दो-तीन साल के भीतर ही समाप्त हो गए। आपटेजी के बारे में यह प्रारंभिक पुस्तक उन दिनों 'हिंदुस्थान समाचार' के मार्गदर्शक श्रीकांत जोशीजी, विश्व हिंदू परिषद् के तत्कालीन अध्यक्ष अशोक सिंहलजी और प्रो. चंपत रायजी की प्रेरणा से लिखी गई थी। उन दिनों इन तीनों से इस विषय पर लंबी चर्चाएँ होती रही थीं। दादा साहेब आपटे पर अभी भी पर्याप्त सामग्री उपलब्ध नहीं है और विश्व हिंदू परिषद् के उद्देश्य, दिशा व क्रियाकलापों को निर्धारित करने में उनकी क्या भूमिका रही, इस पर गंभीर शोध कार्य किया जाना बाकी है। राष्ट्रीय स्वयंसेवक संघ को लेकर लिखे गए शोध ग्रंथों में विश्व हिंदू परिषद् की स्थापना का भी जिक्र होता है और उसमें दादा साहेब आपटे का उल्लेख आता ही है। लेकिन यह उल्लेख प्रसंगवशवाली शैली में ही होता है। रघुनाथ प्रसाद शर्मा ने बहुत ही परिश्रम करके विश्व हिंदू परिषद् से संबंधित तमाम दस्तावेजों का 'प्रेरणा के स्वर' और 'विश्व हिंदू परिषद् की 42 वर्षीय विकास-यात्रा' में संकलन किया है। कुछ समय पहले मंजरी काटजू का 'विश्व हिंदू परिषद् एंड इंडियन पॉलिटिक्स' नाम से एक शोध प्रबंध प्रकाशित हुआ था। डॉ. काटजू ने बहुत परिश्रम से कार्य किया है। विश्व हिंदू परिषद् के अध्यक्ष रह चुके शिवनाथ काटजू की वह संबंधी हैं, इसलिए उनकी पहुँच अनेक प्राथमिक स्रोतों तक भी रही होगी। लेकिन क्या इसे महज संयोग ही माना जाए कि डॉ. मंजरी काटजू भारतीय राजनीति में उस विश्व हिंदू परिषद् की भूमिका तलाश रही थीं, जिसे दादा साहेब आपटे राजनीति से कोसों दूर रखना चाहते थे। दादा साहेब आपटे द्वारा मराठी भाषा में लिखी गई उनकी बीस से भी ज्यादा डायरियाँ इस

प्रकार की बहुमूल्य सामग्री का प्राथमिक स्रोत हैं। लेकिन दुर्भाग्य से अभी तक इस सामग्री का किसी भी शोध विज्ञानी ने उपयोग नहीं किया। मैंने जब आपटेजी की यह जीवनी लिखी थी, उस समय मेरे मन में था कि बाद में समय निकालकर दूसरे संस्करण शेष कार्य को पूरा करूँगा। इस हेतु मैंने एक बार विश्व हिंदू परिषद् के वर्तमान में संगठन मंत्री दिनेश कुमारजी से चर्चा भी शुरू की। परिषद् के स्थापना काल के वक्तव्यों, आलेखों का गहरा विश्लेषण भी शुरू किया। दिनेश कुमारजी ने इसमें गहरी रुचि दिखाई। उनका तो कहना था कि विश्व हिंदू परिषद् को समझने के रास्ते में यह ऐसा शून्य है, जिसे भरा जाना लाजिमी है। प्रो. चंपत रायजी से भी संवाद होता रहा। अन्य व्यस्तताओं के कारण मैं इस प्रकल्प को बहुत आगे नहीं बढ़ा पाया, लेकिन मेरा यह संकल्प अभी भी कायम है कि मैं इस अधूरे कार्य को पूरा करूँगा ही।

तब बहुत से मित्रों ने सुझाव दिया कि फिलहाल प्रथम संस्करण का पुनर्मुद्रण ही किया जाए, क्योंकि प्रथम संस्करण को समाप्त हुए कई वर्ष हो गए हैं। इसलिए यह द्वितीय संस्करण इधर-उधर के मामूली संशोधनों सहित प्रथम संस्करण की ही आवृत्ति है। इसमें विश्व हिंदू परिषद् के तत्कालीन अध्यक्ष, मैसूर नरेश जयचामराज वाडियार का १९६७ में चेन्नई में दिया गया भाषण परिशिष्ट में शामिल किया है। यह भाषण परिषद् के उद्देश्यों की ओर इंगित करता है, जिनका उल्लेख आपटेजी ने स्थापना के समय किया था। प्रभात प्रकाशन का आभारी हूँ कि उन्होंने इसके प्रकाशन का जिम्मा उठाया।

१० अक्तूबर, २०१७
दादा साहेब आपटे पुण्यतिथि

—डॉ. कुलदीप चंद अग्निहोत्री
कुलपति
हिमाचल प्रदेश केंद्रीय विश्वविद्यालय
धर्मशाला, (काँगड़ा)
हिमाचल प्रदेश

प्रथम संस्करण का आमुख

दादा साहेब आपटे को जानना एक प्रकार से हिंदुस्थान समाचार और विश्व हिंदू परिषद् के इतिहास को जानना है। इन दोनों संस्थाओं के पीछे संघ की प्रेरणा एवं ऊर्जा भी थी, लेकिन उसके माध्यम आपटेजी ही बने। जायसी जब कहते हैं :

गुरु सुआ जेहि पंथ दिखावा
बिन गुरु ज्ञान को निरगुन पावा।

तो उसके भीतर गहरा अर्थ छिपा है। सामान्यजन साकार को समझता भी है और सुख-दु:ख में अपने समीप भी पाता है। गुरु की कृपा हुई तो दादा साहब आपटे ने हिंदुस्थान समाचार एवं विश्व हिंदू परिषद् के रूप में निर्गुण को सगुण किया। निर्गुण ज्ञानी को आह्लादित करता है और सगुण तो घट-घट में व्याप्त होता है। यहाँ एक और तथ्य की ओर संकेत करना भी आवश्यक है। हजारों वर्षों की परतंत्रता, विशेषकर अंग्रेजों के कुटिल शासनकाल में, देश के नीति निर्धारकों के 'घट-घट में' जो भर दिया था, वह अभारतीय भी है और राष्ट्र के लिए अहितकारी भी। यह कुछ-कुछ इस प्रकार की घटना थी मानो किसी भारतीय शरीर में कोई अंग्रेजी रूह कब्जा कर ले। 'महाजनो येन गता: स: पन्था' तो विश्व भर में मानवीय मनोविज्ञान है ही। अत: सामान्यजन द्वारा इन तथाकथित महाजनों के अनुकरण का खतरा भी विद्यमान है। दादा आपटेजी के पत्रकारिता के क्षेत्र में हिंदुस्थान समाचार और सामाजिक सांस्कृतिक क्षेत्र में विश्व हिंदू परिषद् के प्रयोग जहाँ एक ओर नीति निर्धारकों के 'घट-घट में' व्याप्त कूड़े-कचरे को निकालने के प्रयास थे, वहीं दूसरी ओर सामान्यजन को यह विश्वास दिलाने के कि ये लोग 'विदेशी रूह' से ग्रस्त हैं, इसलिए इस

संक्रमण काल में ये 'महाजन' नहीं हैं। इस प्रकार विश्व हिंदू परिषद् जनसाधारण के स्तर पर छेड़ा गया एक महाआंदोलन है।

दादा साहेब आपटेजी के कार्यों का इतने वर्षों बाद सामाजिक विज्ञान के विद्वानों द्वारा विविध परिप्रेक्ष्यों से मूल्यांकन प्रारंभ हुआ है, यह निश्चय ही प्रसन्नता की बात है। दादा साहेब आपटे के बहुआयामी जीवन को पुस्तक में बाँधना सचमुच कठिन है। कुलदीप चंद अग्निहोत्रीजी द्वारा लिखी पुस्तक 'दादा साहेब आपटे : व्यक्ति और कार्य' की पांडुलिपि मैंने आद्योपांत पढ़ी है। उन्होंने आपटेजी के जीवन के अनेक पहलुओं पर प्रकाश डाला है। आपटेजी के जन्मशताब्दी वर्ष के अवसर पर उनका यह प्रयास अत्यंत अभिनंदनीय है।

दादा साहेब आपटे एक अत्यंत कुलीन परिवार में जनमे। उन्होंने संस्कृत भाषा में उच्चतम शिक्षा प्राप्त की और भारतीय संस्कृति के गूढ़ तत्त्वों को आत्मसात् किया। उसके पश्चात् संस्कृति की रक्षा ही उनके जीवन का मिशन बन गया। उन्होंने कुछ दिन वकालत भी की। सन् १९३९ में उनका संपर्क संघ से हुआ और १९४० में जब श्रीगुरुजी संघ शिक्षा वर्ग के सर्वाधिकारी थे, वे उनके संपर्क में आए और पूरे चालीस दिन उनके साथ रहे। उनकी प्रेरणा से उन्होंने अविवाहित रहते हुए, संघ के प्रचारक के नाते अपना जीवन राष्ट्र को समर्पित कर दिया। संघ के प्रचारक के नाते वे तमिलनाडु में रहे।

इसी बीच राष्ट्रीय स्वयंसेवक संघ पर महात्मा गांधीजी की हत्या के आरोप में प्रतिबंध लग गया। वे इस बात का अनुभव करते थे कि संघ जैसे पवित्र कार्य पर आपदा आई है, लेकिन इस राष्ट्रीय संकट काल में मीडिया की भूमिका नकारात्मक है। संघ के विरुद्ध बहुअनर्गल और झूठा प्रचार हुआ तथा तत्कालीन प्रसार माध्यम राष्ट्रीय धारा के विरुद्ध ही कार्यरत थे। उस समय उन्होंने 'हिंदुस्थान समाचार' नाम की भारतीय भाषाओं की संवाद समिति का निर्माण किया। वे विदेश भी गए। उनका दृष्टिकोण था कि यह संवाद समिति विदेशों में भी अपना कार्यक्षेत्र बनाए। उनका अंग्रेजी, संस्कृत, हिंदी, मराठी, गुजराती आदि कई भाषाओं पर समान अधिकार था। वे श्रेष्ठ साहित्यकार तो थे ही, श्रेष्ठ चित्रकार भी थे। अनेक पुस्तकों का उन्होंने लेखन किया।

उन्होंने देश-विदेश के समस्त हिंदुओं के संगठन की आवश्यकता पर सारगर्भित लेख लिखे। पूज्य श्रीगुरुजी पर उनके लेखों का प्रभाव हुआ और उन्होंने विश्व के हिंदुओं को संगठित करने के लिए 'विश्व हिंदू परिषद्' की स्थापना का प्रयत्न करने के लिए देश के बड़े-बड़े मनीषियों, संतों, आचार्यों से संपर्क करने का कार्य

आदरणीय दादा साहेब आपटे को दिया। उन्होंने यह कार्य बड़ी सफलता से किया, जिसके परिणामस्वरूप सन् १९६४ में 'विश्व हिंदू परिषद्' की स्थापना हुई। यह उन्हीं के प्रयासों का फल था कि १९६६ में पहली 'विश्व हिंदू परिषद्', जो प्रयागराज में कुंभ के अवसर पर संपन्न हुई, उसमें पहली बार लोगों ने विभिन्न संप्रदायों के आचार्यों को एक मंच पर उपस्थित देखा। ऐसा कहते हैं कि हर्षवर्धन के बाद यह पहला अवसर था, जब समस्त संप्रदायों के पूज्य धर्माचार्य एक मंच पर एकत्रित हुए। पूज्य स्वामी श्री गंगेश्वरानंदजी महाराज के साथ विदेशों में सौ से अधिक स्थानों पर उन्होंने चारों वेदों के ग्रंथ की स्थापना की थी।

दादा साहब आपटे जिन आदर्शों को लेकर चले थे, उनकी पूर्ति के लिए विश्व हिंदू परिषद् आज भी संकल्पित है। परिषद् उन्हीं के कार्यों को आगे बढ़ाने के कार्य में संलग्न है। उनकी जन्म शताब्दी के अवसर पर हमारा यह संकल्प और भी दृढ़ हुआ है।

डॉ. कुलदीप चंद अग्निहोत्री ने उनके जीवन और कृतित्व पर ग्रंथ रचना कर हिंदू समाज की जो सेवा की है, उसके लिए मैं उनका अभिनंदन करता हूँ। उनकी यह पुस्तक आनेवाले कार्यकर्ताओं के लिए मार्गदर्शक बनेगी, ऐसा मेरा विश्वास है। शोधकर्मी को यायावर होना ही चाहिए। लेकिन अग्निहोत्रीजी की तो प्रकृति ही यायावरी है। उनके कार्य का क्षेत्र साहित्य की उर्वरा भूमि से लेकर समाज विज्ञान की गिरी-कंदराओं तक फैला हुआ हैं। इसलिए उनके इस ग्रंथ में साहित्य और समाज विज्ञान के एक साथ दर्शन होते है। मुझे आशा है कि उनका यह ग्रंथ भविष्य में शोधकर्मियों को इस क्षेत्र में उत्खनन की प्रेरणा देगा।

—अशोक सिंहल
अंतरराष्ट्रीय अध्यक्ष
विश्व हिंदू परिषद्

१८ जनवरी, २००६
संकटमोचन आश्रम,
रामकृष्णपुरम्, नई दिल्ली

प्रथम संस्करण की प्रस्तावना

फरवरी २००४ में मैं किसी कारणवश पुणे के 'कौशिक आश्रम' गया था। आश्रम में दादा साहब आपटे का चित्र लगा हुआ था। मैं सहज भाव से उस चित्र को देखने लगा, जिन दिनों मैं असम में संघ का कार्य देख रहा था, उन दिनों आपटेजी भी विश्व हिंदू परिषद् के कार्य से असम में आते रहते थे। वहीं मेरा उनसे आत्मीय संपर्क हुआ। न जाने इतने दशकों बाद आपटेजी का चित्र देखते हुए वे सारे पुराने प्रसंग मेरी आँखों के आगे चित्रित होने लगे। चित्र के नीचे लिखा हुआ था, 'जन्म दिनांक २ फरवरी, १९०५।' आगे मेरे मन में एक विचार कौंध गया। अगला वर्ष २००५ दादा साहब आपटे का जन्मशताब्दी वर्ष होगा। उनका जन्म हुए सौ वर्ष पूरे हो जाएँगे।

दादा साहेबजी का देहावसान १० अक्तूबर, १९८५ को हुआ था। उनको गोलोकवासी हुए २० वर्ष बीत चुके थे। लेकिन लगता था कल की घटना है। वे अरुणाचल प्रदेश के परशुराम कुंड के उद्धार की योजना बना रहे थे। मैं आपटेजी की स्मृतियों में गोते लगा रहा था। विश्व हिंदू परिषद्, राष्ट्रीय स्वयंसेवक संघ तथा हिंदुस्थान समाचार के नई पीढ़ी के कार्यकर्ता शायद ही दादा साहेब आपटेजी के बारे में जानते होंगे। वैसे भी व्यक्तिनिष्ठ कार्य करने की परंपरा इन संस्थानों की संस्कृति भी नहीं है। अत: दादा साहेब आपटे की मृत्यु के बीस वर्ष बाद ऐसा होना कोई अस्वाभाविक भी नहीं कहा जा सकता। स्व. दादा साहेब आपटेजी ने १९४८ में हिंदुस्थान समाचार तथा बाद में १९६४ में विश्व हिंदू परिषद् के जन्म में महत्त्वपूर्ण भूमिका निभाई थी।

जीवन के अंतिम काल में वे पुणे में अपने घर आ गए थे। धीरे-धीरे वे अंतर साधना में लगने लगे। अपने देश में तो वैसे भी परंपरा रही है कि ऋषि-मुनि तथा

महापुरुष अपने जीवन के अंत में सांसारिक क्रियाकलापों से मुक्त होकर अंतर की साधना में जुट जाते हैं। ऐसा ही अनुभव दादा साहेब आपटेजी के जीवन की अंतिम कालावधि में, जब वे पुणे में अपने स्वनिर्मित घर 'कौशिक' भवन में रहते थे, का था। पुणे के सार्वजनिक जीवन में आपटेजी नहीं गए। अंत पुणेवासियों को उनके बारे में कम जानकारी थी। वैसे भी जिसका सारा जीवन यायावरी और देश सेवा में बीता हो, ऐसे प्रचारक का तो कोई भी अपना स्थान नहीं होता। उसका सारा देश ही घर होता है और सभी देशवासी परिवार के सदस्य।

दादा साहब आपटे को यह दुनिया छोड़े दो दशक हो चुके थे। अत: अब निरपेक्ष भाव से उनके कृतित्व का मूल्यांकन किया जा सकता था। हिंदुस्थान समाचार के नवोत्थान में जुटे हुए सभी नए-पुराने कार्यकर्ताओं की एक बैठक दिन भर चली। बैठक १९ दिसंबर, २००४ को दिल्ली में संपन्न हुई। दिन भर चली इस बैठक के अंत में यह संकल्प किया गया कि २००५-०६ का आगामी वर्ष 'श्री दादा साहेब आपटे जन्मशताब्दी वर्ष' के रूप में विश्व हिंदू परिषद्, हिंदुस्थान समाचार तथा राष्ट्रीय पत्रकारिता कल्याण न्यास के संयुक्त प्रयासों से मनाया जाएगा। राष्ट्रीय पत्रकारिता कल्याण न्यास ने भी आपटेजी का जीवन चरित्र हिंदी व मराठी भाषाओं में प्रकाशित करने का निश्चय किया। आपटेजी की जीवनी लिखने का दायित्व डॉ. कुलदीप चंद अग्निहोत्रीजी को दिया गया, जिसे उन्होंने सहर्ष स्वीकार किया।

श्री शिवराम शंकर उपाख्य दादासाहेब आपटेजी का जीवन एक स्वयंसेवक का राष्ट्र-समर्पित जीवन था। आपटेजी संघ के एक कर्तव्यवान् प्रचारक थे। वड़ोदरा के आनंदाश्रम संस्था से सुविख्यात आपटे परिवार में उनका जन्म हुआ। मराठी भाषा के विख्यात उपन्यासकार हरिनारायण आपटेजी उनके पूर्वज थे। वड़ोदरा में स्नातक होने पर वकालत करने दादा साहेब मुंबई पहुँचे। यहाँ पर भी एक अद्भुत संयोग की बात ही कहनी होगी कि वीर सावरकरजी के घर में ही दादा साहेब किराएदार के रूप में रहते थे। अतिशय आकर्षक, रोआबदार व्यक्तित्ववाले दादा साहेब आपटे सभी के आर्कषण का केंद्र थे। सुंदर, नीली बोलती आँखोंवाले दादा साहेबजी के चेहरे पर सदैव मंद हास्य रहता था। दादा साहेबजी जब बोलते थे तो तब बड़ी मीठी भाषा व मधुर स्वर में बात करते थे। सौम्य लेकिन प्रभावी भाषा में वे अपने संपर्क में आए व्यक्ति को अपने जादुई व्यक्तित्व से प्रभावित करते थे। अत्यंत मृदुभाषी होने के कारण उनसे पहली बार मिलते ही कोई भी व्यक्ति उनकी तरफ खिंचा जाता था।

पिताजी की मृत्यु के समय दादा साहेब केवल ३२ वर्ष के थे। घर में माताजी और पाँच बहनें थीं। दादा साहेब आपटे इकलौते पुत्र थे। अत: पिताजी की मृत्यु के पश्चात् सभी पारिवारिक जिम्मेदारियों को उन्होंने बखूबी निभाया। उनसे मुक्त होकर १९४४ में वे संघ के प्रचारक के नाते तमिलनाडु चले गए। यहाँ से उनके जीवन में नया मोड़ आया।

डॉ. कुलदीप चंद अग्निहोत्रीजी ने आपटेजी के जीवन के पदचिह्नों का पीछा करने में अत्यंत परिश्रम किया है। उन्होंने वड़ोदरा, अहमदाबाद, नागपुर, मुंबई, पुणे आदि स्थानों पर जाकर दादा साहेब आपटे के जीवन के विषय में अति महत्त्वपूर्ण जानकारियों, पत्रों, लेखों, रंग-चित्रों और छायाचित्रों का एक अनुपम संकलन किया है। उनकी सत्यता तथा असत्यता जानने के लिए डॉ. अग्निहोत्रीजी ने कड़ी मेहनत की है। एक विशेष बात यह भी है कि दादा साहेब आपटेजी दैनंदिनी लिखते थे। सन् १९४२ से १९७९ तक की उनके द्वारा प्रतिदिन लिखी हुई दैनंदिनी उपलब्ध है। अत: अनेक बातें साधार लिखना संभव हो सका।

दादा साहेब आपटेजी के जीवन की दो महानतम उपलब्धियाँ आज भी भारतीयों के लिए चिर गौरव का कारण बनी हुई हैं। दादा साहेबजी १९४८ में 'हिंदुस्थान समाचार संवाद समिति' की स्थापना कर, भारतीय पत्रकारिता जगत् में एक युग प्रवर्तक बने। भारत के स्वाधीन होने के बाद देश की विविध भाषाओं में समाचार देनेवाली यह सर्वप्रथम समाचार संस्था हुई। बाद में सन् १९५७ में उसे सहकारी संस्था के रूप में परिणित करके विश्व की पहली तथा एकमेव सहकारी सिद्धांत पर चलनेवाली संस्था के रूप में प्रतिष्ठित किया। इतना ही नहीं, उस समय टेलीप्रिंटर पर केवल रोमन लिपि में ही समाचार भेजे जाते थे। उसकी जगह पर देवनागरी लिपि के दूरमुद्रक तैयार करने में अग्र भाग लेकर भारतीय भाषाओं के ही नहीं, बल्कि दुनिया भर की अन्य लिपियों के लिए भी दूरमुद्रकों की उपयोगिता का मार्ग खोल दिया। उनका यह अवदान सभी देशवासियों के लिए अतीव अभिमानस्पद तथा एक महत्त्वपूर्ण ऐतिहासिक योगदान ही कहना होगा। उनके जीवन की इन महान् उपलब्धियों का प्रेरणादायी वर्णन इस पुस्तक में डॉ. कुलदीप चंद अग्निहोत्रीजी ने बड़ी कुशलता से प्रस्तुत किया है।

सन् १९४७ से १९६४ तक हिंदुस्थान समाचार के काम में जुड़े रहने के कारण अनेक बार विदेशों में भी उनका प्रवास हुआ और स्वाभाविक रूप से विदेशों में रहनेवाले भारतीयों, विशेष रूप से हिंदुओं की स्थिति की प्रत्यक्ष जानकारी मिली, जिन परिस्थितियों में अन्य देशों में बसे भारतीय रह रहे हैं तथा उनको वहाँ पर किन

सामाजिक समस्याओं से जूझना पड़ता है, उसका प्रत्यक्ष दर्शन व अनुभूति भी उनको प्राप्त हुई। हिंदुओं को किस तरह अपनी परंपरागत धार्मिक और सांस्कृतिक जड़ों से अलग-थलग होना पड़ता है, ऐसी दु:खद स्थिति को आपटेजी ने स्वयं देखा। पुणे की 'केसरी' पत्रिका में इस संबंध में उन्होंने तीन लेख लिखे। उसमें उन्होंने विदेश स्थित हिंदुओं की इन समस्याओं की ओर भारतवासियों का ध्यान आकृष्ट करके उनका समाधान करने तथा उनकी सहायता करने के लिए विश्व के सभी हिंदुओं के एक वैश्विक अराजनैतिक संगठन की आवश्यकता का जोरदार प्रतिपादन किया था।

आगे चलकर सन् १९६३ में पू. गुरुजी ने दादा साहेबजी को उनके उन तीन लेखों का स्मरण दिलाते हुए कहा, ''दादा अब तुमको ही यह कार्य करना होगा।'' उसके बाद दादा साहेबजी ने हिंदुस्थान समाचार का कार्य श्री बालेश्वरजी अग्रवालजी को देकर इस नए उत्तरदायित्व को सँभाला। देशभर में प्रवास करके उन्होंने सभी प्रमुख संतों, महंतों, साधुओं, आचार्यों तथा मठाधीशों और विभिन्न हिंदू सामाजिक संस्थाओं के प्रमुखों से संपर्क स्थापित किया। विश्व हिंदू परिषद् की स्थापना की पूर्व तैयारी के लिए उन्होंने विदेशों में भी वहाँ के हिंदू नेताओं से संपर्क किया। बाद में १९६४ में श्रीकृष्ण जन्माष्टमी के दिन मुंबई के संदीपनी आश्रम में पू. श्रीगुरुजी के मार्गदर्शन में और स्वामी चिन्मयानंदजी की अध्यक्षता में विश्व हिंदू परिषद् की स्थापना के ऐतिहासिक युग प्रवर्तक कार्य करने का श्रेय भी दादा साहेब आपटे को देना होगा। उस सम्मेलन में ही दादा साहेब आपटे ने विश्व हिंदू परिषद् के संस्थापक महासचिव का गुरु दायित्व भी स्वीकार किया। इस गुरुत्तर दायित्व को दादा साहेबजी ने किस तरह परिश्रमपूर्वक कुशलता से निभाया और विश्व हिंदू परिषद् को सभी मतों, पंथों, संप्रदायों, जातियों, जनजातियों के प्रतिनिधि संगठन के रूप में प्रस्तुत करने का प्रयास किया, इसका क्रमबद्ध विवरण भी डॉ. कुलदीप चंद अग्निहोत्री ने बड़े रोचक ढंग से इस पुस्तक में किया है। एक तरह से यह पुस्तक हिंदुस्थान समाचार तथा विश्व हिंदू परिषद् की कर्म कथा ही है।

दादा साहेब एक कुशल चित्रकार तथा छायाचित्रकार भी थे। उनके बनाए सैकड़ों चित्र आज भले ही विस्मृति के गर्त में छिप गए हों, तो भी जो थोड़े-बहुत बचे हैं, उनको देखकर कोई भी कला प्रेमी उनकी इन कलाकृतियों से मोहित हुए बिना नहीं रह सकता। 'अमर चित्रकथा' नाम से बच्चों के लिए प्रकाशित होनेवाली 'चित्र पुस्तकमाला' को शुरू करने की प्रेरणा भी श्री दादा साहेबजी ने ही दी थी। चित्रकथा पुस्तिकाओं में से पहली दो पुस्तिकाओं के समचित्र स्वयं दादा साहेबजी ने बनाए थे।

लेखक ने दादा साहेबजी के अंतिम दिनों का बड़ा भावस्पर्शी वर्णन करते हुए किस तरह दादा साहेबजी ने अंत में अपना निजी घर भी राष्ट्रीय स्वयंसेवक संघ को, 'राष्ट्रीय स्वाहा:, इदम् न मम्' इस भावना से समर्पित किया था, यह विस्तार से दिया है। दिनांक १० अक्तूबर, ११८५ अपने आयु के ८१वें वर्ष में दादा साहेब आपटेजी ने अपनी इहलोक की यात्रा पूर्ण की।

दादा साहेब आपटेजी के जीवन की अनेक अज्ञात बातों को इस पुस्तक के माध्यम से डॉ. कुलदीप चंद अग्निहोत्रीजी कड़ी मेहनत से अध्ययन करके प्रकाश में लाए हैं। बहुमुखी प्रतिभावान, मेधावी, कलापूर्ण, दादा साहेब आपटेजी का सप्तरंगी चित्र ही लेखक ने चित्रित किया है। हिंदुत्व निष्ठ, महान्, निस्स्वार्थ भाव से अनेक वर्षों तक हिंदू समाज तथा राष्ट्र की सेवा में समर्पित दादा साहेब आपटे का जीवन चरित आनेवाली पीढ़ी के लिए प्रेरणादायी हो सकता है। डॉ. अग्निहोत्री ने यह ऐतिहासिक व महनीय कार्य करके विस्मृति के परदे के पीछे गए हुए दिव्य जीवन पर फिर से प्रकाश डालने का एक अतीव स्तुत्य कार्य किया है। राष्ट्र के लिए समर्पित जीवन के विस्मृत अध्याय का यह प्रकाशन सभी को प्रेरणा देगा। आज फिर से कार्यरत हुए हिंदुस्थान समाचार के नवोत्थान तथा विश्व हिंदू परिषद् के विश्वव्यागी संगठन के लिए तो दादा साहेब आपटे दीपस्तंभ हैं। डॉ. अग्निहोत्री ने उसी दीप की छाया में बैठकर यह लेखन कार्य किया है, इससे बड़ा संतोष और क्या हो सकता है?

—श्रीकांत जोशी
अखिल भारतीय साहित्य व प्रकाशन प्रमुख
राष्ट्रीय स्वयंसेवक संघ

७५-अ, नवयुग निवास,
डॉ. भडकमकर मार्ग, ग्रांट रोड (पूर्व)
मुंबई-४००००७

पटाक्षेप से पूर्व
(प्रथम संस्करण)

दादा साहेब आपटे भारतीय पत्रकारिता में उस समय युगांतरकारी भूमिका में उतरे, जब भारतीय भाषाओं की पत्रकारिता के आगे एक बहुत बड़ा शून्य व्याप्त था। उसके उपरांत आपटेजी ने विश्व हिंदू परिषद् की स्थापना करके विश्व भर के हिंदुओं के लिए चिंतन मनन का एक सुदृढ़ मंच प्रदान किया। उनका व्यक्तित्व बहुआयामी था। उनकी रुचियों के क्षेत्र कई दिशाओं में फैले हुए थे। ऐसे युग पुरुष का आकलन करना तो दूर उनके समग्र व्यक्तित्व से साक्षात्कार कर लेना भी पर्वत पर चढ़ने के समान है। श्री श्रीकांत जोशीजी ने मुझे वही कार्य करने के लिए कहा। राष्ट्रीय पत्रकारिता कल्याण न्यास देश भर में पत्रकारिता को राष्ट्रीय एवं मानवीय सरोकारों से जोड़ने के कार्य में लगा हुआ है। न्यास ने अपनी बैठक में जब दादा साहेब आपटे की जीवन यात्रा पर एक ग्रंथ रचना का निर्णय किया तो मुझे बहुत आश्चर्य नहीं हुआ बल्कि एक प्रकार से प्रसन्नता ही हुई। परंतु जब यह कार्य मेरे जिम्मे लगाया गया तो मुझे सचमुच आश्चर्य हुआ। ऐसा नहीं कि पत्रकारिता का क्षेत्र मेरे लिए नया था या अनजाना था। परंतु पत्रकारिता एक क्षेत्र है और किसी महापुरुष के संपूर्ण व्यक्तित्व को समेटते हुए उसपर ग्रंथ रचना करना बिल्कुल दूसरा क्षेत्र है। पर श्री श्रीकांत जोशीजी का आग्रह मेरा पथ प्रदर्शक बना। अपने प्रवास काल में जोशीजी स्वयं भी आपटेजी के बारे में तथ्यात्मक जानकारियाँ एकत्रित कर मुझे देते रहे। दादा साहेब आपटे के व्यक्तित्व की इतनी दिशाएँ हैं कि एक दिशा में दूर तक चले जाने पर दूसरी दिशाओं के छूटने का भय उत्पन्न हो जाता है। फिर उनके तो कर्म क्षेत्र के धरातल भी अनेक थे। वे पत्रकार थे, चित्रकार

थे, साहित्यकार थे, कुशल फोटोग्राफर थे, प्रखरवक्ता थे, बहुभाषाविद् थे, संगठनकर्ता थे। हिंदुत्व के प्रखरप्रहरी थे और सबसे बढ़कर मानवीय सरोकारों वाले संवेदनशील प्राणी थे। ऐसे सर्वव्यापी व्यक्तित्व को बाँधना कितना दुष्कर होता है, यह कोई भुक्त भोगी ही जान सकता है।

द्वितीय, मैं समय की सीमा में बँधा हुआ था और आपटेजी का व्यक्तित्व सभी सीमाओं से परे था। इसलिए मेरा यह प्रयास गंगा के भीतर न जाकर उसकी बालुका राशि पर लोट-पोट होना ही माना जाना चाहिए। लेकिन मुझे विश्वास कि यह शोध प्रबंध समाज वैज्ञानिकों के लिए आपटेजी को लेकर भविष्य की शोध दिशाओं के द्वार खोलता है। आपटेजी के लिखे हुए निबंध इधर-उधर अनेक पत्र-पत्रिकाओं में बिखरे हुए हैं। अंग्रेजी और हिंदी निबंधों का मैंने कुछ सीमा तक प्रयोग किया है लेकिन वह सीमा भी हिंदू विश्व, पाञ्चजन्य और ऑर्गेनाइजर तक जाकर समाप्त हो जाती है। जबकि आपटेजी के अनेक लेख मराठी भाषी पत्र-पत्रिकाओं में प्रकाशित होते रहे हैं। छठे दशक में सामयिक विषयों पर लिखे उनके ऐसे इक्कीस आलेख पुणे के 'केसरी' अखबार में प्रकाशित हैं। यह तो मात्र एक उदाहरण है। ऐसे और भी अनेक निबंध मराठी पत्रिकाओं और समाचार-पत्रों में प्रकाशित हैं। मैं उनका बहुत ज्यादा उपयोग नहीं कर पाया। भाषा की अज्ञानता एक कारण था और उन निबंधों की मराठी समाचार-पत्रों से खोजबीन करना दूसरी बाधा थी। लेकिन आपटेजी पर भविष्य में होनेवाले किसी भी शोध कार्य में इसका उपयोग हो सकता है। उनकी कुछ पांडुलिपियाँ अभी तक अप्रकाशित हैं। इन पांडुलिपियों का जिक्र उन्होंने इधर-उधर अपने पत्र-व्यवहार में किया है। इन पांडुलिपियों की तलाश उनके प्रकाशन की महती आवश्यकता है।

आपटेजी सन् १९४२ से लेकर १९७९ तक डायरी लिखते रहे थे। ये सारी डायरियाँ राष्ट्रीय स्वयंसेवक संघ के नागपुर कार्यालय में सुरक्षित हैं। इन डायरियों की भाषा भी स्वाभाविक रूप से मराठी है और मेरा मराठी भाषा का ज्ञान उतना ही है, जितना मणिशंकर अय्यर का तमिल भाषा का। फिर भी मैंने किसी सीमा तक इन डायरियों का अपने शोध में प्रयोग किया है। यद्यपि यह अंश नगण्य ही है। दरअसल, इन डायरियों के वैज्ञानिक ढंग से संपादन और अनुवाद की आवश्यकता है। दादा साहेब आपटे के भीतर को समझने के लिए ये डायरियाँ बहुमूल्य प्राथमिक स्रोत हैं। इन डायरियों पर ही अपने आप में एक स्वतंत्र शोध प्रबंध लिखा जा सकता है। मुझे आशा है कि मेरा यह प्रयास यदि दादा साहेब आपटे के व्यक्तित्व में रुचि पैदा कर सका तो भविष्य में ये डायरियाँ निश्चय ही शोध और आकलन का विषय बन सकती हैं।

इस शोध-यात्रा में मुझे अनेक विद्वानों एवं शोध वैज्ञानिकों की सहायता तथा संगत मिली। हिंदुस्थान समाचार के अध्यक्ष श्री रामशंकर अग्निहोत्रीजी का आशीर्वाद पूरी यात्रा में मेरा संबल रहा। हिंदुस्थान समाचार के मुख्य संपादक डॉ. नंदकिशोर त्रिखाजी, संपादक डॉ. रवींद्र अग्रवालजी, जाने-माने चिंतक और इतिहासकार प्रो. देवेंद्र स्वरूप अग्रवालजी, पत्रकारिता क्षेत्र के सशक्त हस्ताक्षर श्री प्रभात झाजी, श्री आशुतोष भटनागरजी, श्री अविनाश जायसवाल, श्री महेंद्र पांडेयजी से समय-समय पर लंबी सार्थक चर्चाएँ होती रहीं। 'भारत-तिब्बत सहयोग मंच' दिल्ली प्रदेश के अध्यक्ष श्री अमृतलाल शर्मा और महासचिव श्री बिहारी लाल सिंहलजी की जिज्ञासा भी अंत तक इस प्रकल्प में बनी रही।

राष्ट्रीय स्वयंसेवक संघ के नागपुर कार्यालय में पुराने दस्तावेज एवं ग्रंथ देखने की आवश्यकता थी। वहाँ श्री शिरीषजी, रामनारायणजी एवं प्रदीप जोशीजी ने हर संभव सहायता की। पुणे में श्री हरि मिरासदार मुझे उन सभी के पास ले गए, जिनका आपटेजी से संबंध रहा था। 'केसरी' दैनिक की पुरानी फाइलें जाँचने-परखने में वे मेरे साथ लगे रहे। 'कौशिक आश्रम' पुणे में श्री बवनराव पेठकर व श्री मनोहर डोंगरेजी ने भी हर संभव सहायता की। मुंबई में विश्व हिंदू परिषद् के संगठन मंत्री प्रो. व्यंकटेश आबदेवजी ने इस प्रकल्प में पूरी रुचि ली और मेरे साथ स्वामी चिन्मयानंदजी के पवई आश्रम में 'तपोवन प्रसाद' के पुराने अंकों को खँगालते रहे। पवई आश्रम के ही अभिलेखागार अधिकारी श्री गिरधारी लाल भाटिया को मैंने जब भी फोन किया, उन्होंने 'तपोवन प्रसाद' के पुराने अंकों की प्रासंगिक सामग्री के प्रिंट्स तुरंत भिजवाए। पुणे के मराठी ग्रंथालय और मुंबई के रामभाऊ म्हालगी प्रबोधिनी पुस्तकालय के अधिकारियों ने आपटेजी की कुछ पुस्तकों की प्रतियाँ सहर्ष उपलब्ध करवाईं। दिल्ली में संघ कार्यालय में केशव अभिलेखागार में श्री मिलिंद ओकजी स्वयं आपटेजी से संबंधित सामग्री की तलाश में लगे रहते थे।

विश्व हिंदू परिषद् के दिल्ली स्थित केंद्रीय कार्यालय के पुस्तकालय से भी मुझे भरपूर सहायता मिली। सांस्कृतिक गौरव संस्थान में श्री महेश चंद्रजी 'हिंदू विश्व' के पुराने अंकों की जिल्दों को तत्काल उपलब्ध करवाते थे; एक बार नहीं, अनेक बार। यह प्रसन्नता का विषय है कि विश्व हिंदू परिषद् ने अपने अभिलेखागार का नाम दादा साहेब आपटे के नाम पर कर दिया है। परिषद् के संयुक्त महामंत्री श्री चंपत रायजी की सहायता के बिना इतने वर्षों की फाइलों को शायद अथ से इति तक पढ़ पाना संभव ही न हो पाता। उन्होंने कुछ उत्साही कार्यकर्ताओं को फाइलों में उन-उन स्थानों पर संकेत पट्टिका लगाने के लिए कहा, जहाँ-जहाँ भी दादा

साहेब आपटे का जिक्र था। शोध कार्य में लगे लोग जानते हैं कि यह कार्य कितना कष्टसाध्य होता है! लेकिन श्री चंपत रायजी की सहायता से मेरे लिए यह अत्यंत सरल हो गया। श्री चंपत रायजी स्वयं भी अकादमिक शोध प्रक्रिया में रुचि लेनेवाले विद्वान् हैं और उनके अनुभव तथा अध्ययन का क्षेत्र अत्यंत विस्तृत है। अपने इस प्रकल्प में मुझे अनेक स्थानों पर उनका मार्गदर्शन एवं सहायता प्राप्त हुई। हिमाचल रिसर्च इंस्टीट्यूट, चकमोह, हिमाचल प्रदेश के पुस्तकालय से भी मुझे सहायता मिली और संस्थान के अध्यक्ष प्रसिद्ध भाषाविद् डॉ. मंत्रिणी प्रसादजी से विश्व हिंदू परिषद् की स्थापना की पृष्ठभूमि पर मेरी लंबी चर्चाएँ हुईं।

विश्व हिंदू परिषद् के मार्गदर्शक मंडल के सदस्य श्री सदानंद काकडेजी इस पूरे प्रकल्प में सर्वत्र ही विद्यमान हैं। दक्षिण भारत में तपती दुपहरियों में भी घूम-घूमकर वे दादा साहेब आपटे के पुराने सहयोगियों से मिले। उनके संस्मरण लिपिबद्ध किए और आपटेजी से जुड़ी इधर-उधर बिखरी हुई पुरानी सामग्री एकत्रित की। वास्तव में मुझे काम करने की प्रेरणा उनका परिश्रम, लगन और निष्ठा देखकर ही मिलती रही। श्री काकडे दादा साहेब आपटेजी के पुराने सहयोगियों में से हैं और यह प्रकल्प जितना मेरा है, उससे कहीं ज्यादा उनका है।

राष्ट्रीय स्वयंसेवक संघ के अखिल भारतीय सह संपर्क प्रमुख श्री इंद्रेश कुमारजी ने ही वास्तव में मुझे समाज विज्ञान के क्षेत्र में कार्य करने का सशक्त संबल प्रदान किया। वे उन दिनों हिमगिरि प्रांत के प्रचारक थे। इस प्रकल्प में भी कहीं-न-कहीं उनकी अप्रत्यक्ष प्रेरण रही है। मैं उनका हृदय से कृतज्ञ हूँ।

हिंदुस्थान समाचार के पुराने पत्रकारों से हुई लंबी वार्त्ताओं से आपटेजी के मानस को समझ पाने में मुझे सहायता मिली। इस प्रकल्प में जिन मराठी स्रोतों का उपयोग किया गया है, उनको समझने-समझाने में दिल्ली में प्रसिद्ध मराठी दैनिक 'तरुण भारत', नागपुर के ब्यूरो प्रमुख श्री श्रीराम जोशीजी ने हर संभव सहायता की। विवेकानंद महाविद्यालय, चिंतपूर्णी के प्राचार्य डॉ. विवेक कुमारजी, हिमाचल प्रदेश विश्वविद्यालय, शिमला में अर्थशास्त्र के प्राध्यापक और प्रदेश की 'दादा साहेब आपटे जन्मशताब्दी समारोह समिति' के संयोजक डॉ. सुदेश गर्ग इस पूरे अभियान में मेरा संबल बने रहे। हिंदुस्थान समाचार के विपणन अधिकारी श्री अरविंद गर्ग, दिल्ली से समिति के भोपाल कार्यालय में स्थानांतरित होकर चले गए, श्री समन्वय नंद को ग्रंथ के लिखे जाने की मुझसे भी ज्यादा चिंता रही। दोनों दरअसल इस काल में मुझे जाग्रत् करने में ही जुटे रहे। हिंदुस्थान समाचार, दिल्ली के श्री चंद्रशेखर गर्गे, श्री संजय दीक्षित, श्री श्रीनाथ, श्री ब्रह्म प्रकाश, श्री सुशील व श्री सुरखाब सभी का

सहयोग मुझे मिला। श्री चंद्रमोहन भारद्वाजजी संघर्षशील व्यक्तित्व के धनी हैं। मुझे ऐसे लोगों से सदा ऊर्जा मिलती है।

कु. अनीता गौतम ने दिन-रात एक करके इस ग्रंथ का टंकण कार्य किया। स्थिति यहाँ तक हो गई कि उसे स्वप्न में भी ग्रंथ के अध्याय दिखाई देने लगे। जब बीच में वे बीमार हुईं तो टंकण का मोरचा आरती ने सँभाला। और सबसे अंत में हरीश, दिल्ली स्थित हिंदुस्थान समाचार का सेवा सहायक। इन सभी के सम्मिलित प्रयासों से ही यह प्रकल्प वर्तमान स्वरूप ले सका। इन सभी का संतोष की इस घड़ी में आभार प्रकट कर मैं स्वमुक्ति का अनुभव कर रहा हूँ।

और अंत में एक कैफियत भी। हिंदी भाषा में 'आप्टे' लिखा जाता है, जबकि मराठी भाषा में 'आपटे' है। मैंने मराठी अनुसरण किया है। अपनी इस भाषाई उच्छृंखलता पर भाषा विज्ञान के विद्वानों के प्रश्नों का मेरे पास कोई उत्तर नहीं है।

मैं इस ग्रंथ को आपटेजी के व्यक्तित्व और कृतित्व पर प्रारंभिक प्रारूप ही मानता हूँ, जिससे भविष्य में शोध के लिए दिशाएँ खुलती हैं। यदि ऐसा हो सका तो मैं अपने इस परिश्रम को सफल मानूँगा।

—डॉ. कुलदीप चंद अग्निहोत्री
पूर्व क्षेत्रीय निदेशक,
हिमाचल प्रदेश विश्वविद्यालय, शिमला

१४ जनवरी, २००६
मकर संक्राति
१६५, साउथ एवेन्यू, नई दिल्ली

अनुक्रम

प्रथम अध्याय

प्रारंभिक जीवन

वड़ोदरा रियासत के नवसारी ग्राम का भी अपना इतिहास है। यह गाँव इस रियासत का सीमांत ग्राम ही कहा जाना चाहिए। क्योंकि इससे कुछ दूरी पर ही ब्रिटिश भारत की सीमा शुरू हो जाती थी। अब तो नवसारी, ग्राम नहीं रहा, बल्कि हीरों के व्यापार का एक जाना-माना केंद्र बन चुका है और गुजरात का प्रसिद्ध जनपद है। लेकिन जिन दिनों का प्रसंग है, उन दिनों इस स्थान पर कुछ भी नहीं था। नवसारी भी नहीं। सुदूर फारस में उथल-पुथल अवश्य हो रही थी। फारस में इसलामी आक्रांताओं ने आक्रमण करके उसे तहस-नहस कर दिया था। फारसियों को बलपूर्वक इसलाम में दीक्षित किया जा रहा था। अग्नि की पूजा करनेवालों के यज्ञ कुंडों को नष्ट किया जा रहा था। बहुत से फारसियों ने मुसलमान बनने की बजाय देश छोड़ देना ही श्रेयस्कर समझा। अनेक फारसी भारत में आ गए, जिसे जहाँ ठौर मिला, वहीं ठिकाना बनाया। फारस में 'सारी' नामक स्थान से जो फारसी आए, वे इस स्थान पर आकर बस गए। नई बस्ती का नाम पड़ गया 'नव-सारी'।

परंतु यह सब गुजरे जमाने का इतिहास है। शंकर राव आपटे का इतिहास इतना पुराना नहीं है। जनार्दन आपटे के बेटे रंगनाथ थे। रंगनाथ के दो बेटे हुए, बलवंत और अनंत। अनंत के सुपुत्र थे शंकर। यही शंकर अनंत आपटे वड़ोदरा रिसासत में तलाटी थे। तलाटी को ही हिंदीभाषी क्षेत्रों में पटवारी कहा जाता है। उनकी नियुक्ति नवसारी में हुई थी। शंकर राव आपटे भी प्रवासियों के इस नगर में प्रवासी ही थे। आपटे रियासती कर्मचारी थे, इसलिए नवसारी में इस परिवार का मान-सम्मान तो था ही, लेकिन शंकर राव आपटे की ईमानदारी का उदाहरण भी दिया जाता था। जिनकी ईमानदारी के उदाहरण दिए जाते हैं, स्वाभाविक ही उनका लक्ष्मी से विरोध हो जाता है। आपटे परिवार की भी आर्थिक स्थिति अच्छी नहीं

थी। परंतु उनकी ईमानदारी की ख्याति फैलती रहती थी। शायद उसी कारण वड़ोदरा के प्रसिद्ध परांजपे परिवार ने अपनी बेटी उमा का लग्न शंकर आपटे से कर दिया। परांजपे परिवार भी सरस्वती आराधना में तो अग्रणी था, लेकिन लक्ष्मीस्तोत्र उसने भी कंठस्थ नहीं किया था।

इन्हीं शंकर-उमा के घर शिवराम का जन्म पौष कृष्ण त्रयोदशी शके १८२६, गुरुवार को सूर्योदय के समय (२ फरवरी, १९०५) वड़ोदरा (आनंदपुरा) मुकामे रास्तेवाड़ा में हुआ। पुत्र जन्म के समय उमा आपटे अपने मायके वड़ोदरा आई हुई थीं। प्रथम संतान के आने से परांजपे परिवार और आपटे परिवार दोनों ही हर्ष विभोर थे। पुरोहित को बुलाया गया। नए बालक पर ग्रह-नक्षत्रों के प्रभाव को जान लेना बहुत जरूरी था। पुरोहित ने बताया नक्षत्र पूर्वाषाढ़ा, चरण तृतीय-मध्यनाड़ी, गण मनुष्य, राशि धनु और गौत्र तो कौशिक था ही। नामकरण संस्कार हुआ तो पुरोहित ने कहा कि जातक का नाम 'श' से प्रारंभ होना चाहिए। परांजपे परिवार और आपटे परिवार अनेक पीढ़ियों से शिव भक्त थे। शंकर राव आपटे तो बिना शिवस्त्रोत का जाप किए जल तक ग्रहण नहीं करते थे। माँ उमाबाई पिछले कई महीनों से शिव के व्रत रख रही थीं। ऐसे शिवमय परिवार में नवजात बालक का नाम शिवराम के सिवा और भला क्या रखा जा सकता था? पुरोहित ने जब 'शिवराम' कहा तो सभी एकत्रित लोगों ने मानो एक ही स्वर से शिवघोष किया। पुरोहित ने शिवराम की जन्म कुंडली तैयार की तो सभी की जिज्ञासा जातक का भविष्य जान लेने की थी। पुरोहित ने हर्षभाव से कहा, "बालक का यश दसों दिशाओं में फैलेगा।" उमा ने क्षीण स्वर में पूछा, लक्ष्मी का आवास होगा? तो पुरोहित ने गंभीर स्वर में कहा, "धन स्थान में केतु बैठा है, इसलिए बालक धन की अभिलाषा करेगा ही नहीं। लेकिन लग्न का स्वामी शनि है, इसलिए बालक सांसारिकता के मोह में नहीं फँसेगा। बृहस्पति के घर में शुक्र बैठा है, इसलिए बालक तपस्वी और साधक होगा। और राहु अष्टम् भाव में है, इसलिए पैरों में यायावारी है। बालक अपने पग से सप्तदीप नवखंड की यात्रा करेगा। द्वादश भाव में चंद्र एवं बुद्ध हैं, इसलिए शिवराम सर्वदा शिव कार्यों की ओर ही अग्रसर होगा।" उमा और शंकर ने एक स्वर में कहा, "लगता है आपटे कुल की कीर्ति एक बार फिर फैलेगी!"

कालांतर में शंकर राव को और पाँच संतानों की प्राप्ति हुई। वे पाँच बेटियों के पिता बने। कोई कहता कि एक ही बेटा है, तो शंकर संस्कृत के एक श्लोक का उच्चारण करते थे—

एकेनापि सुपुत्रेण, विद्या युक्तेन साधुना।
आह्लादितम् कुलम् सर्वम, यथा चंद्रेन शर्बरी॥

महाराज सयाजी राव गायकवाड़ अन्य राजाओं की तरह देश-काल की परिस्थितियों से निरपेक्ष रहकर भोग-विलास में रत रहनेवाले राजा नहीं थे। उनके हृदय को अंग्रेजों की परतंत्रता का दंश कष्ट देता था। अनेक अंधविश्वासों और कुरीतियों के चलते वे हिंदू समाज के अध: पतन से दु:खी थे। प्रत्यक्ष-परोक्ष रूप से वे स्वतंत्रता संग्राम की गतिविधियों में तो संलग्न रहते ही थे, साथ ही हिंदू समाज में घर कर गई कुरीतियों को मिटाने का प्रयास भी करते थे। उन्होंने वड़ोदरा में अपने निजी मंदिर को हरिजनों के लिए खोल रखा था। उनका प्रयास रहता था कि दूर-दराज के गाँव में पाठशालाओं का जाल बिछाकर शिक्षा का प्रचार-प्रसार किया जा सके। नवसारी में ही प्राथमिक पाठशाला थी। अत: शिवराम ने वहीं से अपनी पहली सरस्वती पूजा प्रारंभ की। शंकर राव अपने बेटे शिवराम को लेकर पाठशाला में प्रवेश दिलाने के लिए गए तो मुख्याध्यापक ने कहा, ''तलाटी बाबू, लड़का इतना बड़ा हो गया है, अब इसे स्कूल लेकर आए हो? सरस्वती पूजा में बहुत देर कर दी। ब्राह्मण बटुक ही सरस्वती पूजा में देर करेंगे तो कैसे चलेगा?'' शंकर राव सारे इलाके में तलाटी के नाते ही विख्यात थे। मुख्याध्यापक से वैसे भी उनकी नोक-झोंक चलती रहती थी। जब मुख्याध्यापक ने तीर छोड़ा था तो शंकर राव भला उत्तर क्यों न देते! उन्होंने बिना झेंपते हुए तुरंत उत्तर दिया, ''गुरुजी, अभी बच्चे की उम्र ही क्या है! अभी पाँच ही तो पूरे किए हैं। गुरुजी भी सब जानते-बूझते थे।'' बोले, ''तो जरा प्रवेश-पत्र में शिवराम की जन्मतिथि भरो। अभी उम्र पता चल जाएगी।'' अब तलाटी बाबू फँसे। २ फरवरी, १९०५ भरते हैं तो सिद्ध हो जाएगा कि शिवराम सात वर्ष के हो चुके हैं। शंकर राव आपटे ठहरे कई गाँवों के तलाटी। तलाटी की बात भला कैसे गिर सकती है! उन्होंने प्रवेश-पत्र में शिवराम की जन्मतिथि भरी २ फरवरी, १९०७। गुरुजी तो चुप हो गए, किंतु शिवराम की सरकारी रिकॉर्ड में जन्मतिथि २ फरवरी, १९०७ ही स्थायी बन गई, जो अंत में उनके पासपोर्ट में भी पहुँची।[१] लेकिन उन दिनों सरकारी रिकॉर्ड की जन्मतिथियों को कोई गंभीरता से नहीं लेता था। सब कार्यों में एक ही तिथि प्रयोग होती थी, जो शिवराम की थी जन्मशके १८२६ पौष कृष्ण त्रयोदशी, गुरुवार। प्राथमिक शाला में पहुँचने से पहले ही माँ ने समर्थ रामदास के अनेक श्लोक शिवराम को कंठस्थ करवाए। पिता संस्कृत के श्लोक भी कंठस्थ करवाते थे। संस्कृत के अर्थ तो बालक भला क्या समझता, अलबत्ता मराठी के श्लोक उसे जल्दी ही समझ आने लगे थे। प्राथमिक स्तर की पढ़ाई पूरी करने के उपरांत शिवराम अपने ननिहाल वड़ोदरा आ गए। इसका एक कारण आगे की पढ़ाई करना

भी था। लेकिन उमाबाई अपने बच्चों को लेकर प्राय: अपने मायके आती रहती थीं। इसके पीछे आर्थिक कारण ही थे। शिवराम ने दशम कक्षा की परीक्षा अच्छे अंकों से पास की और स्नातक स्तर के लिए धर्म और वेदांत विषय लेकर वड़ोदरा कॉलेज में दाखिल हो गए। यहाँ उनके सहपाठी हरिभाऊ गोखले थे, जो बाद में केंद्रीय विधिमंत्री बने, हरिभाऊ रिश्ते में उनके ममेरे भाई लगते थे। वड़ोदरा महाविद्यालय उन दिनों राष्ट्रीय गतिविधियों का प्रत्यक्ष-अप्रत्यक्ष केंद्र बना हुआ था। महर्षि अरविंद भी इसी महाविद्यालय में प्राध्यापक रह चुके थे। प्राचीन भारतीय ज्ञान-विज्ञान के अध्ययन-अध्यापन के लिए भी इस महाविद्यालय की ख्याति देश भर में थी। वैसे भी उन दिनों देशभर में युवा वर्ग उत्तेजित था ही। महाराष्ट्र में ही पुणे राष्ट्रीय आंदोलन का घर बनता जा रहा था। महाविद्यालय के छात्रावास में स्वराज और स्वतंत्रता को लेकर विद्यार्थियों में बहस चलती रहती थी। आपटेजी ने तो अपने अध्ययन के लिए भी धर्म और वेदांत का विषय ही चुना था। भारत के प्राचीन गौरव की गाथा उन्हें प्रेरणा भी देती थी और कुछ करने की उत्तेजना भी।

आपटेजी की मित्र मंडली महाविद्यालय में प्रसिद्ध थी। कक्षा में राष्ट्रीय प्रसंगों पर प्राध्यापकों से भिड़ जाने के लिए मंडली के लोग जाने जाते थे। प्रशासन टकराव से बचने के रास्ते निकालता था और छात्र समुदाय ब्रिटिश शासन के औचित्य को प्रश्नित करने में लगे थे। आपटेजी ने महाविद्यालय में ही स्वतंत्रता और पराधीनता विषय को लेकर वाद-विवाद प्रतियोगिता का आयोजन तय कर दिया। प्रधानाचार्य इस पक्ष में नहीं थे। रेजिडेंट कमिश्नर तक भनक पहुँच चुकी थी। प्रशासन ने यह प्रतियोगिता करवाने की अनुमति देने से इनकार कर दिया। आपटेजी पर दबाव भी डाला, लेकिन वे टस-से-मस नहीं हुए। कॉलेज के बाहर एक विशाल आयोजन किया, जिसमें स्वतंत्रता के पक्ष में उत्तेजक भाषण हुए। प्रधानाचार्य सांसत में थे।

उन दिनों वड़ोदरा कॉलेज में विधि संकाय नहीं था। अत: बी.ए. पास करने के उपरांत शिवराम शंकर आपटे और हरिभाऊ गोखले दोनों ही कानून की पढ़ाई के लिए मुंबई चले गए। महाविद्यालय प्रशासन ने राहत की साँस ली।

संदर्भ

१. आपटेजी के विश्व विद्यालयी प्रमाण-पत्रों में जन्मतिथि २ फरवरी, १९०७ लिखी हुई है।

□

द्वितीय अध्याय

शिवराम आपटे का मुंबई काल

मुंबई में—निर्माण काल (१९२८-१९४४)

मुंबई में आपटेजी ने अपने जीवन के सर्वाधिक महत्त्वपूर्ण सत्रह साल व्यतीत किए। वे १९२८ में मुंबई में आए और यहीं से १९४४ में राष्ट्रीय स्वयंसेवक संघ के प्रचारक के रूप में तमिलनाडु चले गए। वास्तव में आपटेजी के जीवन का यह निर्माण काल था। वड़ोदरा से आकर उन्होंने मुंबई के प्रसिद्ध रूपारेल महाविद्यालय से मुंबई विश्वविद्यालय की विधि स्नातक की परीक्षा उत्तीर्ण की। आदर्श व्यक्तित्व के स्वामी आपटेजी ने वकालत की पढ़ाई समाप्त करके उस समय के दिग्गज कन्हैया लाल माणिक लाल मुंशीजी के सहयोगी के रूप में वकालत प्रारंभ कर दी। लेकिन वास्तव में वे संघर्ष के दिन थे। अभी मुंबई आए उन्हें लगभग चार वर्ष ही हुए थे। वकालत की परीक्षा तो उत्तीर्ण कर ली थी, लेकिन काम अभी जम नहीं रहा था। इसी बीच १३ अक्तूबर, १९३२ को प्रौढ़ आयु में उनके पिताजी का देहांत हो गया। उनके जीवन का सबसे बड़ा आधार उठ गया था। घर की सारी जिम्मेदारी उनपर ही आ गई थी। बहनों का लग्न करना था। शेष पारिवारिक उत्तरदायित्व भी था।

परंतु उन्होंने परिस्थितियों से हार नहीं मानी। अपने सभी उत्तरदायित्वों को उन्होंने निष्ठा से निभाया। पूरे ११ साल बाद उस दिन का स्मरण करते हुए उन्होंने १३ अक्तूबर, १९४३ को लिखा था,[१] "आज शरद पूर्णिमा है। १९३२ में आज ही के दिन रात्रि ८ बजे पिताजी ने प्राण त्यागे थे। आज इस बात को पूरे ११ साल हो गए हैं, परंतु उनकी स्मृति व प्रेम आज भी मेरे हृदय में सजीव है। जितना स्नेह पिताजी ने मुझे दिया, उतना किसी अन्य ने दिया हो, मुझे स्मरण नहीं। पिताजी गए, उनकी जिम्मेदारियों को मैंने ही पूर्ण किया। उनके स्वर्गवास के उपरांत मुझे सभी

एषणाएँ व पदार्थ त्याज्य एवं तुच्छ लगने लगे। मैंने दृढ़ निश्चय किया कि स्वयं अपने लिए नहीं, बल्कि परमार्थ के लिए संघर्ष करना है। सांसारिक जीवन में मेरे लिए क्या था? अब संसार से बाँधनेवाली केवल माँ ही। मैं अपने ध्येयपथ से तो विचलित नहीं हूँगा, लेकिन मेरी माँ को किसी भी प्रकार का दु:ख न हो, इसके लिए मुझे ढोंग भी करना पड़े तो करूँगा। आत्म-अनुभव, आत्म-निरीक्षण, शिक्षण एवं भविष्य के कार्यों के लिए निरंतर गुणों का संग्रह करूँगा। निरंतर प्रवास का यदि त्रास भी हो, वह सुख ही है। बस, यही अपेक्षा इससे अधिक क्या?'' सन् १९४३ का आपटेजी का यह आत्मकथ्य एक प्रकार से उनके भीतरी संघर्ष और निर्णय की अभिव्यक्ति है। उनके पिता की मृत्यु तभी हो गई थी, जब वे छोटी उम्र के ही थे। अत: पाँच छोटी बहनों की शादी का उत्तरदायित्व उन्हीं पर था। वड़ोदरा से चिट्ठियाँ भी आती रहती थीं। घर की आर्थिक स्थिति अच्छी नहीं थी। उधर आपटेजी मुंबई में सामाजिक कामों में भी सक्रिय हो चुके थे। उन दिनों प्रिंटिंग में लिथो का जमाना था। लिथो चित्रकारों का भाव भी था। आपटेजी में चित्रकार की जन्मजात प्रतिभा थी, जिसका उन्होंने निरंतर अभ्यास भी किया था। चित्रकारी और फोटोग्राफी उनके दो शौक थे, जिनमें बाद में बागवानी भी जुड़ गया। उन्होंने पेंसिल से अनेक स्कैच चित्र बनाए थे।

दादर में नाईक भवन के मालिक का लिथो प्रेस था। आपटेजी ने भी इस लिथो प्रिंटिंग प्रेस में कुछ पैसा लगा दिया। मालिक शायद उनका नजदीक का रिश्तेदार भी था। इस प्रयोग से आपटेजी की ख्याति लिथो चित्रकार के रूप में तो बढ़ी, लेकिन पैसे साझीदार ने खा लिये। इसी प्रकार उन्होंने शेयर बाजार में भी किस्मत आजमाई। विले पार्ले के एक स्कूल में संस्कृत पढ़ाने का काम भी सँभाला। आपटेजी परिवार के आर्थिक उत्तरदायित्वों को निभाना चाहते थे। इसलिए ये सभी पापड़ बेल रहे थे।

मुंबई उस समय स्वतंत्रता की गतिविधियों का सबसे बड़ा केंद्र था। जिन के.एम. मुंशी के साथ आपटेजी वकालत कर रहे थे, वे स्वयं भारत के सांस्कृतिक पुनर्जागरण के प्रतीक थे। फिर बचपन में ही माँ ने पता नहीं समर्थ रामदास के 'दास बोध' के कितने श्लोक कंठस्थ करवा दिए थे। समर्थ रामदास आपटेजी के सपनों के नायक थे। रामदास ने शिवाजी की रचना की थी, जिसने विदेशी सल्तनत को उखाड़कर हिंदवी साम्राज्य की स्थापना की। महात्मा गांधी ने भी सारे देश में आम जनता को स्वतंत्रता सैनिकों में तब्दील कर दिया था।

फॉरवर्ड ब्लॉक में—उत्तरी मुंबई में प्रसिद्ध वकील नरीमन ने नेताजी सुभाषचंद्र

बोस के फॉरवर्ड ब्लॉक का काम शुरू किया तो आपटे उसमें तुरंत सक्रिय हो गए। नेताजी सुभाषचंद्र बोस की शौर्य गाथाएँ युवकों को अपनी ओर आकर्षित कर रही थीं। वे वास्तव में युवा पीढ़ी के महानायक थे। नेताजी के सपनों को साकार करने की घोषणा करके फॉरवर्ड ब्लॉक राजनीति में उतरा तो आपटेजी का उसकी ओर आकर्षित हो जाना स्वभाविक ही था। वे रास्तों को नाप रहे थे। यात्रा करते-करते ही सही रास्ते की तलाश हो पाएगी। नरीमन के साथ फॉरवर्ड ब्लॉक में कोई सबसे ज्यादा सक्रिय हुआ तो वे आपटेजी ही थे। लेकिन लगता था उनके भीतर का दावानल शांत होने का नाम नहीं ले रहा था।

ज्योकिम अल्वा की अंग्रेजी पत्रिका में उपसंपादक का काम भी उन्होंने किया। उस समय की संवाद समिति यूनाइटेड प्रेस ऑफ इंडिया में भी उन्होंने रात्रिकालीन काम किया। आपटे के अंदर एक अजीब प्रकार की बेचैनी थी। वे अपने लिए रास्ते की तलाश कर रहे थे।

संघ की स्थापना—इन्हीं दिनों १९२५ में राष्ट्रीय स्वयंसेवक संघ का कार्य भी प्रारंभ हुआ था। संघ की स्थापना नागपुर में हुई थी। संघ के संस्थापक डॉ. केशवराम बलिराम हेडगेवार भी परतंत्रता से मुक्ति का स्थायी रास्ता तलाश रहे थे। आखिर भारत में ऐसी क्या भीतरी निर्बलता है, जिसके कारण बार-बार विदेशी आक्रमणकारी यहाँ पर आक्रमण करने के लिए आकर्षित होते हैं! इस पावन धरा को रौंदते हैं। आस्थाओं का अपमान करते हैं। देव मंदिरों को धराशायी करते हैं। धन में, बल में, तत्त्वदर्शन में भारत सब का सिरमौर है, फिर भी उसे पराजय का अपमान झेलना पड़ता है! अरब-ओ-ईरान से आक्रांता आते हैं और इसलाम का परचम जगह-जगह फहराने लगता है! सात समुद्र पार से कुछ गोरे व्यापार करने के लिए आते हैं और देखते-ही-देखते भारत पर यूनियन जैक फहराने लगता है! डॉ. हेडगेवार इन प्रश्नों के उत्तरों की तलाश में पता नहीं कहाँ-कहाँ भटके। परंतु इस यक्ष प्रश्न का उत्तर नहीं मिल रहा था। रात्रि भर जागते रहते। ग्रंथों में सिर खपाते। कांग्रेस में भी गए। क्रांतिकारियों से भी नाता जोड़ा। परंतु हिंदू समाज के इस राजरोग की चिकित्सा समझ में नहीं आ रही थी। इसी साधना ने उत्तर दिया। दुबर्लता का बीज कारण है—संगठन का अभाव और व्यष्टिनिष्ठ चिंतन। उन्होंने पाँच स्वयंसेवकों को लेकर विजयदशमी के दिन भारतवर्ष के नाभिस्थल नागपुर से शंखनाद कर दिया। राष्ट्रीय स्वयंसेवक संघ उसी का परिणाम था। जब संघ की स्थापना हुई, तब दादा साहेब आपटेजी की आयु बीस साल थी। नागपुर में जनमे संघ को भला मुंबई आते-आते कितना समय लगता!

संघ के संपर्क में—उन दिनों शिवाजी पार्क की सायं शाखा में स्वयंसेवकों की संख्या २०० से लेकर २५० तक हो जाती थी। आपटेजी भी वहीं शिवाजी पार्क के पास रहते थे। सायं को पार्क में टहलने आते। गोरा रंग और आकर्षक व्यक्तित्व! बापूराव लेले ही उस क्षेत्र में संघ कार्य देख रहे थे। बापूराव ने उनसे प्रयत्नपूर्वक संपर्क बढ़ाया। "दादर की नाईक बिल्डिंग के मालिक का एक लिथो प्रेस था। उसी बिल्डिंग में रहनेवाले एक रोबदार सज्जन अकसर उस प्रेस में दिखाई देते थे। बापूराव ने उनसे बातचीत की, पहचान बढ़ाई और दोस्ती कर ली। कुछ ही दिनों में उनकी सारी जानकारी बापूराव के पास थी। ये सज्जन थे शिवराम शंकर आपटे।" दादा साहेब को चित्रकला में अच्छी रुचि थी। शायद इसी कारण मकान मालिक के लिथो प्रेस में आना उन्हें अच्छा लगने लगा। जल्दी ही वे लिथो आर्टिस्ट बने और आगे चलकर साझीदार भी। पार्ले में तिलक हाई स्कूल में उन्होंने कुछ समय तक संस्कृत शिक्षक के रूप में भी काम किया। आबा थत्ते, पु.ल. देशपांडे उनके विद्यार्थी थे। राजा विक्रमादित्य का उन्होंने गहराई से अध्ययन किया था, जो उनकी बातों में हमेशा झलकता भी था। उन दिनों वे शेयर का धंधा भी करने लगे थे। गोरा रंग और रोबदार व्यक्तित्व के धनी दादा साहेब आपटे खास अंदाज में चुरूट पिया करते थे। ऐसा तेज-तर्रार और व्युत्पन्न व्यक्तित्व बापूरावजी का आकर्षण बन गया। बापूराव ने उनसे मेलजोल बढ़ाया, जिसके कारण वे संघ के निकट तो आने लगे पर प्रयत्न पूर्वक अलिप्त रहते थे। "शाखा में आकर क्या होगा?" ऐसा वे हमेशा कहा करते। शिवाजी उद्यान में चल रही शाखा के दौरान वे आते, लेकिन दूर किनारे चबूतरे पर बैठे रहते। वहीं से निरीक्षण करते रहते। परंतु धीरे-धीरे वे नरमाते गए।"[२]

वहीं से आपटेजी का संघ से संपर्क का सिलसिला शुरू हुआ। यह वर्ष १९३९ के आस-पास की बात है। आपटेजी की उम्र ३४ वर्ष की हो चुकी थी, वकालत करते हुए भी कुछ साल हो गए थे। लेकिन शिवाजी उद्यान शाखा के मुख्य शिक्षक की प्रसन्नता का कारण था, एक आकर्षक व्यक्तित्ववाला प्रौढ़ व्यक्ति संघ से जुड़ गया है।

सन् १९३९ के बाद आपटेजी के जीवन की दिशा ही बदल गई। उन्हें रास्ता मिल गया था। वड़ोदरा से माँ की चिट्ठियाँ भी आ रही थीं, जिनमें बाकी संसारिक बातों के अलावा विवाह करवाने पर भी जोर दिया गया था। लेकिन आपटेजी का तो संसार ही बदल चुका था। समर्थ रामदास के श्लोकों के सहारे उड़नेवाले आपटेजी को अब डॉ. हेडगेवारजी के संघ का ठोस आधार प्राप्त हो गया था। न

जाने क्या सोचकर वे वीरसावरकर के साथ रहने के लिए उनके घर में चले आए! वहीं एक दिन उन्होंने अपनी डायरी में लिखा, ''विवाह नहीं करूँगा। घर में माँ दु:खी तो है, लेकिन भारत माँ तो उससे भी ज्यादा दु:खी है, उसी की सेवा के लिए समर्पित हो जाऊँगा''[३]। दादा साहेब आपटे भारत के नवोत्थान के रास्तों की तलाश में निकल पड़े थे। वे विक्रमादित्य के पदचिह्नों की खोज कर रहे थे। मध्य एशिया से आनेवाले शकों ने भारत-भूमि को रौंद दिया था। पददलित भारत असहाय-सा अनुभव कर रहा था। यह उन दिनों का इतिहास है जब ईसा मसीह पैदा नहीं हुए थे। हजरत-मुहम्मद भी पैदा नहीं हुए थे। विक्रमादित्य ने शकों को चुनौती दी थी और उन्हें पराजित किया था। उनकी इस विजय से भारतमाता के माथे पर लगा पराजय का कलुष धुल गया था। विक्रमादित्य महानायक थे। महायोद्धा थे। उसके बाद गंगा, यमुना और ब्रह्मपुत्र में न जाने कितना पानी बहा। यरूशलम से पहले चर्च के रथ निकले और उसके बाद इसलाम की आँधी चली। इसलाम की इस आँधी ने भारत वर्ष में भी उथल-पुथल मचा दी। पांडवों की राजधानी इंद्रप्रस्थ पर इसलाम के हरे परचम लहराने लगे। चंदन की जगह खजूर के वृक्ष उगने लगे। हिमालय की उपत्यकाओं में इसलाम की तलवार की चमक दिखाई देने लगी। और तब धीरे-धीरे यूरोप की शक्तियाँ भारत में आईं। कोलकाता के काली मंदिर में सलीब लटकाने लगीं। पांडवों की राजधानी इंद्रप्रस्थ हरे परचम से मुक्त होकर टॉमी और जॉन के हाथ में चली गई। देश का युवा नायकों की तलाश कर रहा था। दादा साहेब आपटे भी मुंबई में उसी नायक की तलाश में थे। यह तलाश उन्हें बार-बार विक्रमादित्य के पदचिह्नों की ओर ले जाती थी। इस यात्रा में वे अकेले नहीं थे। पूरे भारतवर्ष का युवा इसी प्रकार के पदचिह्नों की अपने-अपने क्षेत्रों में तलाश कर रहा था। भारतीय युवा की नायक तलाशने की बेचैनी को अंग्रेजी हुकमरान भी समझ रहे थे। वे जानते थे कि प्राचीन भारतीय इतिहास में ऐसे एक नहीं, अनेक नायक भरे पड़े हैं, जिनकी तलाश युवा मानस को थी। इसलिए अंग्रेज शासकों ने ऐसे ऐतिहासिक नायकों के अस्तित्व पर ही प्रश्नचिह्न लगाने शुरू कर दिए। उनके इस काम में दरबारी नवरत्न परंपरागत कर्तव्य का निर्वाह कर रहे थे। शायद इसी खतरे को भाँपकर दादा साहेब आपटे ने 'विक्रमादित्य' ग्रंथ की रचना करते हुए लिखा कि मैं समझूँगा यह ग्रंथ लिखने का मेरा श्रम सफल हो गया, यदि पाठकों को यह विश्वास हो जाए कि विक्रमादित्य ऐतिहासिक पुरुष थे, जिन्होंने ईसवी संवत् पूर्व ५७ में शकों को पराजित कर राष्ट्रीय संवत् प्रारंभ किया था। मुझे संतोष होगा यदि इस ऐतिहासिक तथ्य को जान लेने के पश्चात् पाठकों को इसी में

से खोई स्वतंत्रता को पुनः प्राप्त करने की पक्की आशा हो जाए और यह भी विश्वास हो जाए कि इस अमर हिंदू राष्ट्र के वर्तमान शत्रुओं को पराजित किया जा सकता है।[४] दादा साहेब आपटे ने देश के युवाओं का आह्वान किया कि विक्रमादित्य का खून हमारी रगों में दौड़ रहा है। उनके शौर्यपूर्ण जीवन से हमारी सभी आशंकाएँ निर्मूल हो जानी चाहिए। विक्रमादित्य का जीवन हमें साहस प्रदान करता है और कभी न समाप्त होनेवाली आशा का संचार करता है। अपनी छिपी हुई शक्ति को पहचानो और अपनी ताकत पर भरोसा रखो। यह पावन भारत एक बार फिर विश्व गुरु बनेगा। हमें अपने भूतकाल की स्वर्णिम यादों में ही नहीं खोए रहना होगा। हम अपने पूर्वजों की कीर्ति पर कलंक न बनें। हम संकल्प करें कि विक्रमादित्य की विरासत के योग्य बन पाएँ और अपने देश के लोगों, अपने धर्म, अपनी संस्कृति और अपने राष्ट्र के प्रति कर्तव्य की पूर्ति हेतु संकल्पित हो जाएँ।[५]

दादा साहेब आपटे यह संवाद अपने पाठकों से तो कर ही रहे थे, लेकिन शायद भीतर-ही-भीतर कहीं-न-कहीं अपने आप से ही संबोधित थे। ऐसी द्वंद्वात्मक स्थिति में राष्ट्रीय स्वयंसेवक संघ और वीर सावरकर से साक्षात्कार ने मानो उनके जीवन की दिशा निश्चित कर दी। महाराष्ट्र वैसे भी उन दिनों जागृति की अंगड़ाई ले रहा था। राष्ट्रीय स्वयंसेवक संघ यहाँ चिंतन के धरातल पर भारत के प्राचीन इतिहास में गोते लगा रहा था, वहीं क्रियात्मक धरातल पर बिना जातिभेद, रंगभेद, क्षेत्रभेद के एक साथ हजारों हाथ शाखा में एक साथ उठ रहे थे। दादा साहेब आपटे के संघ के संस्थापक डॉ. केशवराम बलिराम हेडगेवार से तो शायद व्यक्तिगत भेंट नहीं हुई, तो भी १९४० के वर्ग में उनका दर्शन तो कर ही सके थे। परंतु गुरुजी, जो उनके समवयस्क थे, से उनकी घनिष्ठता खूब गहरी हो गई थी।

१९४० में नागपुर में जो ग्रीष्मकालीन संघ शिक्षा वर्ग लगा, आपटेजी उसमें शिक्षार्थी थे और गुरुजी उस वर्ग के सर्वाधिकारी थे। यहीं आपटेजी का गुरुजी से संपर्क हुआ, जो दिन-प्रतिदिन घनिष्ठ होता गया।

संघ के प्रचारक

गोलवलकरजी आपटेजी से एक वर्ष छोटे थे। आपटेजी का उनसे मन मिल गया। धीरे-धीरे गुरुजी के प्रति उनमें भक्ति भाव उत्पन्न हो गया। कालांतर में १९७९ में उन्होंने कहा था कि आज से लगभग चालीस वर्ष पूर्व गुरुजी ने एक जंगली फूल को उठाकर जनता की सेवा में समर्पित कर दिया था, जिसने मेरे जीवन की धारा ही बदल दी। अस्तु! वकालत का मोह छूट गया। के. एम. मुंशी ने

रोका भी। लेकिन "छोड़ चले रे तेरी कुटिया" कहकर आपटेजी संघ के प्रचारक बनकर त्रिचनापल्ली चले गए। लेकिन जाने से पहले उन्होंने अपना पहला शोध ग्रंथ 'विक्रमादित्य' पूरा किया तथा उसे नाम दिया—'शकों के अरि विक्रमादित्य।' विक्रमादित्य ने अपने जीवन में अपने उद्‌देश्य में सफलता प्राप्त कर ली थी। उन्होंने इस धरा पर विदेशी शत्रु को पराजित किया था। उसी नायक के चरित की रचना करके आपटेजी भी अपने जीवन के नए उद्‌देश्य की लंबी यात्रा पर चल पड़े।

आपटेजी का प्रभावी व्यक्तित्व सभी को आकर्षित करता था। नीली और गहरी आँखें, उन्नत मस्तक, गोरा रंग और जब बोलते थे तो लगता था किसी वाद्य यंत्र के तार झंकृत कर उठे हों! वे धीरे-धीरे बोलते और श्रोता मानो मंत्रमुग्ध हो जाता। बोलते हुए भी लगता जैसे कहीं दूर भविष्य में झाँक रहे हों! उनकी वाणी में आत्म-विश्वास छलकता था। बलिष्ठ देहयष्टी। लंबी उँगलियाँ, मानो चित्रकारी के लिए ही बनी हों और आपटे सचमुच जन्मजात चित्रकार थे। एक कुशल फोटोग्राफर भी। फोटोग्राफी के लिए तो उन्होंने कहीं से प्रशिक्षण लिया ही होगा, परंतु चित्रकारी तो मानो उनके रक्त में ही बसी हो। उनके बनाए चित्रों में पात्र सहज सजीव हो उठते हैं। उनके मित्र कहा करते थे, "यदि शिवराम पत्रकारी में न जाते तो चित्रकारी में रवि वर्मा हो जाते।"

चित्रकारी भी उनके लिए, कला कला के लिए, नहीं थी, बल्कि उसमें भी राष्ट्रीय परिप्रेक्ष्य विद्यमान रहता था। ऐतिहासिक विजय स्तंभों का चित्रण कर उन्हें आत्म-संतोष मिलता था। भारत पर पता नहीं कितने आक्रमणकारियों ने आक्रमण किए। भारत के लोगों ने हर समय शत्रु को चुनौती दी। अनेक बार विजय भी प्राप्त की। ऐसे ऐतिहासिक विजय स्तंभ भारत भर में राष्ट्र की शैर्यगाथा के प्रतीक हैं। आपटेजी यदि किसी ऐसे स्थान पर पहुँचते, जहाँ कोई ऐतिहासिक विजय स्तंभ हो, तो वे समय निकालकर उसे अवश्य रेखांकित कर लेते। एक बार आपटेजी कार में वैशाली की ओर जा रहे थे। रास्ते में महाराजा अशोक का एक स्तंभ था, ज्यों ही वे वहाँ पहुँचे, उन्होंने कार रुकवाई और अपना रंगों का डिब्बा एवं स्कैच बुक निकालकर उस स्तंभ का चित्र बनाने में जुट गए। दो घंटे से भी कम समय में वह अशोक स्तंभ उनकी स्कैच बुक में था।[६] ऐसे अनेक विजय स्तंभों का चित्रण उनके संग्रह में विद्यमान था। बहुत कम लोगों को पता है कि भारतीय भाषाओं के साहित्य में 'अमर चित्रकथा' का प्रारंभ भी आपटेजी ने ही किया था। समर्थ रामदासजी की ऐसी कथा उन्होंने स्वयं अंकित की थी।

दक्षिण में दादा साहेब आपटेजी की यह सचमुच एक नई साधना थी। उन्होंने

तमिल भाषा सीखना शुरू किया और जल्दी ही स्थानीय लोगों में घुल-मिल गए। संघ प्रशिक्षण वर्गों में एक ही विषय उनका प्रिय विषय होता था। 'नमस्ते सदा वत्सले मातृभूमे-प्रार्थना' की व्याख्या। वे धाराप्रवाह बोलते जाते, तन्मय होकर। शुरू-शुरू में तो स्वयंसेवकों को संबोधित करते, फिर शायद भीतर-ही-भीतर स्वयं को ही संबोधित हो जाते। उनकी आवाज और गहरी हो जाती। भारत माँ के दुःखों का चित्रण करते-करते भावुक हो जाते। ऐसे किसी एक क्षण में सुदूर वड़ोदरा में उनकी अपनी माँ उनकी आँखों में समा जाती ।

उधर देश का घटनाचक्र तेजी से बदल रहा था। अंग्रेज देश छोड़ने की तैयारियों में लगे थे। १५ अगस्त, १९४७ को अंग्रेज भारत छोड़कर चले गए। सत्ता नेहरू के हाथों में सौंपकर और ३० जनवरी, १९४८ को गांधीजी की हत्या हो गई। गुरुजी उस दिन चेन्नई में ही थे। सबसे पहले उन्हें यह समाचार दादा साहब आपटे ने ही दिया। गुरुजी की प्रतिक्रिया थी, 'देश का दुर्भाग्य!' गुरुजी तुरंत नागपुर को चल दिए। रात्रि को गांधीजी की हत्या पर आपटे ने अपनी डायरी में लिखा कि एक देव पुरुष उठ गया। गांधीजी अपने समय से बहुत आगे थे।[७] एक-दो दिन बाद दादा साहब आपटे भी नागपुर जाने के लिए हवाई अड्डे पर पहुँचे। पुलिस ने उन्हें पकड़ लिया। गांधीजी के हत्यारों में जिनका नाम लिया जा रहा था, उनमें से कोई आपटे भी था। इसके चलते पुलिस की दृष्टि में सब आपटे संदिग्ध हो गए। लेकिन दादा साहब ने किसी तरह अपना पीछा छुड़ाया और नागपुर पहुँचे।

संघ पर प्रतिबंध

सरकार ने गांधी-हत्या की आड़ में संघ पर प्रतिबंध लगा दिया। सरसंघचालक गुरुजी को १ फरवरी को नागपुर में गिरफ्तार कर लिया गया। देश भर में संघ से संबंधित अन्य प्रमुख लोगों की भी गिरफ्तारियाँ हुईं। जवाहरलाल नेहरू, सरदार पटेल और गुरुजी के बीच लंबा पत्र-व्यवहार चला। दादा साहब आपटे इस पूरी भाग-दौड़ में महत्त्वपूर्ण भूमिका में निभा रहे थे। उन्होंने तमिलनाडु में अपने मित्र प्रसिद्ध विधि विशेषज्ञ श्री टी.व्ही.आर. शास्त्री से संपर्क किया। शास्त्रीजी ने संघ और सरकार के बीच संवाद स्थापित करने में महत्त्वपूर्ण भूमिका अदा की। बाद में सरकार को संघ के लिखित संविधान की जरूरत पड़ी, जिसके प्रारूप में दादा साहेब आपटे ने महत्त्वपूर्ण भूमिका निभाई। संघ पर प्रतिबंध को लेकर इतिहास का सबसे बड़ा सत्याग्रह आंदोलन चला। सत्तर हजार से भी ज्यादा लोग गिरफ्तार हुए। देशभर में लूटपाट, संघ स्वयंसेवकों के घरों पर आक्रमण, आगजनी की घटनाएँ

हुईं। लेकिन मीडिया मौन रहा। वह सरकारी पक्ष को ही ढोता रहा और परोसता रहा। वैसे तो यह उसकी मानसिकता का ही हिस्सा था, क्योंकि कुछ महीने पहले तक वह तत्कालीन अंग्रेज शासक के पक्ष को ढोता था, अब नए शासकों के पक्ष को ढो रहा था। जनपक्ष का उससे कोई लेना-देना नहीं था। शायद इसी से व्यथित होकर आजादी से कुछ वर्ष पहले वीर सावरकर ने एक दिन दादा साहेब आपटे को कहा था, ''एक ऐसी न्यूज एजेंसी चलाओ, जो भारतीय पक्ष को भी प्रस्तुत करे, केवल अंग्रेजों के पक्ष ही नहीं।'' तब आपटेजी ने न्यूज एजेंसी के गली-मुहल्ले जानने के लिए यू.पी.आई. की रात्रिकालीन शिफ्ट में काम भी किया था। आगे फिर बाला साहेब देवरसजी ने कहा, ''ऐसी न्यूज एजेंसी क्यों नहीं, जो जनता क पक्ष को भी प्रस्तुत करे। उसके मौन को भी वाणी दे। जो एक पक्षीय नहीं, बहुपक्षीय हो।''

संदर्भ

१. दादा साहेब आपटे की अप्रकाशित डायरी, १३ अक्तूबर, १९४३
२. बसंत आपटे, बापूराव लेले : व्यक्ति और कार्य, नई दिल्ली, राष्ट्रीय पत्रकारिता कल्याण न्यास, २००४
३. दादा साहेब आपटे की अप्रकाशित डायरी
४. एस.एस. आपटे, शकारि विक्रमादित्य, भूमिका
५. एस.एस. आपटे, शकारि विक्रमादित्य, भूमिका
६. अरविंद घोष, 'दादा साहेब आपटे, स्फिस्टीकेशन परसोनीफाइड', 'विश्व संपर्क सेतु—दादा साहेब आपटे' में संकलित पृ. ५७
७. दादा साहेब आपटे की अप्रकाशित डायरी, ३० जनवरी, १९४८

□

तृतीय अध्याय

हिंदुस्थान समाचार का जन्म

उत्तर प्रदेश के तत्कालीन राज्यपाल श्री विश्वनाथ प्रसाद ने एक बार 'हिंदुस्थान समाचार' को लिखे एक पत्र में कहा था कि अनादि काल से प्राचीन भारत में नारदीय संस्था संवाद समिति के रूप में पहचानी जाती रही है। अनेक बार नारद ने जलती पर तेल भी डाला होगा परंतु कहीं भी ऐसा उदाहरण नहीं मिलता जब इस पारंपरिक नारद ने कुछ ऐसा प्रेषित किया हो, जिसे गलत, तथ्य विरोधी या अनैतिक कहा जा सके। पौराणिक काल से ही भारतीय प्रसार संस्थानों ने इस उच्च परंपरा को बनाए रखा है। यद्यपि आज हम अधिक कार्य कुशलता और नैतिकता का दावा करते हैं, तो भी हमें यह मानना पड़ेगा कि आज का नारद इस पारंपरिक नारद से कहीं दूर भटक गया है। क्या मैं आशा करूँ कि हमारे आज के नारद अर्थात् संवाद समितियाँ उस पारंपरिक नारद के उच्च आदर्शों को अपने सम्मुख रखेंगी?[१]

परंतु दुर्भाग्य से जिन अंग्रेजों ने कालांतर में भारत पर कब्जा कर लिया था, उनके अपने देश में समाचार जगत् की न तो इस प्रकार की कोई निष्पक्ष नारदीय परंपरा थी और न ही उनका भारत की इस नारद परंपरा में कोई विश्वास था। उनके लिए समाचार का अर्थ जातीय हितों की रक्षा के लिए सुविधानुसार तोड़ा गया तथ्य या व्याख्या मात्र था। उस परंपरा में समाचार घटित घटना का भी हो सकता था, या फिर समाचार के लिए घटना की कल्पना भी की जा सकती थी।

अंग्रेजी शासनकाल में संवाद समितियाँ—इसीलिए जब हेनरी कोलिन ने १८६६ को मुंबई में संवाद समिति के कार्यकलाप प्रारंभ किए तो उसका उद्देश्य ब्रिटिश हितों का पोषण करना था। (उसी मुंबई से) एस. सदानंद ने (पूरे छह दशक बाद) 'फ्री प्रेस जर्नल ऑफ इंडिया' की स्थापना की। उसका उद्देश्य "भारत में घटित घटनाओं को सही परिप्रेक्ष्य में, प्रस्तुत करना"[२] था।

परंतु प्रश्न था कि उन दिनों भारत में कौन सी घटनाएँ घट रहीं थी, जिन्हें सदानंद सही परिप्रेक्ष्य में देशवासियों के सामने रखना चाहते थे? ये घटनाएँ थीं, अंग्रेजी साम्राज्य के खिलाफ उठ रही भारतीय आवाज से बनी घटनाएँ। अंग्रेजों को तो उन घटनाओं को भारतीय परिप्रेक्ष्य में समाचार बनने से रोकना था। ''इसलिए ब्रिटिश सरकार बार-बार 'फ्री प्रेस जर्नल ऑफ इंडिया' की भारी जमानत राशि जब्त कर लेती थी। (परिणामस्वरूप) १९३५ में संवाद संस्था बंद हो गई और सदानंद दिवालिया हो गए।''[३]

जिन दिनों सदानंद दिवालिया हो रहे थे, उन्हीं दिनों भारत में 'एसोसिएट प्रेस ऑफ इंडिया' खूब फल-फूल रही थी। यह अमेरिका की वृत संस्था 'रायटर' की सब्सिडियरी कंपनी थी और इसके नाम में 'इंडिया' के अतिरिक्त कहीं भी इंडिया नहीं था। वहाँ सर्वत्र ब्रिटेन विद्यमान था। क्योंकि दिल्ली में भी ब्रिटेन ही बैठा था। अत: शासक और ए.पी.आई का तालमेल फल-फूल रहा था तथा निष्पक्ष पत्रकारिता दम तोड़ रही थी।

लेकिन ऐसी विपरीत परिस्थितियों में भी भारत में नारद के संस्कार मरे नहीं थे। सदानंद चाहे दिवालिया हो गए थे, लेकिन वह भाव, वह चिंतन तो दिवालिया नहीं हुआ था, जिससे प्रेरित होकर उन्होंने 'फ्री प्रेस जर्नल ऑफ इंडिया' की स्थापना की थी। १९३३ में कोलकाता में स्थापित यू.पी.आई. ने सदानंद का कारोबार सँभाल लिया। ध्येय वाक्य यू.पी.आई. का भी वही था, जो सदानंद की वृत संस्था का था। भारतीय परिप्रेक्ष्य की चिंता! इसी यू.पी.आई. की मुंबई शाखा में बीसवीं शताब्दी के पाँचवे दशक में एक वकील शिवराम शंकर आपटे ने पत्रकारिता एवं संवाद समिति का हुनर सीखा था और यहीं यह स्वप्न भी देखा था कि कभी वे भारत के ख्यातिनाम पत्रकार बनेंगे। लेकिन यह सब बाद की कहानी है। हिंदुस्थान समाचार और दादा साहेब आपटे को समझने के लिए यह कहानी मील का पत्थर है।

वास्तव में हिंदुस्थान समाचार की स्थापना भारत में वृत संस्था को उसी पुरानी नारदीय परंपरा से जोड़ने का राष्ट्रीय प्रयास था। भारतीय वृत संस्था अपने मूल आचरण, व्यवहार व संस्कार में तभी भारतीय हो सकती है, यदि उसकी नाभि नाल नारदीय परंपरा से जुड़ी हो, न कि ए.पी.आई. की परंपरा से। दादा साहेब आपटे ने कालांतर में पत्रकारिता की नाभि नाल ए.पी.आई. की परंपरा से काटकर उसे नारदीय परंपरा से जोड़ने का शल्य चिकित्सीय प्रयास किया था।

हिंदुस्थान समाचार संवाद समिति की स्थापना भारतीय भाषाओं की पत्रकारिता के इतिहास में एक नए युग का सूत्रपात माना जा सकता है। ब्रिटिश शासन की

समाप्ति के बाद भी पत्रकारिता के सामने मुख्य प्रश्न यही था कि देश में संवाद की भाषा क्या हो? जन साधारण से संवाद की भाषा निश्चय ही भारतीय भाषाएँ ही हो सकती थीं, लेकिन दुर्भाग्य से सूचना स्रोतों पर अंग्रेजी भाषा का आधिपत्य था। इसलिए भारतीय पत्रकारिता जगत् के सामने अनुवाद का जूठन परोसने के अलावा और कोई विकल्प नहीं था। "दो महायुद्धों, स्वदेशी आंदोलन और बाद में महात्माजी के आंदोलन तथा साक्षरता के प्रसार ने हिंदी जनता में समाचार प्राप्त करने की भूख बढ़ा दी थी और जगह-जगह से अनेक दैनिक हिंदी पत्र निकलने लगे। किंतु भारत के विभिन्न प्रांतों और संसार के अन्य देशों के समाचार प्राप्त करने के लिए उनके पास अपना कोई प्रबंध नहीं था। वे इन्हें अंग्रेजी की समाचार एजेंसियों से ही प्राप्त करते थे।"[४]

यह स्थिति राष्ट्रीय अस्मिता के लिए अपमानजनक तो थी ही, भविष्य में भारतीय पत्रकारिता के विकास के मार्गों को भी अवरूद्ध कर सकती थी। समाचारों का स्रोत ही यदि प्रदूषित होगा और उसका भारत एवं उसके सामान्य जन से कोई वास्ता नहीं होगा तो भारत ब्रिटिश हुकमरानों के चले जाने के बाद भी गूँगा ही रहेगा। विदेशी भाषाओं यथा अंग्रेजी, फ्रांसीसी (पांडिचेरी) और पुर्तगाली (गोवा) के अखबार भारत की आवाज नहीं माने जा सकते और न ही ये अखबार इस बात का दावा करते हैं। ये अखबार वास्तव में गोरे और काले दोनों प्रकार के हुकमरानों की आवाज के प्रतिनिधि थे और हैं। अत: ये अपनी आवश्यकतानुसार ही अपने समाचार स्रोतों का चयन करते थे। परंतु अंग्रेजों के चले जाने के बाद भारतीय समाचार जगत् के मूल स्रोतों को लेकर एक बहस तो छिड़ ही चुकी थी।

स्वतंत्रता के उपरांत संवाद समितियाँ—ब्रिटिश काल की कुछ न्यूज एजेंसियों ने भी हवा का रंग-ढंग देखकर मुखौटे बदलने के सफल-असफल प्रयास किए। ब्रिटिश काल में 'रायटर' की सब्सिडियरी ए.पी.आई. ही भारत की प्रमुख संवाद समिति थी। "१९४७ में सत्ता हस्तांतरण के बाद यह तार्किक प्रश्न था कि 'रायटर' अपने कार्यकलाप किसी भारतीय संस्थान को हस्तांतरित कर देती! (दरअसल) 'रायटर' से ए.पी.आई. को ले लेने का विचार सन् १९४६ में 'इंडियन ऐंड ईस्टर्न न्यूज पेपरार्स सोसाइटी' की लाहौर की बैठक में आया था। 'रायटर' प्रस्तावित हस्तांतरण के लिए तो सहमत थी, लेकिन विदेशी समाचार सेवा प्रभाग पर अपना ही नियंत्रण रखना चाहता था। तत्कालीन गृहमंत्री सरदार वल्लभ भाई पटेल इस बात पर अड़े थे कि 'रायटर' अपने सभी भारतीय क्रियाकलाप किसी भारतीय एजेंसी को सौंप दे। पटेल ने स्पष्ट कर दिया कि यदि 'रायटर' ऐसा नहीं करेगी तो

जुलाई १९४७ को उसके टेलीप्रिंटर लाइन लाइसेंस के समाप्त होने पर उसका नवीनीकरण नहीं किया जाएगा। इसने इस विवाद का निर्णय कर दिया। अगस्त १९४७ में 'प्रेस ट्रस्ट ऑफ इंडिया' नाम से एक ज्वाइंट स्टॉक कंपनी स्थापित हुई और उसने ए.पी.आई. का व्यवसाय सँभाल लिया। पी.टी.आई. ने अपना काम फरवरी १९४९ को प्रारंभ कर दिया।''[५]

'एसोसिएटड प्रेस ऑफ इंडिया' के मामले में सरदार पटेल के इस सख्त रूख का कारण यही था कि इस न्यूज एजेंसी ने भारत के स्वतंत्रता संग्राम में भारत विरोधी ब्रिटिश समर्थक भूमिका निभाई थी। वास्तव में ए.पी.आई. की स्थापना ही इस उद्‌देश्य के लिए की गई थी। इसलिए उसका संरचनागत विस्तार और पत्रकारों के प्रशिक्षण की पद्धति इसी उद्‌देश्य को ध्यान में रखकर विकसित की गई थी। वास्तव में इस न्यूज एजेंसी की मानसिकता ही भारत विरोधी थी। ऐसी परिस्थितियों में सबसे अधिक उपयुक्त तो यह होता कि ए.पी.आई. को भारत से अपना बोरिया-बिस्तर समेटने के लिए कहा जाता और नई परिस्थितियों के अनुकूल एक नई संवाद समिति का गठन किया जाता। इसका लाभ यह होता कि नई संवाद समिति ए.पी.आई. की भारत विरोधी विरासत और मानसिकता को तो न ढोती। लेकिन इसके विपरीत ए.पी.आई. को ही नए रंग-रोगन में और कुछ कानूनी खानापूरी के बाद भारतीय संवाद समिति में परिवर्तित कर दिया गया, जिससे समाचार जगत् में 'हिज मैजिस्टीज वॉयस' वाली शैली नहीं बदली। इसकी सबसे ज्यादा क्षति तब पता चली, जब स्वतंत्रता संग्राम में राष्ट्रीय विरासत की वाहक यू.पी.आई. को १९५८ में वित्तीय कारणों से अपना कारोबार बंद करना पड़ा। इसी पृष्ठभूमि में दादा साहेब आपटे के हिंदुस्थान समाचार स्थापना के प्रयासों को समझना होगा।

सावरकर की प्रेरणा—आपटेजी को भारतीय संवाद समिति बनाने की प्रेरणा १९४२ में वीर सावरकर ने दी थी। इसका उल्लेख उन्होंने स्वयं किया है। ''बहुत कम लोगों को ज्ञात है कि मुझे यह प्रेरणा क्रांतिकारियों के पुरोधा, जो स्वतंत्रता के लिए संघर्ष करते रहे, अत्याचार सहे और जीवन भर त्याग करते रहे, ऐसे वीर सावरकर से मिली थी। उन्होंने मुझे (मुंबई में) अपने घर में रहने के लिए आमंत्रित किया था और मैं चार साल उनके घर में रहा। उन्होंने १९४२ में मुझे एक राष्ट्रीय संवाद समिति प्रारंभ करने के लिए कहा। मैंने उसी दिन उनकी इस इच्छा को पूरा करने का संकल्प ले लिया था। इसी उद्‌देश्य को ध्यान में रखकर मैंने संवाद समिति की संगठन रचना को सीखा। इसके लिए मैंने 'यूनाइटेड प्रेस ऑफ इंडिया'

में रात्रिकालीन समाचार संपादक के नाते कार्य किया। समय पाकर उसी विचार ने सन् १९४८ में हिंदुस्थान समाचार के रूप में आकार ग्रहण किया।''[६]

गांधी हत्या और संघ पर प्रतिबंध—वास्तव में वीर सावरकर ने १९४२ में जो इच्छा व्यक्त की थी, उसको साकार रूप देने में १९४८ की घटनाओं ने भी महत्त्वपूर्ण भूमिका निभाई। महात्मा गांधी की जघन्य हत्या की आड़ में भारत सरकार ने राष्ट्रीस स्वयंसेवक संघ पर प्रतिबंध ही नहीं लगाया, बल्कि हजारों लोगों को गिरफ्तार भी कर लिया। संघ प्राय: प्रचार से विमुख रहनेवाला राष्ट्रवादी सांस्कृतिक संगठन है। लेकिन जब संघ पर १९४८ में प्रतिबंध लगा और उसके बाद इतिहास का सबसे बड़ा सत्याग्रह चला, जिसमें सत्तर हजार से ज्यादा स्वयंसेवक गिरफ्तार हुए, तो मीडिया ने वस्तुपरक समाचार देने की बजाय संघ के विरुद्ध एक पक्षीय प्रचार करने में महत्त्वपूर्ण भूमिका निभाई। इसी मन:स्थिति में संवाद समिति की आवश्यकता को तीव्रता से महसूस किया गया। ''संघ की पाबंदी बहुत कुछ सिखा गई। इस दौरान प्रसार माध्यमों द्वारा लगाए झूठे आरोप और उसी सफेद झूठ के आधार पर किया अप्रचार भी अनुभव की पूँजी को और भी संपन्न कर गया। एक बात सभी के ध्यान में आ गई कि अब लोकतंत्र के युग में जनमत सच्चा आधार रहेगा और सच्ची जानकारी के आधार पर ही वह विकसित होगा। इसी सूत्र को आधार मानकर इस क्षेत्र में हमें अपनी पहचान, अपनी व्यवस्था निर्माण करनी होगी। एक बैठक में स्व. बालासाहब देवरस ने यह कल्पना विस्तार से रखी और तभी विविध क्षेत्रों में छोटे बड़े सामायिक पत्र शुरू करने के लिए प्रोत्साहन देने का निर्णय लिया गया। 'राष्ट्रधर्म', 'पाञ्चजन्य', 'ऑर्गेनाईजर', 'विवेक', 'साधना' (गुजराती), 'स्वदेश', 'युगधर्म' जैसे कुछ समाचार-पत्र उसी दौरान थोड़े आगे-पीछे शुरू किए गए। उन्हें और अधिक गति देने की आवश्यकता थी। इसी प्रकार राष्ट्रीय स्तर के समाचार-पत्रों को वास्तव जानकारी देनेवाली समाचार संस्था शुरू करने का भी निर्णय लिया गया। इस नई समाचार संस्था को 'हिंदुस्थान समाचार' का नाम स्वयं बालासाहब ने ही सुझाया।''[७] नागपुर में 'नरकेसरी' प्रकाशन, 'तरुण-भारत' को चलाने का निर्णय तथा 'राष्ट्रशक्ति' और 'सुदर्शन' साप्ताहिक प्रारंभ करने का निर्णय भी इन्हीं दिनों किया गया।

इसकी पुष्टि आपटेजी के एक अन्य सहयोगी नारायण राव तर्टे ने भी की है। ''हिंदुस्थान समाचार की कल्पना सर्वप्रथम पू. श्री बाला साहेब देवरसजी ने नागपुर में संघ के अधिकारियों के समक्ष प्रस्तुत की। वे स्वयं समाचार-पत्रों के संचालन में रुचि रखते थे। प. पू. श्री गुरुजी से भी विचार-विमर्श किया गया। यह कार्य किसे

सौंपा जाए, इसपर भी विचार हुआ और मुंबई के विद्वान् लेखक वकील श्री शिवराम शंकर उपाख्य दादा साहेब आपटेजी को हिंदुस्थान समाचार का गठन एवं संचालन करने के लिए कहा गया।''[८]

परंतु इसमें कोई शक नहीं कि संवाद समिति ने भारत विभाजन के आस-पास किसी-न-किसी रूप में आकार लेना शुरू कर दिया था। डॉ. कृष्ण बवेजा के अनुसार, ''स्वतंत्रता प्राप्ति के लगभग तुरंत पश्चात् हिंदुस्थान समाचार नाम की पहली देवनागरी समाचार संस्था की स्थापना की गई।''[९]

वैसे तो राष्ट्रीय स्वयंसेवक संघ में भी इस बात की चर्चा द्वितीय विश्व युद्ध के उपरांत ही शुरू हो गई थी कि मीडिया में नारदीय परंपरा को पुष्ट करना चाहिए। क्योंकि विश्व युद्ध के उपरांत भारत में विभाजन को लेकर कयास लगने शुरू हो गए थे। इसको लेकर चारों और अनिश्चितता और भय का वातावरण बन रहा था। अंग्रेज सरकार मोहम्मद अली जिन्ना और उनकी मुसलिम लीग को एक सोची-समझी साजिश के अंतर्गत शह दे रही थी और उससे सांप्रदायिक तनाव बढ़ रहा था। इन पूरे प्रश्नों को लेकर देशभर में फैले हुए राष्ट्रीय स्वयंसेवक संघ के स्वयंसेवकों के बीच प्रभावी विचार-विमर्श के माध्यम का अभाव खटकता था। इन प्रश्नों पर संघ की नीति क्या है और आगे की रणनीति क्या है, यह जानने की स्वाभाविक उत्सुकता भी साधारण स्वयंसेवकों के मन में बनी रहती थी। 'ऑर्गेनाइजर' की शुरुआत इसी चिंतन का परिणाम मानी जा सकती है।[१०] दादा साहेब आपटे 'ऑर्गेनाइजर' में लिखनेवाले प्रारंभिक लेखकों में से थे। महाराष्ट्र की पत्र-पत्रिकाओं में वे मराठी में लिख ही रहे थे। परंतु फिर भी संघ में समाचार जगत् को लेकर गंभीर विचार-विमर्श स्वतंत्रता के उपरांत संघ पर प्रतिबंध काल में ही हुआ। ''संघ पर १९४८ में लगे इस प्रतिबंध के दौरान प्रेस ने संघ पर आक्रमण किए और कांग्रेस ने तो यहाँ तक निर्णय लिया कि संघ के स्वयंसेवक कांग्रेस या उससे जुड़े किसी संगठन में भाग नहीं ले सकेंगे। (संघ पर प्रतिबंध काल के दौरान सरदार पटेल ने इस बात का सुझाव दिया था कि संघ का कांग्रेस में विलय कर दिया जाना चाहिए, संघ ने तो इसे स्वीकार नहीं किया, लेकिन कांग्रेस के भीतर भी पंडित नेहरू ने इसको अस्वीकार कर दिया गया।) इससे संघ में समाचार-पत्र जगत् में प्रवेश करने के विचार को बल मिला।...हिंदुस्थान समाचार की स्थापना इसी विचार का परिणाम थी।''[११]

हिंदुस्थान समाचार की परिकल्पना—''हिंदुस्थान समाचार वृत संस्था का जन्म इस बात को महसूस करके हुआ था कि देशवासियों को स्वतंत्रता संग्राम की

गतिविधियों की जानकारी मिलती रहे। देश में जो वृत संस्थाए थीं, उनका झुकाव ब्रिटिश शासकों की ओर होने के कारण, हमारे राष्ट्रीय संग्राम की कुछ हद तक उपेक्षा होती थी और इस बड़े आंदोलन का चित्र प्राय: लोगों के सामने रखा नहीं जाता था। जब वीर सावरकर ने इस संस्था के संस्थापक श्री आपटे के समक्ष यह बात रखी, तब एक स्वतंत्र राष्ट्रीय वृत संस्था की स्थापना के लिए पहला पग उठाया गया, जो इस कमी को पूरा कर सके।''[१२]

एक प्रकार से द्वितीय विश्व युद्ध की समाप्ति और सन् १९४७ में अंग्रेजों की विदाई के बीच के कालखंड में राष्ट्रीय संवाद समिति की कल्पना उभरने लगी थी। उन दिनों भारत-विभाजन के कुचक्र प्रकट होने लगे थे, लेकिन अंग्रेजी अखबारों में विदेशी संवाद समितियों द्वारा प्रकाशित समाचारों को ही प्रमुखता दी जाती थी। अत: सही स्थिति जानने के लिए भारतीयों के मन में एक बेचैनी विद्यमान रहती थी। दादा साहेब आपटे का हृदय व्यथित होना तो स्वाभाविक ही था। वे राष्ट्रीय स्वयंसेवक संघ के प्रचारक थे। पत्रकारिता उनका जीवनरस था। ''आपले लोग आपली माय बोली, कुठे आहे का?'' उनका यह कथन अंतरंग मंडली में चर्चित था। प्रसिद्ध पत्रकार रामशंकर अग्निहोत्री के कथनानुसार, ''यह समय था जब लॉर्ड माउंटबेटन ने भारत विभाजन की विभीषिका के लिए कैलेंडर की तारीखें नोचना प्रारंभ कर दिया था। जनता को इस घटनाक्रम से संबंधित सही समाचार पहुँचाना बहुत बड़ी जिम्मेदारी थी। उस समय संवाद में अंग्रेजी की 'रायटर' एजेंसी थी, जिसने बाद में स्वदेशी रूप 'प्रेस ट्रस्ट ऑफ इंडिया' ग्रहण किया। कई देशभक्त अंत:करणों पर चोट पड़ी थी कि देश आजाद हो रहा था और देश की भाषाओं में संवादों का कोई माध्यम नहीं है। देश में, अनेक राष्ट्रभाषा प्रेमी अंत:करण इस चोट से व्यथित हुए थे।''[१३] अग्निहोत्रीजी के इस साक्ष्य से यह अनुमान किया जा सकता है कि हिंदुस्थान समाचार के बीज सन् १९४७ में ही पड़ गए थे। चाहे उसका विधिवत् पंजीकरण बाद में कराया गया।

देश-विभाजन को लेकर उस समय के समाचार माध्यम जिस प्रकार से विभाजन समर्थक वातावरण का निर्माण कर रहे थे, उससे मीडिया का ब्रिटिश समर्थक चेहरा नंगा हो रहा था। कांग्रेस ने भी एक प्रकार से विभाजन के प्रस्ताव पर मोहर लगा ही दी थी। भारतीय हृदय को अभिव्यक्ति देने के लिए कोई नहीं था।

दादा साहेब आपटे की मुख्य चिंता इसी को लेकर थी। साहेब लोगों एवं हुकुमरानों के कुत्तों-बिल्लियों के बच्चों तक के समाचार भी छपते थे, लेकिन राष्ट्रीय जन आंदोलन, इन सूचना स्रोतों के लिए या तो उपहास की चीज था या

फिर कुतुहल की। उसका भारत, भारत के लोगों, उनकी समस्याओं से सीधा वास्ता नहीं था। शायद यही कारण था कि महात्मा गांधी की हत्या की खबर एक प्रमुख अंग्रेजी दैनिक ने अपने दूसरे पन्ने पर प्रकाशित की थी। कारण वही था कि सूचना स्रोतों पर जिन निहित स्वार्थों ने कब्जा जमा रखा था, उनका इस जन स्पंदन से कोई वास्ता नहीं था। वहाँ पुराना ब्रिटिश शासन काल से चला आ रहा बाँझपन ही छाया रहा।

प्रश्न सूचना स्रोतों को निहित स्वार्थों से मुक्त करवाने का था। हिंदुस्थान समाचार संवाद समिति, की अवधारणा इसी पृष्ठभूमि में आकार लेने लगी थी। एक ऐसी संवाद समिति जो देश के लोगों से सीधे-सीधे देश की भाषाओं में ही संवाद स्थापित करे और उनके स्पंदन को देशीय भाषाओं के समाचार-पत्रों तक पहुँचाए। अब तक स्थिति यह थी कि एक तो सूचना स्रोत अपने चरित्र व अस्मिता में भारतीय नहीं थे, द्वितीय देशीय भाषाओं के समाचार-पत्रों को विदेशी भाषा से देशीय भाषा में अनुवाद भी करना पड़ता था। श्री बाला साहेब देवरस व अन्य राष्ट्रवादी चिंतकों ने श्री शिवराम शंकर आपटे के सामने यही चुनौती रखी।

अब आपटेजी को भारतीय पत्रकारिता जगत् में एक नए पथ का निर्माण करना था। उन्होंने भारतीय भाषाओं के समाचार-पत्रों के लिए मूलभाषा में ही समाचार स्रोतों को उपलब्ध करवाने का संकल्प लेकर मुंबई में हिंदुस्थान समाचार को कंपनी ऐक्ट के तहत अप्रैल १९४८ को पंजीकृत करवाया। इस संवाद समिति ने देश के अखबारों को देश की भाषा में खबरें मुहैया करवाने का बीड़ा सफलतापूर्वक उठाया। इस प्रकार भारतीय पत्रकारिता में भारतीय भाषाओं की प्रथम संवाद समिति का जन्म हुआ। २३ अक्तूबर, १९४८ को मुंबई में इसका प्रथम कार्यालय खोला गया। आपटेजी मुख्य संपादक थे और उनके दो सहायक थे—श्री विष्णुपंत माईणकर और श्री शरदराव शिरोडकर। श्री गोविंद बोड़के कार्यालय सहायक थे। दफ्तर में एक मेज, तीन कुरसियाँ, एक अंग्रेजी का टाइपराइटर और साइक्लोस्टाइल मशीन तथा एक साइकिल, कुल मिलाकर यही पूँजी थी।[१४] परंतु आपटेजी के लिए तो अब हिंदुस्थान समाचार ही सर्वस्व था।

दादा साहेब आपटे की हिंदुस्थान समाचार के बारे में परिकल्पना क्या थी, और ध्येय क्या था, इसके बारे में कई साल बाद उन्होंने चर्चा की। उन्हीं के ही शब्दों में, "(संवाद समिति) की स्थापना के प्रयासों के पीछे मुख्य उद्देश्य यही था कि भारत के अधिकांश प्रांतों में सभी क्षेत्रीय व प्रादेशिक समाचारों का क्षेत्रीय समाचार-पत्रों की ही भाषाओं में संकलन व वितरण किया जाए। सन् १९४७ तक

तो भारतीयों का मुख्य उद्देश्य स्वतंत्रता प्राप्त करना था। सारा राष्ट्र गुलामी की जंजीरें तोड़ने के उपक्रम में लगा हुआ था। इसमें कोई संशय नहीं था कि 'रायटर' और उसकी पिछल्लगू एसोसिएट प्रेस, ब्रिटिश साम्राज्य के हितों का पोषण कर रही थी। जब सावरकरजी ने मुझे संवाद समिति स्थापित करने के लिए कहा था तो उनका विचार भी एक ऐसी समाचार संस्था खड़ी करना था, जो स्वतंत्रता-प्राप्ति हेतु किए जा रहे भारतीय प्रयत्नों को प्रचारित-प्रसारित करे। इस विचार को आकार देने में मुझे पाँच वर्ष लगे और तब तक देश स्वतंत्र हो चुका था। उस समय मैंने अनुभव किया कि राष्ट्रीय संवाद समिति की आवश्यकता तो अब पहले से भी ज्यादा है। (ब्रिटिश शासन की समाप्ति के बाद) 'रायटर' की भारत में रुचि समाप्त हो गई थी। बदले हालात में ए.पी. ने अपने आपको पी.टी.आई. में बदल लिया था और रातोरात भारत सरकार की दुलारी बन गई। लेकिन उसने भी समाचारों के उत्खनन के लिए खाली पड़े असीमित क्षेत्र और सीमांतों को नहीं पहचाना। स्वतंत्रता के बाद समग्र राष्ट्रीय धारा के साथ-साथ जीवन के सभी, यथा शैक्षिक, मेडिकल, सामाजिक, धार्मिक, आर्थिक, राजनैतिक, ऐतिहासिक क्षेत्रों इत्यादि के लोक-समाचारों का सावधानी से संग्रह करने और उन्हें एक आकार देने की आवश्यकता थी, ताकि राष्ट्रीय दायित्व की पूर्ति की जा सके। द्वितीय, ये प्रयास प्राचीन सनातन समाज की परंपरा एवं मूल्यों के अनुरूप होने चाहिए। यह समाज लगभग बारह सौ सालों की गुलामी के बाद स्वतंत्र हुआ था। इसलिए यह सावधानी और भी जरूरी थी...हम अंग्रेजी से घृणा नहीं करते। परंतु अपनी माँ, मातृभूमि और मातृभाषा से ज्यादा प्यार करते हैं। अत: उस समय मैंने निर्णय किया कि यद्यपि हमें अखबारों को उन्हीं की भाषा में खबरें देनी होंगी, परंतु हमारे एक प्रादेशिक कार्यालय से दूसरे प्रादेशिक कार्यालय के बीच समाचारों का आदान-प्रदान राष्ट्रीय भाषा हिंदी में होना चाहिए।''[१५]

आपटे और लेले की जोड़ी—दादा साहेब आपटे के सामने जब हिंदुस्थान समाचार को कार्यरूप देने की बात आई तो उनके मस्तिष्क में इस कार्य के लिए पहले सहयोगी के रूप में बापूराव लेले का ध्यान आया।[१६] एक दशक पहले लेले ही उन्हें मुंबई में राष्ट्रीय स्वयंसेवक संघ में लेकर आए थे और अब दस साल बाद आपटे उसी मुंबई में भारतीय पत्रकारिता के एक नए अध्याय का सूत्रपात कर रहे थे। इसके लिए भला लेले से उपयुक्त पात्र और कौन हो सकता था? बापूराव लेले उस समय गुजरात में थे और दादा साहेब आपटे तमिलनाडु में संघ के प्रचारक। एक बार दोनों फिर मुंबा देवी की नगरी में मिल रहे थे। दादा साहेब की विद्वत्ता,

पांडित्य, व्यक्तित्व और बापूराव के परिश्रम, संपर्क कौशल्य, नम्रता उर्जा। एक-दूसरे के प्रति सम्मान लिये दोनों इस नए काम में जुट गए…मुंबई के बोरीबंदर स्टेशन से थोड़ा पश्चिम में स्थित फोर्ट इलाके में घोगा स्ट्रीट के २९ नंबर के एक पुराने से मकान की पहली मंजिल में हिंदुस्थान समाचार का कार्यालय शुरू हुआ।[१७] मुंबई कार्यालय के तुरंत बाद नागपुर कार्यालय शुरू हुआ।

शुरू हुआ विस्तार—नागपुर, हिंदुस्थान समाचार की मुंबई के बाद दूसरी शाखा थी। हि.स के संस्थापक दादा साहेब आपटे ने यह उत्तरदायित्व बापू महाशब्दे को दिया। इस कार्य के लिए महाशब्दे से बढ़िया और कोई व्यक्ति हो ही नहीं सकता था। महाशब्दे को संवाद समिति का अनुभव तो नहीं था, लेकिन उन्होंने उस समय की यू.पी.आई. के जी.डी. करकरे से मोटी-मोटी बातें समझीं और कार्य प्रारंभ हो गया।[१८] नागपुर से छपने वाले 'तरुण भारत' और महाराष्ट्र दो अखबार सबसे पहले हिंदुस्थान समाचार के ग्राहक बने। बापू के दूसरे अंतरग सहयोगी थे मधु पागे। प्रारंभिक वर्षों में इन दोनों के परिश्रम से ही नागपुर में हिंदुस्थान समाचार अपने पैर जमा सका। बाद के सहयोगियों में घनश्याम सक्सेना, बी.टी. देशपांडे, मामा घुमरे, नाना ठेंगडी के नाम गिनाए जा सकते हैं। कार्यालय में दूरमुद्रक का तो प्रश्न ही नहीं था। आकाशवाणी को ग्राहक बनाने की योजना सिरे नहीं चढ़ी। हि.स. नागपुर को अभी अपने पैर जमाने थे और संवाददाताओं का मजबूत तंत्र खड़ा करना था। परंतु कार्य रोमांचकारी था और सभी कार्यकर्ता समर्पण भाव से कार्य करते थे। किसी को भी तनख्वाह मिलने का तो प्रश्न ही नहीं था और जो कोई एक-आध वेतन लेता भी था, वह पत्र-पुष्प ही था। लेकिन कार्यालय में काम करनेवाले सभी लोग अखबार के दफ्तर में खबर पहुँचाने से लेकर संपादक तक का काम एक समान भाव से ही करते थे। बापू महाशब्दे और अन्य अधिकारियों द्वारा जो भ्रातृत्व उत्पन्न किया गया था, उससे हिंदुस्थान समाचार ने संकट के दिन सफलतापूर्वक पार किए। इतना काम करने के बाद हरि विजय होटल से मँगवाया हुआ चिवड़ा और चाय का एक कप ही सबसे बड़ा पुरस्कार होता था। अमरावती का 'हिंदुस्थान' अखबार समिति का ग्राहक बना। परंतु उसकी शर्त थी कि आधी रात को नवीनतम समाचार टेलीफोन से प्रेषित किए जाएँ। यह उत्तरदायित्व बापू महाशब्दे की पत्नी सुशीला महाशब्दे के कंधों पर आया। हिंदुस्थान समाचार का कार्यालय बापू के घर में ही था। वह बेचारी या तो आधी रात तक जागती रहती या फिर टेलीफोन की घंटी आधी रात को उसे जगा देती। परंतु उसने कभी शिकायत नहीं की।[१९] यह नागपुर कार्यालय के प्रारंभिक वर्षों का वातावरण था।

पटना में भी कार्यालय सन् १९४८ में ही प्रारंभ हुआ। यह कार्यालय न्यू मार्केट क्षेत्र की एक दुकान में था। यह दुकान राष्ट्रीय स्वयंसेवक संघ के एक वरिष्ठ कार्यकर्ता श्री नंद सहायजी ने किराए पर ली हुई थी तथा उसमें वे नागपुरी चप्पलें बेचा करते थे। संघ के तत्कालीन प्रांत प्रचारक गजानन राव जोशी ने सहायजी को हिंदुस्थान समाचार कार्यालय के लिए स्थान सुझाने के लिए कहा तो उन्होंने अपनी दुकान का ही एक हिस्सा अर्पित कर दिया।[२०] श्री सत्य रंजन सहाय पटना शाखा के प्रमुख थे। उनके साथ प्रो. राम सेवक कार्य करते थे। ओमप्रकाश पंडित जनरल पोस्ट ऑफिस में टेलीफोन ऑपरेटर का काम करते थे, लेकिन अपनी सारी तनख्वाह नियमानुसार हिंदुस्थान समाचार को अर्पित कर देते थे और उसके साथ ही सरकारी नौकरी से बचा हुआ समय भी। उन्हीं के अनुसार, "कार्यालय में मोमबत्ती से काम चलाया जा रहा था। हाथ से समाचार के बुलेटिन तैयार करते और मैं स्वयं साइकिल पर 'आर्यावर्त', 'राष्ट्रवाणी', 'नवराष्ट्र', 'प्रदीप' आदि हिंदी दैनिक समाचार-पत्रों के कार्यालय में पहुँचाया करता था। मेरे सामने ही उन समाचारों को उपसंपादक रद्दी की टोकरी में डाल दिया करते थे। काफी परिश्रम के पश्चात् 'आर्यावर्त' में एक समाचार, हिंदुस्थान समाचार डेटलाइन से प्रकाशित हुआ तो कार्यालय में मिठाई बाँटी गई।"[२१]

सन् १९५९ में पटना कार्यालय में श्री बालेश्वर अग्रवाल आए। वे संघ के प्रचारक थे और संघ पर लगे प्रतिबंध के बाद पटना में स्थापित चंद्रगुप्त प्रकाशन के प्रबंध व्यवस्थापक थे। वे पाक्षिक पत्रिका 'प्रवर्तन' निकाला करते थे। वे काशी हिंदू विश्वविद्यालय के इंजीनियरिंग स्नातक थे। डालमिया नगर (बिहार) में रोहतास उद्योग में इंजीनियर के पद पर कार्यरत थे। राष्ट्रीय स्वयंसेवक संघ पर प्रतिबंध (१९४८) के दौरान गिरफ्तार कर लिये गए। छूटने पर संघ द्वारा चलाए गए सत्याग्रह के दौरान भूमिगत हो गए और प्रचार गतिविधियों में संलग्न हो गए। बालेश्वर अग्रवाल के पटना कार्यालय का काम सँभाल लेने के बाद प्रबंध व्यवस्था में भी सुधार हुआ और संवाद समिति का कार्य भी बढ़ा। उन्हीं दिनों एक अन्य प्रचारक नागपुर के श्री मनोहर डोंगरे भी हिंदुस्थान समाचार का कार्य करने के लिए पटना कार्यालय में आ गए। अल्पकाल में ही पटना में हिंदुस्थान समाचार ने अपनी पहचान बना ली।

दिल्ली में भी हिंदुस्थान समाचार का कार्यालय मुंबई के तुरंत बाद स्थापित किया गया। दिल्ली में धर्मवीर गांधी शाखा प्रमुख थे। श्री गांधी का नाम उस समय के जाने-पहचाने पत्रकारों में शुमार था। दिल्ली कार्यालय कनॉट प्लेस में रिवोली

सिनेमा के पीछे एक गैराज में शुरू किया गया। कुछ अरसा बाद गैराज से निकलकर कनॉट प्लेस में ही यार्क होटल की छत पर पहुँच गया। वहाँ पाँच-छह महीने संकट झेलता हुआ अरुणा आसफअली मार्ग पर पालीवाल बिल्डिंग में आ गया। राजधानी का नाम जुड़ा होने के कारण दिल्ली कार्यालय की स्थिति कुछ बेहतर थी, ऐसा नहीं कहा जा सकता। मुंबई और नागपुर जैसी ही स्थिति दिल्ली कार्यालय की थी।

एक वर्ष के भीतर ही मुंबई, नागपुर, दिल्ली, पटना और कोलकाता में कार्यालयों ने कार्य प्रारंभ कर दिया। प्रारंभ में संघ ने जो चार-पाँच स्वयंसेवक हिंदुस्थान समाचार को दिए थे, उन्होंने ही इन कार्यालयों को सँभाला और कार्य खड़ा किया। वर्ष १९४९ के अंत तक कोलकाता में नारायण राव तर्टे हिंदुस्थान समाचार का कार्य प्रारंभ करने के लिए पहुँचे। तर्टेजी अकोला में 'सुदर्शन' पत्रिका निकालते थे। इससे पूर्व वे ग्वालियर, पीलीभीत, लखनऊ आदि हिंदी प्रदेशों में प्रचारक रहे थे। अंग्रेजी भाषा पर उनकी अच्छी पकड़ थी।[२२] तर्टेजी के लिए कोलकाता नया क्षेत्र था और न ही उन्हें बांग्ला भाषा आती थी। लेकिन मन में उत्साह था। कोलकाता के एक धनी स्वयंसेवक ने कार्यालय के लिए टाइपराइटर और फरनीचर इत्यादि आवश्यक समान प्रदान किया। वास्तुहारा सहायता समिति के बगल में कार्यालय खोला गया। चपरासी और तीन-चार अन्य सहयोगी भी जुटाए गए।[२३] कोलकाता एक प्रकार से पूरे पूर्वी भारत का केंद्र है। मीडिया का केंद्र तो है ही। बांग्ला के अतिरिक्त हिंदी और अंग्रेजी के प्रमुख अखबार भी यहाँ से छपते हैं। हिंदी का सबसे लंबे काल तक और अभी भी छपते रहनेवाला अखबार 'विश्वामित्र' कोलकाता से ही छपता है। नारायण राव तर्टे और उनके सहयोगियों के परिश्रम के कारण हिंदुस्थान समाचार की कोलकाता शाखा जल्दी ही पत्रकारिता जगत् में जानी-पहचानी हो गई। हिंदी, बंगाली और अंग्रेजी भाषाओं में समाचार-पत्रों को समाचार बुलेटिन दिन में दो बार भेजना आरंभ हो गया। सभी समाचार-पत्र हिंदुस्थान समाचार की भेजी खबरें प्रकाशित करने लगे''' । कुछ ही दिनों में हिंदुस्थान समाचार की कोलकता शाखा ने प्रतिष्ठा अर्जित कर ली।[२४]

भविष्य उज्ज्वल है—दादा साहेब आपटे के सामने सबसे बड़ी चुनौती यह थी कि उन्हें हिंदुस्थान समाचार के लिए नए पत्रकारों का निर्माण भी स्वयं ही करना था। उन्हें पत्थरों की मूर्तियों को तराशना था। उन्हें दिशा देनी थी। विशेषकर हिंदुस्थान समाचार की पृष्ठभूमि नए पत्रकार को संस्कार रूप में देनी थी। नया रास्ता अनजाना था। उस समय के वातावरण में कंटकाकीर्ण भी। अत: अनेक बार

निराशा का कोहरा भी आ जाता था। ऐसे कोहरे और धुंध में आपटेजी कार्यकर्ता की पीठ पर हाथ मारते और कहते कि फ्यूचर इज ब्राइट। भविष्य उज्ज्वल है।[२५] उनके इस गुरु मंत्र ने पता नहीं देश में कितने सफल पत्रकारों का निर्माण कर दिया। बसंत देशपांडे दार्जिलिंग में संघ के प्रचारक थे। सूचना मिली कि कोलकाता कार्यालय में बैठक है। कार्यालय में दादा साहेब आपटे बैठे थे। उन्होंने देशपांडे को हिंदुस्थान समाचार के स्थापित होने की सूचना दी और साथ ही उन्हें संवाद समिति के कोलकाता कार्यालय में ही कार्य करने की सूचना भी दे दी। बसंत देशपांडे के ही शब्दों में, ''जो कभी सपने में भी नहीं सोचा था, ऐसा काम करने की सूचना उनसे मिली। पत्रकारिता की पट्टी पढ़ने की सूचना थी वह। (लेकिन आपटे ने केवल सूचना ही नहीं दी, मंत्र भी दिया) 'अब तुम्हारा कार्यक्षेत्र बदल गया है, फिर भी तुम संघ के स्वयंसेवक हो। आँख और कान, ये किसी भी संघटना के दो महत्त्वपूर्ण अंग हैं। यह बात पक्की तरह ध्यान में रखकर बिना संकोच, बेझिझक सभी जगह संचार करो। बातें कम, लेकिन सूक्ष्म अवलोकन करो।''''[२६] और बसंत देशपांडे दार्जिलिंग न जाकर कोलकाता हिंदुस्थान समाचार के काम में जुट गए। नारायण राव तर्टे पहले से ही वहाँ आपटेजी के बताए अनुसार सूक्ष्म अवलोकन में जुटे हुए थे।

दिल्ली में आपटे ने हिंदुस्थान समाचार का उर्दू प्रभाग भी खोला हुआ था। उत्तर भारत में उन दिनों उर्दू अखबारों का प्रचलन भी था और प्रभाव भी। पश्चिमोत्तर की तो प्रमुख अखबारें थीं ही उर्दू की। 'प्रताप', 'मिलाप', 'प्रभात', 'हिंद समाचार' उस समय के दिग्गज अखबारों में से थे और सभी उर्दू में ही निकलते थे। आपटेजी अपने पत्रकारों को तो सूक्ष्म अवलोकन के लिए कहते ही थे, स्वयं भी भावी पत्रकारों की खोज में सूक्ष्म अवलोकन के मंत्र का पालन करते। ओम प्रकाश खेमकरणी दसवीं पास करने के उपरांत काम-धंधे की तलाश में दिल्ली आए। दिल्ली में उनके चाचा श्री रामसिंह शास्त्रीजी संघ के प्रचारक थे। अत: ओम प्रकाशजी दिल्ली में संघ कार्यालय झंडेवालान पहुँचे। संयोगवश, वहाँ उस दिन दादा साहेब आपटे भी आए हुए थे। आपटेजी को जब पता चला कि उन्होंने उर्दू भी पढ़ रखी है तो तुरंत उन्हें हिंदुस्थान समाचार, दिल्ली, उर्दू प्रभाग की ओर रवाना कर दिया। यह घटना १९५६ की है। आज खेमकरणी पंजाब के जाने-माने पत्रकारों में माने जाते हैं।

दादा साहेब आपटे नए पत्रकारों या फिर प्रशिक्षु पत्रकारों से प्राय: समानता का व्यवहार करते थे। वे उनमें आत्मविश्वास जागृत करते थे। स्वयं निर्णय लेने की

क्षमता पैदा करते थे। वे कभी अपनी विद्वत्ता या पांडित्य का नए पत्रकारों पर आतंक जमाने के लिए प्रयोग नहीं करते थे। वरिष्ठ पत्रकार अरविंद घोष को नहीं लगा कि दादा साहेब उसका इंटरव्यू ले रहे हैं। यद्यपि यह इंटरव्यू ही था। लेकिन इस ढंग से लिया गया कि लगता था कि वरिष्ठ पत्रकार और कनिष्ठ पत्रकार किसी विषय पर अपने विचारों का आदान-प्रदान कर रहे हैं।...और यही ढंग था, जिससे उन्होंने हिंदुस्थान समाचार को सभी के लिए मिशन बना दिया था। उसे अंग्रेजी की संवाद समितियों पी.टी.आई. और यू.एन.आई. के समकक्ष ला दिया था।''[२८]

यह हिंदुस्थान समाचार की किशोरावस्था थी। कभी-कभार कोई साथी उदास हो जाता तो बसंत देशपांडे के ही शब्दों में, ''दादा का दिया हुआ उज्ज्वल भविष्य का मंत्र पतवार की तरह काम आता।''[२९]

उन दिनों आपटेजी निरंतर प्रवास में ही रहते थे। १९४८ में समिति की स्थापना के कुछ मास बाद ही भारत की संविधान सभा के सदस्य श्री एच.वी.कामथ और आपटेजी एक ही गाड़ी में दिल्ली से नागपुर जा रहे थे। वार्त्तालाप का स्मरण करते हुए कामथजी ने बाद में लिखा, ''आपटेजी हिंदुस्थान समाचार के उद्‌देश्यों, स्वप्नों के बारे में जिस स्वप्निल भाषा में बात कर रहे थे, उससे लगता था कि वे इसे सफल बनाने के लिए कितने कृतसंकल्प थे।''[३०]

हिंदुस्थान समाचार भारतीय पत्रकारिता की दशा और दिशा पर समग्र रूप से विचार करने का पक्षधर था। यह कार्य किसी एक समूह, संगठन या राजनैतिक दल का नहीं था, बल्कि यह पूरे राष्ट्र की चिंता का विषय था। इस काल में यदि भारतीय भाषाओं की पत्रकारिता अपनी पहचान, स्वरूप और गरिमा विकसित कर लेती है तो आगे का रास्ता सरल हो सकता था। परंतु यदि इस प्रारंभिक चरण में ही भारतीय पत्रकारिता पिट गई और विदेशी भाषाओं यथा अंग्रेजी इत्यादि की पत्रकारिता वर्चस्व बनाए रखने में सफल हो गई तो एक दृष्टि से अंग्रेजों को निकालने के दीर्घ प्रयत्नों के आगे भी प्रश्नचिह्न लग सकता था। दादा साहेब आपटे इस बात को भली-भाँति जानते थे, इसलिए वे इस चिंतन प्रक्रिया में सभी की भागीदारी सुनिश्चित करना चाहते थे। इसी उद्‌देश्य की पूर्ति के लिए हिंदुस्थान समाचार ने सन् १९५३ में पटना में बिहार के संवाददाताओं के सम्मेलन का आयोजन किया। इस सम्मेलन में नेपाल के तत्कालीन प्रधानमंत्री श्री मातृका प्रसाद कोइराला भी उपस्थित थे। आचार्य विनोबा भावे और जयप्रकाश नारायण ने भी इस सम्मेलन को आशाप्रद बताया। प्रसिद्ध गांधीवादी श्री रंगनाथ रामचंद्र दिवाकर ने इस सम्मेलन का उद्‌घाटन किया। वे उस समय बिहार के राज्यपाल थे। उस समय सभी को यह आश्चर्यचकित

करता था कि हिंदुस्थान समाचार ने सन् १९४८ से १९५३ तक पाँच साल के अल्पकाल में ही देश के लगभग सभी प्रांतों में समाचारों का संकलन करने की सुचारू व्यवस्था कर ली है। नेपाल की राजधानी काठमांडो में भी संस्था का कार्यालय स्थापित हो गया था।

हिंदुस्थान समाचार में लगे दूरमुद्रक

हिंदुस्थान समाचार को समाचार प्रेषण में आ रही कठिनाई का एक प्रमुख कारण था दूरमुद्रक का अभाव। इस कारण दूर के स्थानों को खबरें डाक से भेजनी पड़ती थीं। जाहिर है डाक के माध्यम से दूसरे स्थान तक पहुँचते-पहुँचते खबर के बीच की खबर मर चुकी होती थी। लेकिन उन दिनों हिंदुस्थान समाचार के लिए अपने कार्यालयों में दूरमुद्रक लगवाना व्ययसाध्य था। चाहे सरकार संवाद समितियों को दूरमुद्रक के प्रयोग की सुविधा सस्ते दर पर भी देती थी, परंतु हिंदुस्थान समाचार के लिए तो उन दिनों यह 'सस्ती दर' भी पहुँच से बाहर थी।

लेकिन उन्हीं दिनों कोलकाता का एक व्यवसायी हिंदुस्थान समाचार के पास एक प्रस्ताव लेकर आया, जो अत्यंत रुचिकर और उन दिनों की स्थिति देखते हुए उत्साहवर्धक था। कोलकाता और मुंबई व्यापारिक और वाणिज्यिक गतिविधियों के भी केंद्र हैं। व्यापार के क्षेत्र की गतिविधियों और उतार-चढ़ाव की सूचनाएँ व्यवसायियों को तुरंत मिलती रहें तो उनके व्यवसाय में लाखों के वारे-न्यारे हो जाते हैं। लेकिन दूरमुद्रण का लाइसेंस मिलना मुश्किल ही होता था। इसके लिए सरकारी कार्यालयों की फाइलों में दबे आवेदकों की लंबी फेहरिस्त रहती थी। परंतु समाचार-पत्रों और समाचार समितियों को दूरमुद्रक की सुविधा प्राथमिकता के आधार पर मिलती थी। कोलकाता के उस व्यापारी का यह प्रस्ताव था कि हिंदुस्थान समाचार को प्राथमिकता के आधार पर डाक-तार विभाग से दूरमुद्रक की सेवाएँ उपलब्ध हो सकती हैं। मुंबई-कोलकाता के कार्यालयों में दूरमुद्रक लग जाने से हिंदुस्थान समाचार को भी लाभ मिलेगा और व्यापारी भी व्यावसायिक उतार-चढ़ाव की ध्वनि तरंगों को बिजली की गति से कागज पर पढ़ सकेगा। दादा साहेब आपटे को यह प्रस्ताव पसंद आया। दूरमुद्रक लग जाने से हिंदुस्थान समाचार भी अंग्रेजी की दूसरी संवाद समितियों की तरह खबरें तेजी से प्रेषित कर सकेगा। वैसे भी हिंदुस्थान समाचार को तो सुबह-शाम दो-दो घंटे के लिए ही दूरमुद्रक को प्रयोग करना था। खाली समय में व्यापारियों को यह सेवा उपलब्ध होगी तो उनका काम भी सरल हो जाएगा। दादा साहेब आपटे बातचीत के लिए कोलकाता आए।

सारी बातें तय कर डाक-तार विभाग को देने के लिए सत्ताईस हजार का चेक प्राप्त हुआ। (जाहिर है व्यापारियों से ही) इस तरह हिंदुस्थान समाचार की पहली दूरमुद्रक सेवा अंग्रेजी में शुरू हुई। मुंबई में बापू राव लेले और कोलकाता में नारायण राव तर्टे दूरमुद्रक चलाते थे।[३१] लेकिन खबरें प्रायः हिंदी भाषा में ही भेजी जाती थीं। अलबत्ता, रोमन लिपि का प्रयोग करना पड़ता था। क्योंकि उस समय रोमन लिपि के अलावा और किसी लिपि में दूरमुद्रक उपलब्ध था ही नहीं।

यही बात दादा साहेब आपटे को चुभ रही थी। उनको मानसिक वेदना दे रही थी। विश्व का सबसे प्राचीन राष्ट्र भारत और उसकी प्राचीन लिपि देवनागरी में दूरमुद्रण की सुविधा उपलब्ध नहीं थी। भारत को अभी स्वतंत्रता प्राप्त हुई थी। भारतीय पत्रकारिता को अभी आकार लेना था। पत्रकारिता के लोग इस क्षेत्र में दूरमुद्रक की हैसियत से तो परिचित ही हैं। बिना देवनागरी के दूरमुद्रक के भारतीय पत्रकारिता और विदेशी भाषाओं की पत्रकारिता के बीच की दौड़ लँगड़ी दौड़ ही बन जाएगी। दादा साहेब आपटे की यही चिंता थी। और यही चिंता शायद रफी अहमद किदवई की भी थी। रफी अहमद किदवई स्वतंत्रता के बाद बने पंडित जवाहरलाल नेहरू के प्रथम मंत्रिमंडल में संचार मंत्री थे। किदवई का हिंदी-प्रेम जगजाहिर था। डाक-तार विभाग में हिंदी में तार भेजने की सुविधा भी किदवई ने ही प्रारंभ करवाई थी। जब हिंदी तार सेवा चल निकली तो श्री रफी साहेब हिंदी का टेलीप्रिंटर भी तैयार करने का निश्चय कर चुके थे।[३२] परंतु दादा साहेब आपटे के लिए तो देवनागरी का दूरमुद्रक हिंदुस्थान समाचार को चलाए रखने के लिए एक प्रकार से अनिवार्य ही था। यहाँ तक कि राम मनोहर लोहिया ने, जिनकी रफी अहमद किदवई से पटती नहीं थी, देवनागरी में दूरमुद्रक की आवश्यकता पर, किदवईजी को एक पत्र भी लिखा।[३३]

संचार मंत्रालय का दूरमुद्रक बनाने का कारखाना जबलपुर में था। आगे की घटना दादासाहेब आपटेजी के ही शब्दों में, ''मुझे जबलपुर में एक सुनार द्वारा तैयार किए गए नागरी लिपि के दो साँचे मिले। मैंने सारी सूचनाएँ और सामग्री एकत्रित की तथा उस समय के दूरमुद्रक अनुभाग के निदेशक से संपर्क साधा। उनका रवैया सहायता का और सहानुभूतिपूर्ण था। मैंने उन्हें देवनागरी लिपि के साँचों को अंग्रेजी दूरमुद्रक मशीन पर चलाकर देखने की प्रार्थना की। यह प्रयोग आश्चर्यजनक ढंग से सफल रहा।''[३४]

जबलपुर कारखाने में सबसे पहले देवनागरी लिपि के चार दूरमुद्रक तैयार किए गए। इनमें से ही हिंदुस्थान समाचार के खाते में दो आए। हिंदुस्थान समाचार

ने इनमें से एक दिल्ली कार्यालय में लगाया और दूसरा पटना कार्यालय में। हिंदुस्थान समाचार कार्यालयों में इसका विधिवत् उद्घाटन ४ जुलाई, १९५४ को हुआ। उसके लिए राजर्षि पुरुषोत्तम दास टंडन विशेष रूप से समाचार के पटना कार्यालय में आए। समाचार के दिल्ली कार्यालय में बाबू जगजीवन राम उपस्थित थे। दोनों विभूतियों ने इतिहास में पहली बार देवनागरी लिपि में संदेश का आदान-प्रदान कर सेवा का उद्घाटन किया। दिल्ली में इस ऐतिहासिक क्षण के प्रत्यक्षदर्शी लगभग छह सौ पत्रकार, सांसद, प्राध्यापक, राजनेता उपस्थित थे। दिल्ली के मुख्यमंत्री चौधरी ब्रह्म प्रकाश ने इसकी अध्यक्षता की। 'ऑर्गेनाइजर' ने इस अवसर पर टिप्पणी की, "हिंदुस्थान समाचार ने पाँच वर्षों में ही अपना सुदृढ़ आधार विकसित कर लिया है। इसका श्रेय इसके प्रबंध निदेशक शिवराम शंकर आपटे को है।"[३५] हिंदी के इतिहास में यह सचमुच एक ऐतिहासिक क्षण था। तत्कालीन राष्ट्रपति डॉ. राजेंद्र प्रसाद ने इस अवसर पर हिंदुस्थान समाचार को बधाई देते हुए २९ जून, १९५४ को लिखा था, "जो लोग समाचार-पत्रों के व्यवसाय को समझते हैं, वे जानते हैं कि हिंदी पत्रों में जो समाचार छपते हैं, वे समाचार एजेंसियों द्वारा अंग्रेजी में प्राप्त होते हैं और हिंदी पत्रों के संपादकीय विभाग को उनका अनुवाद करना होता है। यदि कम-से-कम प्रमुख समाचार सीधे हिंदी में ही मिलने लगें तो इन पत्रों के लिए यह बहुत बड़ी सुविधा होगी। इस कार्य में सबसे बड़ी बाधा नागरी टेलीप्रिंटर का अभाव था, जो सौभाग्य से अब दूर होता दिखाई देता है। पहली टेलीप्रिंटर लाइन पटना और दिल्ली के बीच होगी। इस आवश्यक कार्य को संपन्न करने में केंद्रीय संचार मंत्रालय, बिहार सरकार और हिंदुस्थान समाचार समिति ने जो सद्प्रयत्न किया है, उसके लिए वे प्रशंसा के पात्र हैं।"[३६] देवनागरी में दूरमुद्रकों के इस प्रयोग से भारतीय समाचार जगत् में इतना हर्षोल्लास था कि सुदूर केरल से सी.पी.आई. के तत्कालीन कार्यकारी महासचिव, नंबूदरीपाद ने भी देवनागरी दूरमुद्रक की स्थापना पर हिंदुस्थान समाचार को बधाई दी और आशा व्यक्त की कि समिति निष्पक्ष समाचार प्रेषण की अपनी विरासत बनाए रखेगी।[३७] बाबू जगजीवन राम तो अगले महीने अगस्त में हिंदुस्थान समाचार के पटना कार्यालय में स्वयं गए और उन्होंने वहाँ प्रत्यक्ष देवनागरी दूरमुद्रक के प्रयोग को देखकर संतोष व्यक्त किया तथा कहा कि अब संसदीय कार्यवाही पटना के लोगों को हिंदी में भी उपलब्ध हो सकेगी।[३८]

हिंदुस्थान समाचार बना सहकारी समिति—अपनी स्थापना के सात-आठ साल में हि.स. ने अपनी जड़ें काफी गहरी जमा ली थीं। देश की लगभग सभी

राजधानियों में उसकी शाखाएँ थीं। इसके अतिरिक्त देश के अन्य बड़े नगरों में भी उसके कार्यालय और संवाददाता थे। इसके अतिरिक्त नेपाल में भी कार्यालय था और नेपाल में समाचारों का मुख्य स्रोत हिंदुस्थान समाचार ही था। यह सफलता उन निष्ठावान् प्रचारकों एवं संवाददाताओं के कारण थी, जो हिंदुस्थान समाचार को व्यावसायिक संस्थान न मानकर एक मिशन मानकर कार्य कर रहे थे। दादा साहेब आपटे तो स्वयं भी संघ के प्रचारक थे। परंतु हिंदुस्थान समाचार तो उनकी निजी संपत्ति थी। यह एक प्राइवेट लिमिटेड कंपनी थी। यही तथ्य आपटेजी के मन का बोझ था। न तो वे संवाद समिति के माध्यम से व्यवसाय कर रहे थे और न ही इसके संवाददाता व अन्य कार्यकर्ता कर्मचारी भाव से काम करते थे। मिशन में व्यवसाय की पट्टी का विरोधाभास आपटेजी को विचलित करता था। अंतत: उन्होंने एक ऐतिहासिक निर्णय लिया। हिंदुस्थान समाचार में सभी की समान भागीदारी होगी। सभी इसके स्वामी होंगे, जो इसमें श्रम लगा रहे हैं, वे भी उतने ही महत्त्वपूर्ण हैं, जिनते कि वे, जो इसमें पूँजी निवेश करते है। किन्हीं अर्थों में तो पूँजी निवेश करनेवालों से भी ज्यादा महत्त्वपूर्ण, क्योंकि हिंदुस्थान समाचार के संवाददाता और इससे जुड़े अन्य लोग ही तो उसको पहचान देते हैं। उन्होंने हिंदुस्थान समाचार से जुड़े सभी लोगों को अपने भीतर चल रहे चिंतन से अवगत करवाया।

दादा साहेब आपटे संस्था को एक सहकारी समिति में परिवर्तित करने का निर्णय ले चुके थे। सभी कार्यकर्ता उनके इस संकल्प से सहमत थे। वे आपटेजी के इस संकल्प से अभिभूत भी थे। उस समय केंद्रीय सरकार में श्री पी.एस. देशमुख मंत्री थे। आपटेजी ने देशमुख को भी अपने इस संकल्प से अवगत करवाया। देशमुख जानते थे कि भारतीय समाचार जगत् में यह अपने किस्म का पहला प्रयोग होने जा रहा है। वे इस मार्ग पर आपटेजी के साथ थे। उनकी अध्यक्षता में ही हिंदुस्थान समाचार का यह रूप परिवर्तन संपन्न हुआ। ६ फरवरी, १९५७ को 'हिंदुस्थान समाचार सहकारी समिति' का पंजीयन सहकारी समिति पंजीयन अधिनियम के तहत करवाया गया और २ जून को प्रा.लि. कंपनी समाप्त कर उसका कारोबार सहकारी समिति को दे दिया गया। दादा साहेब आपटे को इन दिनों हिंदुस्थान समाचार के आगे एक और संकट भी दिखाई देने लगा था। यदि संस्था में धीरे-धीरे व्यवसायिक मनोवृत्ति घर कर गई तो संस्था आर्थिक बोझ से ही टूट सकती थी। उस समय सरकार भी हि.स. की बहुत ज्यादा सहायता नहीं कर रही थी। कोई भी संवाद समिति, चाहे वह राष्ट्रीय हो या अंतरराष्ट्रीय हो, विश्व में कहीं भी बिना सरकारी सहायता के जिंदा नहीं रह सकती। जो जानकार हैं, वे इस

बात से असहमत नहीं होंगे कि यदि शासन, आकाशवाणी संवाद समितियों को वित्तीय सहायता देना बंद कर दें तो विश्व विख्यात समितियाँ भी रातोरात धराशायी हो जाएँगी। लेकिन दादा साहेब आपटे को पूरा विश्वास था कि ऐसी विपरीत परिस्थितियों में भी हिंदुस्थान समाचार जीवित रहेगी। उनका यह विश्वास इसी सहकारी भाव से उपजा था। ''मेरा हिंदुस्थान समाचार किसी भी प्रकार से जीवित बचा रहेगा, क्योंकि वह एक सहकारी संस्थान है और लोकमत पर आधारित है। वैसे भी कहा जाता है कि जब तूफान आते हैं तो आकाश को छूनेवाला देवदार गिर जाता है, लेकिन विनम्र घास और झाड़ियाँ झुकती हैं तथा बच जाती हैं।''[३९] दादा साहब आपटे शायद इस सहकारी प्रयोग द्वारा हिंदुस्थान समाचार की मिशनरी भावना को भी जिंदा रखना चाहते थे और उसे भविष्य के आर्थिक झंझावातों से भी बचाए रखने का उपक्रम कर रहे थे।

पत्रकारिता जगत् में दादा साहेब आपटे के इस नए प्रयोग की सर्वत्र सराहना की गई। यहाँ तक की भारतीय साम्यवादी पार्टी के अध्यक्ष श्री श्रीपाद अमृत डाँगे ने भी कहा, ''अब हिंदुस्थान समाचार एक सहकारी संस्था बन गया है तथा समिति में काम करनेवाले व्यक्ति ही इसका संचालन कर रहे हैं। कार्यकर्ताओं की सहकारी संस्था के रूप में यह समिति और अधिक सफल होगी।''[४०] मराठी के सुप्रसिद्ध दैनिक 'गाँवकरी' ने लिखा, ''भारतीय समाचार व्यवसाय में सहकारी तत्त्व के आधार पर समाचार संस्था हिंदुस्थान समाचार का जन्म उल्लेखनीय, क्रांतिकारी और महत्त्वपूर्ण घटना है।...भारत सरकार का सहकारी समाजवाद का नारा है। उसी आधार पर चलनेवाली हिंदुस्थान समाचार जैसी सहकारी समाचार संस्था को सरकार द्वारा प्रोत्साहन मिलना आवश्यक है। सहकारी उपक्रम होने के कारण संवाद समिति सरकारी नियंत्रण ३४ बड़े समाचार-पत्रों के मालिकों के प्रभाव से मुक्त रह पाई।''[४१]

हिंदुस्थान समाचार की स्थापना के अल्पकाल में ही समिति का काम और नाम सारे देश में फैल गया। इतना कि पत्रकार जगत् में दादा साहेब आपटे 'हिंदुस्थान समाचारवाले आपटे' के नाम से जाने जाने लगे। एक रोचक किस्से का उल्लेख वीर सावरकर के सुपुत्र विश्वास विनायक सावरकर ने किया है। आपटे वीर सावरकरजी के जन्मदिन २८ मई को उनका अभिनंदन करने के लिए उनके घर गए थे। यह घटना शायद १९५३-१९५४ की है। पुष्पहार पहनाने के लिए ज्यों ही वे आगे बढ़े और अपना नाम दादा आपटे बताया तो सावरकरजी ने उनका हाथ बीच में ही रोककर पूछा कि हिंदुस्थान समाचारवाले आपटे न? और सभी उपस्थित

लोगों को बताने लगे कि दादा साहेब आपटे ने दिन-रात परिश्रम करके देश में एक भारतीय वृत संस्था स्थापित की है और उसे यशस्वी ढंग से चला रहे हैं। इसलिए मैं आपटेजी का अभिनंदन करता हूँ। ऐसा कहकर उन्होंने आपटेजी के हाथ से पुष्पमाला ले ली और उसे आपटेजी के गले में पहना दिया। इस अनपेक्षित रीति से मिले सत्कार और अभिनंदन से दादा साहेब गद्‌गद हो उठे।[४२]

सहकारिता के आधार पर एक समाचार समिति के कार्य का संचालन न केवल भारत में, वरन् विश्व की पत्रकारिता में अद्वितीय उदाहरण बनकर सामने आया।[४३] हिंदुस्थान समाचार का यह नया प्रयोग भारतीय पत्रकारिता की युगांतरकारी घटना थी। उस समय के राष्ट्रपति डॉ. राजेंद्र प्रसादजी ने कहा था, ''यह रूपांतर एक बड़े महत्त्व का प्रयोग है। हिंदी की एकमात्र समाचार समिति होने के नाते यों भी हिंदुस्थान समाचार की जिम्मेदारियाँ भी काफी बढ़ी थीं। इस नए रूपांतर से जिम्मेदारियाँ और बढ़ी हैं।[४४] आपटेजी कंपनी प्रबंध निदेशक के पद से मुक्त हुए। अब वे हिंदुस्थान समाचार के मुख्य संपादक थे। हिंदुस्थान समाचार से जुड़े सभी पत्रकार समिति के अंशधारक बन गए थे। यह सहकारी क्षेत्र में चलनेवाली विश्व की पहली संवाद समिति बनी। इसका काम बढ़ रहा था और इसके साथ ही बढ़ रही थी आपटेजी की दौड़। उधर वड़ोदरा में माँ अकेली थी। आपटे जहाँ भी रहते, क्षण भर के लिए भी माँ से अकेले कहाँ हो पाते थे? अजीब छटपटाहट थी, माँ को सुख नहीं दे पा रहा हूँ, उसकी सेवा नहीं कर पा रहा हूँ। पुणे में उनकी बहन कमला बाई की शादी हुई थी। वे सन् १९५२ में माँ को पुणे ही ले आए। कमला बाई पाटस्कर बाड़ा में रहती थीं। आपटेजी ने उनके साथ का ही मकान किराए पर ले लिया। अपने एक भानजे गणेश भट्‌ट को भी वहाँ ले आए। माँ की यह व्यवस्था करके वे थोड़ा बहुत निश्चिंत हो गए। अब माँ अकेली नहीं थी। अपनों के बीच में थी। लेकिन आपटे स्वयं पुणे ज्यादा नहीं रह पाते थे। लंबे अंतरालों के बाद पुणे आते। कुछ दिन ठहरते और फिर लंबी यात्राओं पर निकल जाते। लेकिन जब भी पुणे में होते तो माँ को स्वयं भोजन पकाकर खिलाते थे। वैसे भी पाकशाला में उनका हाथ उतनी ही दक्षता से चलता था, जितनी दक्षता से कैनवास पर तूलिका।

आपटेजी पहुँचे विदेश—हिंदुस्थान समाचार संवाद समिति की चर्चा विदेशों में भी होने लगी थी। दादा साहेब आपटे को कई देशों की ओर से समिति के प्रतिनिधि के तौर पर निमंत्रण मिले थे। वे अप्रैल १९६१ में हिंदुस्थान सागाचार के प्रतिनिधि के रूप में विदेश यात्रा पर निकले और इटली, फ्रांस, स्विट्‌जरलैंड, अमेरिका, लंदन, काहिरा और संयुक्त अरब रिपब्लिक की यात्रा करते हुए

२५ जुलाई को वापिस भारत पहुँचे। १९६३ में वे पाकिस्तान सरकार के निमंत्रण पर पाकिस्तान गए। आपटेजी ने अपनी इन यात्राओं के दौरान हुए अनुभवों का नीर-क्षीर विवेचन समाचार-पत्रों में किया। इससे कई सरकारें नाराज भी हुईं। लेकिन आपटेजी ने समिति की स्वतंत्र नीति के आगे इसकी चिंता नहीं की।

संवाददाताओं का जाल—हिंदुस्थान समाचार की सबसे बड़ी पूँजी थी, उसके खबर भेजनेवाले हजारों कार्यकर्ता। वे पत्रकार नहीं थे, लेकिन पत्रकारिता के इस राष्ट्रीय यज्ञ में आहुति डालने के लिए निकले थे। कोई भी संवाद समिति भला कितने कर्मचारी रखती है? सैकड़ों? बस! क्योंकि आखिर इसकी कोई सीमा तो है ही। भारत में यह सीमा कुछ सौ तक जाकर समाप्त हो जाती है। अंग्रेजी की संवाद समितियाँ उस सीमा से आगे नहीं जा सकती थीं। बड़े-बड़े नगरों में तैनात उनके पत्रकार अंततः समाचार संकलन व प्रेषण की पूर्ण प्रक्रिया को 'शहरी क्षेत्र की सीमित गतिविधियों' में निपटा देते थे। अतः इस प्रक्रिया ने समाचार जगत् को सही अर्थों में भारतीय समाचार जगत् नहीं बनने दिया। हिंदुस्थान समाचार का समाचार प्रेषक उन दुर्गम पर्वतीय क्षेत्रों में भी बैठा था, जहाँ की जरूरत शायद आंग्ल वृत्त संस्थाओं को थी ही नहीं। हि.स. के संवाददाता कस्बों-कस्बों, गाँवों-गाँवों तक फैले हुए थे। उन दिनों उन सभी को क्षेत्रीय कार्यालय की ओर से पोस्टकार्ड या फिर टिकट लगे लिफाफे भेजे जाते थे। वे उन्हीं के माध्यम से खबरें भेजते थे। लेकिन ये खबरें हिंदुस्थान के भीतर की खबरें थीं। सदियों की गुलामी के बाद स्वतंत्र हुई जन आकांक्षाओं की खबरें थीं। ये केवल आकाओं की खबरें नहीं थीं। इनकी भाषा चाहे अनगढ़ होती थी। इनमें चाहे व्यवसायी पत्रकारों जैसी चालाकी या खबर को चौंकानेवाली बनाने के लिए किया गया व्यावसायिक रंग-रोगन नहीं था, लेकिन यह गाँव की चौपाल की खबर थी। उस चौपाल की खबर, जिसकी ओर आज तक समाचार संस्थाओं ने देखने की जरूरत नहीं समझी थी। लेकिन अब हिंदुस्थान समाचार के कारण चौपाल भी खबर देने लगी। अतः भारतीय भाषाओं के समाचार-पत्र भारतीय होते चले गए। विदेशी भाषाओं के समाचार संस्थान मानसिकता में भी विदेशी होने की मुद्रा में दिखाई देने लगे। हिंदुस्थान समाचार ने एक प्रकार से समाचार जगत् का भारतीयकरण करने में महत्त्वपूर्ण भूमिका निभाई किया।

भूदान आंदोलन—हिंदुस्थान समाचार के कारण कुछ ऐसे आंदोलन और घटनाएँ, जो भारत की मिट्टी और उसकी अस्मिता से जुड़े थे, राष्ट्रीय परिप्रेक्ष्य में चर्चित हुए। स्वतंत्रता-प्राप्ति के तुरंत बाद ही साम्यवादी शक्तियों ने चीन से प्रेरणा

प्राप्त कर तेलंगाना को शस्त्र बल से मुक्त करवाने का आंदोलन प्रारंभ किया तो विनोबा भावे ने आर्थिक समानता के लिए अहिंसक भूदान आंदोलन प्रारंभ किया। वे पदयात्रा करते थे और भूपतियों से दान में भूमि माँगते थे। यह भूमि वे भूमिहीनों में वितरित करते थे।

उनकी यह पदयात्रा ग्रामीण क्षेत्रों में भी थी। अंग्रेजी संवाद समितियों के लिए इस धूल भरी यात्रा को कवर करना मुश्किल था। हिंदुस्थान समाचार के संवाददाता इस यात्रा को केवल कवर ही नहीं कर रहे थे, बल्कि वे भावेजी के काफिले के पद-यात्री भी थे। इसलिए हिंदुस्थान समाचार भूदान आंदोलन की प्रतिदिन की खबरें समाचार-पत्रों को भेजता था। यहाँ तक की विनोबा भावे ने भूदान के लिए पैदल ही यात्रा करने का निर्णय किया है, यह समाचार भी सबसे पहले हिंदुस्थान समाचार ने ही प्रेषित किया था। भूदान आंदोलन के लिए उस समय विनोबा भावेजी के शिष्यों द्वारा 'सर्वोदय समाचार सेवा' प्रारंभ की गई थी और उसका हिंदुस्थान समाचार से पूरा तालमेल था। 'नागपुर टाइम्स' के उस समय के समाचार संपादक श्री के.वी. मोड़क भूदान आंदोलन में हिंदुस्थान समाचार की भूमिका का आकलन करते हुए लिखते हैं, "स्वतंत्रता-प्राप्ति के प्रारंभिक चरण में सरकार देश का तेजी से औद्योगिकीकरण करना चाहती थी। विनोबा भावे ने इसमें छिपे खतरों को पहचाना। भारत मूलतः एक कृषि प्रधान देश है। इसकी आर्थिकता की जड़ें कृषि में ही हैं। यदि कोई विकास की योजना बनानी भी हो तो उसकी धुरी जमीन और किसान ही होनी चाहिए। भूदान आंदोलन का यही अर्थ था और इसी में उसकी महत्ता छिपी थी। परंतु समाज सुधारकों, सरकार और समाचार-पत्रों को इसका अनुभव तभी होने लगा, जब हिंदुस्थान समाचार ने विनोबा भावे द्वारा कृषि योग्य भूमि को दान में लेने और उसे भूमिहीनों में बाँटने के समाचार प्रत्येक दिन की पदयात्रा को कवर करते हुए देने शुरू किए। हिंदुस्थान समाचार की अनुपस्थिति में पचास के दशक में संत दार्शनिक आचार्य विनोबा भावे के भूदान आंदोलन की महत्ता शायद किसी के ध्यान में भी न आती।"[४५]

इसी प्रकार दादरा नगर हवेली का मुक्ति आंदोलन, गोवा-मुक्ति आंदोलन, डॉ. श्यामाप्रसाद मुकर्जी का कश्मीर आंदोलन ऐसी घटनाएँ थीं, जिन्हें हिंदुस्थान समाचार ने प्रमुखता से प्रसारित किया और देशभर में चर्चा का विषय बना दिया।

सन् १९६४ को हिंदुस्थान समाचार ने अपने जीवन के पंद्रह साल पूरे कर लिये। अब तक इस संवाद समिति का शुमार भारत की प्रमुख संवाद समितियों में होने लगा था। लगभग सभी प्रांतों में समिति के कार्यालय खुल चुके थे। उत्तर प्रदेश

में लखनऊ, आगरा और इलाहाबाद, बिहार में पटना, पश्चिमी बंगाल में कोलकाता, उड़ीसा में कटक, असम में शिलांग, पंजाब में जालंधर, राजस्थान में जयपुर, जम्मू-कश्मीर में जम्मू, महाराष्ट्र में नागपुर, मध्य प्रदेश में भोपाल, गोवा में पंजिम, केरल में तिरुवनंतपुरम् में हि.स. के शाखा कार्यालय कार्य कर रहे थे। दिल्ली में मुख्य कार्यालय था और मुंबई में स्थापना कार्यालय। इसके अतिरिक्त नेपाल में काठमांडू में प्रभावी कार्यालय काम कर रहा था। सिक्किम में गंगटोक में कार्यालय था। नेपाल की 'आकाशवाणी' से हिंदुस्थान समाचार के समाचार प्रसारित किए जाते थे। "भारत सरकार के संचार मंत्रालय की ओर से दूरमुद्रित यंत्रों एवं सर्किट की सुविधा जनवरी, १९६४ से उपलब्ध हुई। इसके फलस्वरूप जयपुर को जून में दिल्ली से जोड़ा जा सका। उसके बाद दिल्ली, जालंधर एवं चंड़ीगढ़ को दूरमुद्रकों से संबंद्ध करने से पंजाब के पत्रों को समय पर समाचार देने में सफलता मिली। कोलकाता एवं पटना के बीच दूरमुद्रक लग जाने के बाद कोलकाता से जयपुर एवं जालंधर का सीधा संपर्क हो गया। मराठी भाषा में नागरी दूरमद्रकों के सफल प्रयोग की दृष्टि से मुंबई, नागपुर एवं पुणे को संबंधित करने का कार्य प्रांरभ हो गया है।"[४६]

देश की सभी संवाद समितियों में से हिंदुस्थान समाचार ही ऐसी संवाद समिति थी, जिसका जाल देश के कोने-कोने में फैला हुआ था। यूनेस्को की ओर से १९६४ में प्रकाशित रपट 'वर्ल्ड कम्यूनिकेशंस' में हिंदुस्थान समाचार के बारे में निम्न टिप्पणी समिति की सफलता का द्योतक कही जा सकती है। "हिंदुस्थान समाचार"'प्रथम और एकमात्र संवाद समिति है, जो उसके अपने ही कार्यकर्ताओं द्वारा सहकारिता के आधार पर चलाई जाती है। अंग्रेजी के अलावा यह आठ भारतीय भाषाओं में भी समाचार प्रदान करती है। बहुभाषी संवाद समिति होने के कारण इसकी सेवा क्षेत्रीय भाषाओं में प्रकाशित समाचार-पत्रों के लिए लाभप्रद है। इस समय ८५ समाचार-पत्र हिंदुस्थान समाचार के ग्राहक हैं। समिति के देश के भीतर चौदह और विदेशों में गंगटोक तथा काठमांडू को मिलाकर दो कार्यालय हैं। प्रतिदिन राष्ट्रीय समाचारों के ही लगभग सात हजार शब्द प्रेषित किए जाते हैं। समिति दस अतिरिक्त समाचार ब्यूरो और श्रीलंका, म्यांमार, सिंगापुर, पूर्वी अफ्रीका, ताईवान तथा जापान में छह संवाददाता नियुक्त करने की योजना बना रही है।[४७]

समिति के जीवन के पंद्रह वर्ष पूरे हो जाने के अवसर पर हिंदुस्थान समाचार का लेखा-जोखा कोलकाता के प्रसिद्ध हिंदी दैनिक 'सन्मार्ग' ने प्रस्तुत करते हुए इसे भाषायी पत्रकारिता के क्षेत्र की उपलब्धि बताया और साथ ही इस क्षेत्र की

कठिनाइयों की भी चर्चा की। ''राष्ट्रभाषा हिंदी के माध्यम से देश के प्राय: सौ से अधिक समाचार-पत्रों के लिए संवाद प्रेषित करनेवाली संवाद समिति हिंदुस्थान समाचार ने अपने जीवन के पंद्रह वर्ष पूरे कर लिये हैं और शीघ्र ही यह संस्था सोलहवें वर्ष में प्रवेश करने जा रही है। स्मरण रहे कि दिसंबर सन् १९४७ में हिंदुस्थान समाचार की स्थापना बंबई में हुई थी तथा तब से यह संस्था बराबर हिंदी माध्यम से संवाद-पत्रों की सेवा करती आ रही है। १४ सितंबर १९५१ को जब संविधान परिषद् ने हिंदी को राष्ट्रभाषा बनाने की घोषणा की तो इस प्रकार की संस्था की आवश्यकता हुई, जो हिंदी माध्यम से संवाद-पत्रों को अपनी सेवाएँ अर्पित कर सके। इससे पूर्व अंग्रेजी माध्यम से संवाद प्रेषित करनेवाली समितियों से ही संवाद लेकर हिंदी पत्रों को अपनी आवश्यकताओं की पूर्ति करनी पड़ती थी। इससे अनुवाद में काफी समय और श्रम लगता था। हिंदुस्थान समाचार की स्थापना से हिंदी पत्रों की कठिनाइयाँ कुछ अंशों तक दूर हुईं, किंतु आज भी स्थिति ऐसी नहीं बन पाई कि हिंदी पत्रों का काम अंग्रेजी संवाद समितियों से किसी प्रकार की सहायता लिये बिना चल सके। इसका मुख्य कारण यह है कि साधन और सहयोग के अभाव में हिंदुस्थान समाचार को अभी वह स्थान नहीं मिल पाया है, जो 'प्रेस ट्रस्ट ऑफ इंडिया' को प्राप्त है। फिर भी हिंदुस्थान समाचार ने विगत पंद्रह वर्षों में काफी उन्नति की है। यह संवाद समिति हिंदी, बँगला, मराठी, उड़िया, मलयालम, कन्नड़, पंजाबी, उर्दू, नेपाली तथा अंग्रेजी भाषाओं के माध्यम से इस समय दौ सौ से अधिक संवाद पत्रों की सेवा कर रही है। इस समिति ने ही सर्वप्रथम सन् १६५४ में दिल्ली और पटना के बीच हिंदी टेलीप्रिंटर प्रणाली की स्थापना की। इस समय हिंदुस्थान समाचार के टेलीप्रिंटर दिल्ली, जयपुर, लखनऊ और पटना के बीच स्थापित हैं। तथा शीघ्र ही कोलकाता तक इनका विस्तार संभव होगा। दिल्ली, कोलकाता, मुंबई और मद्रास के बीच टेलेक्स सर्विस चालू करने की व्यवस्था भी पूरी हो गई है तथा इसका काम बहुत सुचारु रूप से चल रहा है। दलगत भेदभाव से मुक्त रहकर भारतीय भाषाओं में निष्पक्ष समाचारों का प्रसारण और उसके द्वारा राष्ट्र तथा समाज के व्यापक हितों की रक्षा, यही हिंदुस्थान समाचार का प्रमुख उद्देश्य मालूम पड़ता है। इस संस्था को स्व. राष्ट्रपति डॉ. राजेंद्र प्रसाद, स्व. बाबू पुरुषोत्तम दास टंडन और स्व. पंडित गोविंद बल्लभ पंत आदि का आशीर्वाद प्राप्त रहा है। राष्ट्र, समाज और राष्ट्रभाषा हिंदी की सेवा में संलग्न इस संवाद समिति के उत्तरोत्तर विकास के लिए हमारी मंगलकामनाएँ समर्पित हैं।''[४८]

दादा साहेब आपटे ने पंद्रह वर्ष पहले जिस कार्य को एक राष्ट्रीय कर्तव्य

मानकर प्रारंभ किया था, उसको उन्होंने अपनी आँखों के आगे न केवल फलता-फूलता देख लिया था, बल्कि उसके यश को स्वयं अनुभव भी किया था। स्वतंत्रता-प्राप्ति के प्रारंभिक दौर में जब भारतीय भाषाओं के समाचार-पत्रों को सबसे ज्यादा आश्रय और सहायता की जरूरत थी तो दादासाहेब आपटे आगे आए। इस काल में हिंदुस्थान समाचार ने केवल समाचार संकलन और वितरण का ही कार्य नहीं किया, बल्कि देशभर के पत्रकारों की नर्सरी के तौर पर भी कार्य किया। हिंदुस्थान समाचार की इसी प्रशिक्षणशाला से प्रशिक्षण प्राप्त कर अनेकानेक पत्रकार विविध प्रकार के समाचार माध्यमों में गए। हिंदुस्थान समाचार वास्तव में भारतीय समाचार जगत् में एक राष्ट्रीय आंदोलन के तौर पर उभरकर आया। यही कारण था कि इसे सभी प्रकार के विचारों, राजनैतिक दलों और चिंतकों का आशीर्वाद और समर्थन प्राप्त हुआ। सर्वश्री डॉ. राजेंद्र प्रसाद, श्री गोविंद बल्लभ पंत, डॉ. राममनोहर लोहिया, श्री रफी अहमद किदवई, डॉ हरेकृष्ण मेहताब, अमृतलाल नागर, डॉ. कैलाश नाथ काटजू, आचार्य विनोबा भावे, दादा धर्माधिकारी, भदंत आनंद कोसल्यायन, भिक्षु जगदीश कश्यप, श्री गंगा शरण सिंह, यशवंत राव चौहान, श्री भगवती चरण वर्मा, पं. अंबिका प्रसाद वाजपेयी, पं. कमलापति त्रिपाठी, बाबूराव विष्णु पराडकर, उदयशंकर भट्ट, इंद्र विद्या वाचस्पति, जयप्रकाश नारायण, उ.न. ढेबर का संबल और समर्थन प्राप्त हुआ।

दादा साहेब आपटे का पत्रकारिता में मिशन पूरा हो गया था। ''मैंने पत्रकारिता को एक मिशन पूरा करने के लिए अपनाया था। जब मैंने देख लिया कि हिंदुस्थान समाचार संकटों में से भी सफलतापूर्वक निकल चुकी है और स्थायित्व को इसने प्राप्त कर लिया है तो मैंने इसका काम-काज और भविष्य अपने साथियों को सौंपकर अलविदा कहा।''[४९] और दादा साहेब आपटे नए क्षितिजों की तलाश में निकल पड़े तथा यह तलाश विश्व हिंदू परिषद् की स्थापना पर समाप्त हुई।

संदर्भ

१. यह पत्र श्री प्रसाद ने हिंदुस्थान समाचार को ७/९/१९६४ में लिखा था, हिंदुस्थान समाचार पंद्रहवीं वर्षगाँठ स्मारिका, नई दिल्ली १९६४ में संकलित
२. रिपोर्ट ऑफ सेकेंड प्रेस कमीशन, वॉल्यूम-२, पृ. ३८०
३. रिपोर्ट ऑफ सेकेंड प्रेस कमीशन, वॉल्यूम-२, पृ. ३८०
४. श्री नारायण चतुर्वेदी, हिंदी समाचार समिति, हिंदुस्थान समाचार केंद्रीय रजत जयंती स्मारिका, १९७५, संपा रामशंकर अग्निहोत्री, १९७५ पृष्ठ २४
५. रिपोर्ट ऑफ सेकेंड प्रेस कमीशन वॉल्यूम-२, पृ. ३८०

६. एस .एस. आपटे, ऑर्गेनाइजेशन ऑफ ए न्यूज एजेंसी-हिंदुस्थान समाचार, 'विश्व संपर्क सेतु—दादा साहेब आपटे' में संकलित पृ. ६१
७. वसंत आपटे, 'बापूराव लेले : व्यक्ति और कार्य', पृ. ३५
८. हिंदुस्थान समाचार नवोत्थान अंक, नई दिल्ली, पृ. ५
९. कृष्ण कुमार बवेजा, श्री गुरुजी—व्यक्तित्व एवं कृतित्व पृ. ११०
१०. ३ जुलाई, १९४७ को दिल्ली से अंग्रेजी साप्ताहिक 'ऑर्गेनाइजर' का प्रकाशन शुरू हुआ था।
११. वाल्टर के. एंडर्सन, श्रीधर दामले, 'दि ब्रदरहुड इन सेफरन', पृ. ११६
१२. बासप्पा दानप्पा जत्ती, भाषाई पत्रकारिता और हिंदुस्थान समाचार, हिंदुस्थान समाचार केंद्रीय रजत जयंती स्मारिका, १९७५, संपा. रामशंकर अग्निहोत्री, १९७५ पृ. १७-१३
१३. विश्व संपर्क सेतु—दादा साहेब आपटे, पृ. १३
१४. हिंदुस्थान समाचार, २५ रौप्य महोतस्व स्मरणिका १९७४, नागपुर, पृ. ८३
१५. हिंदुस्थान समाचार, २५ रौप्य महोत्सव स्मारिका, मुंबई, १९७५
१६. बापूराव लेले की विस्तृत जीवनी के लिए श्री वसंत आपटे कृत, 'बापूराव लेले—व्यक्ति और कार्य' देखें।
१७. बसंत आपटे, 'बापूराव लेले—व्यक्ति और कार्य', पृ. ३६
१८. एम.बी. पाडलकर, 'द अर्ली इयर्स ऑफ हिंदुस्थान समाचार', हिंदुस्थान समाचार २५ रौप्य महोत्सव स्मरणिका, १९७४, नागपुर, पृ. ५५
१९. एम.वी. पाडलकर, 'द अर्ली इयर्स ऑफ हिंदुस्थान समाचार', हिंदुस्थान समाचार २५ रौप्य महोत्सव स्मरणिका, १९७४ नागपुर, पृ. ५६ ५७
२०. ओमप्रकाश पंडित, 'दादासाहेब आमटे का मैं साथी था', 'विश्व संपर्क सेतु—दादासाहेब आपटे' में संकलित पृ. १८
२१. ओमप्रकाश पंडित, 'दादासाहेब आपटे का मैं साथी था', 'विश्व संपर्क सेतु—दादासाहेब आपटे' में संकलित पृ. १८
२२. बसंत आपटे, 'बापूराव लेले—व्यक्ति और कार्य' पृ. ३
२३. नारायण राव तर्टे, 'दादा साहेब आपटेजी की स्मृति नहीं भूलती', 'विश्व संपर्क सेतु—दादा साहेब आपटे' में संकलित पृ. ६
२४. नारायण राव तर्टे, 'दादा साहेब आपटेजी की स्मृति नहीं भूलती', 'विश्व संपर्क सेतु—दादा साहेब आपटे' में संकलित पृ. ६
२५. बसंत देशपांडे, 'दादा साहेब आपटे, राष्ट्र साधना', हिंदी संस्करण, खंड-२, में संकलित पृ. ५३
२६. बसंत देशपांडे, 'दादा साहेब आपटे, राष्ट्र साधना', हिंदी संस्करण, खंड-२, में संकलित पृ. ५३
२७. 'विश्व संपर्क सेतु—दादा साहेब आपटे', पृ. ४२
२८. अरविंद घोष, 'दादा साहेब आपटे—स्फिसटिकेशन परसोनिफाईड', 'विश्व संपर्क सेतु—दादा साहब आपटे' में संकलित, पृ. ५६

२९. बसंत देशपांडे, 'दादा साहेब आपटे, राष्ट्र साधना', हिंदी संस्करण, में संकलित खंड-२, पृ. ५४
३०. हिंदुस्थान समाचार २५ रौप्य महोत्सव स्मरणिका, १९७४ नागपुर, पृ. २४
३१. बसंत आपटे, 'बापूराव लेले—व्यक्ति और कार्य', पृ. ३१
३२. हिंदी समाचार समिति, श्री नारायण चतुर्वेदी, हिंदुस्थान समाचार केंद्रीय रजत जयंती स्मारिका १९७५, संपादक रामशंकर अग्निहोत्री, पृ. २३
३३. लेखक की श्री बालेश्वर अग्रवाल जी से ३० दिसंबर, २००५ को हुई बातचीत के आधार पर।
३४. एस.एस.आपटे, 'ऑर्गेनाइजेशन ऑफ ए न्यूज एजेंसी', हिंदुस्थान समाचार रौप्य महोत्सव, स्मारिका मुंबई १९७५ में संकलित
३५. ऑर्गेनाइजर, १२ जुलाई १९५४
३६. हिंदुस्थान समाचार १५वीं वर्षगाँठ स्मारिका, १९६४, दिल्ली से उद्धृत
३७. 'ऑर्गेनाइजर', जुलाई १२, १९५४
३८. 'ऑर्गेनाइजर' २३ अगस्त, १९५४
३९. 'विश्व संपर्क सेतु—दादा साहेब आपटे', पृ. ६४
४०. हिंदुस्थान समाचार पंद्रहवीं वर्षगाँठ स्मारिका, नई दिल्ली, पृ. १०५
४१. हिंदुस्थान समाचार, पंद्रहवीं वर्षगाँठ स्मारिका, नई दिल्ली, पृ. १६
४२. विश्वास विनायक सावरकर, आठवणी अंगाराचा पृ. ८०-८१
४३. बालेश्वर अग्रवाल, 'हिंदुस्थान समाचार, प्रगति के २५ वर्ष', हिंदुस्थान समाचार केंद्रीय रजत जयंती स्मारिका, १९७५, संपा. रामशंकर अग्निहोत्री में संकलित, पृ. ४२-४३
४४. हिंदुस्थान समाचार केंद्रीय रजत जयंती स्मारिका १९७५ नई दिल्ली से उद्धृत पृ. ४३
४५. के.वी.मोड़क, 'हिंदुस्थान समाचार एज ए न्यूज एडिटर सीज इट', हिंदुस्थान समाचार रौप्य महोत्सव स्मारिका, १९७५, मुंबई, पृ. १४
४६. बालेश्वर अग्रवाल, 'हिंदुस्थान समाचार—तब और अब', हिंदुस्थान समाचार पंद्रहवी वर्षगाँठ स्मारिका, दिल्ली में संकलित, पृ. ८४
४७. वर्ल्ड कम्यूनिकेशन १९६४, यूनेस्को, पृ. २१६
४८. सन्मार्ग, कोलकाता, २१ सितंबर, १९६४
४९. 'विश्व संपर्क सेतु—दादा साहेब आपटे', पृ. ६४

□

चतुर्थ अध्याय

विश्व हिंदू परिषद्—स्थापना की पृष्ठभूमि

नियोगी आयोग की रपट—सन् १९५५ में मध्य प्रदेश में ईसाई मिशनरियों की गतिविधियों से चिंतित होकर राज्य सरकार ने उनके क्रियाकलापों की जाँच करने के लिए श्री बी.एस. नियोगी की अध्यक्षता में एक आयोग गठित किया था। आयोग ने विस्तृत जाँच व अध्ययन के बाद सन् १९५७ में अपनी रपट प्रकाशित की। इस रपट के प्रकाशित होते ही देशभर में हल्ला मच गया, क्योंकि जाँच के बाद ईसाई मिशनरियों के क्रियाकलापों का पर्दाफाश हो गया था। मध्य प्रदेश के वनवासी क्षेत्रों में भोले-भाले लोगों का मतांतरण करने के लिए ईसाई मिशनरियाँ जिस प्रकार के हथकंडे अपना रही थीं, उससे उनके उद्देश्यों को लेकर भी शंका पैदा हो रही थी और सनातन हिंदू समाज के आगे एक चुनौती प्रस्तुत हुई थी। वास्तव में इससे अप्रत्यक्ष रूप से राष्ट्र की अखंडता भी खतरे में दिखाई दे रही थी। रपट में कहा गया था, ‘‘भारत में विदेशी मिशनरियों की संख्या, जो १९५१ में ४३७७ थी, वह १९५५ में बढ़कर ४८७७ हो गई थी और इनमें से आधे से ज्यादा मिशनरियाँ तो अमेरिका की ही थीं। इन मिशनरियों में से ४८० केवल मध्य प्रदेश में ही काम कर रही थीं। इनको १९५० से लेकर १९५४ के बीच विदेशों से २९ बिलियन रुपए का अनुदान प्राप्त हुआ था, जिसमें से दो-तिहाई अनुदान केवल अमेरिका से ही मिला। यह धन स्कूल, अस्पताल और यतीमखाने बनाने के लिए प्रयुक्त हुआ और इन संस्थानों में धोखाधड़ी से लोगों का मतांतरण किया जाता रहा।’’[१]

सबसे बड़ा चिंता की बात उन निष्कर्षों को लेकर थी, जो इस गंभीर और विस्तृत अध्ययन के बाद निकले थे। रपट में कहा गया था, ‘‘चर्च द्वारा मतांतरण की यह प्रक्रिया उसी विश्व रणनीति का हिस्सा दिखाई दे रही है, जिसके अंतर्गत

पश्चिम की सर्वोच्चता के लिए चर्च राज्य को पुनः स्थापित करने के प्रयास हो रहे है। यह मतांतरण किन्हीं आध्यात्मिक उद्देश्यों को लेकर नहीं किया जा रहा। उद्देश्य बहुत स्पष्ट प्रतीत होता है कि भारतीय समाज की समरसता भंग हो। इसके लिए जनजाति क्षेत्र के लोगों का काफी बड़ी संख्या में एक साथ मतांतरण किया जाए। यह घटिया उद्देश्य देश की सुरक्षा के लिए खतरा उत्पन्न करता है।''[२]

आपटे के 'केसरी' में निबंध—नियोगी आयोग की रपट ने भारत में हड़कंप मचा दिया। पहली बार ईसाई मिशनरियों की गतिविधियों का वैज्ञानिक ढंग से अध्ययन हुआ था और इसके निष्कर्ष भारत की संस्कृति और सुरक्षा दोनों के लिए खतरा उत्पन्न करनेवाले थे। इन्हीं दिनों हिंदुस्थान समाचार के संस्थापक दादा साहेब आपटे भी हिंदू समाज के सम्मुख उपस्थित हुई इन चुनौतियों को लेकर चिंतित थे और वे इस पर गहरा मंथन कर रहे थे। लेकिन दादा साहेब आपटे के सम्मुख हिंदू समाज का एक और पक्ष भी उन्हें चिंतित कर रहा था। देश के भीतर मतांतरण एक समस्या थी और देश के बाहर रह रहे हिंदुओं द्वारा अपनी जड़ों से कटते जाना दूसरी समस्या थी। हिंदुस्थान समाचार के प्रतिनिधि के तौर पर वे अनेक देशों की यात्रा कर चुके थे और वहाँ उन्होंने हिंदुओं की समस्याओं और सांस्कृतिक स्खलन से उत्पन्न हुई छटपटाहट को स्वयं देखा था। पश्चिमी जगत् के सांस्कृतिक आक्रमण को उन्होंने विदेशों में भी तथा भारत में भी अनुभव किया था। आपटेजी के मस्तिष्क में इन चुनौतियों से जुझने के लिए हिंदुओं के एक वैश्विक संगठन का विचार जन्म ले रहा था। लोकमान्य तिलक के मराठी दैनिक 'केसरी' में उन्होंने लिखा था कि हिंदुओं के अंतरराष्ट्रीय संगठन की आवश्यकता उपस्थित हुई है। ''हिंदू समाज के राष्ट्रपुरुष राम और कृष्ण, तत्त्वचिंतक और धर्मनिर्देशक मनु एवं याज्ञवल्क्य आदि मनीषियों के सामाजिक आदर्श आज नहीं हैं। तत्त्वदर्शन और मंगल चिंतन आज हमारे समाज में हाशिए पर जा रहे है। स्वतंत्रता से जीने के अधिकार का दुरुपयोग हो रहा है। जिसका जैसे मन करे, स्वतंत्रता का उपयोग कर रहा है, जिससे हिंदू समाज भ्रष्ट हो रहा है। अब समाज को तथा इसके हिंदुत्व को बचाने की जरूरत है। हिंदुत्व के अस्तित्व पर होनेवाले प्रहारों का कैसा जवाब दिया जाए? अधर्म से समाज को कैसे बचाया जाए? इन सवालों का शास्त्र शुद्ध तथा तर्कसम्मत जवाब देना काल के अनुसार जरूरी है। यदि यह उत्तर दिया गया तो समाज इस दुर्दशा से बच सकता है और इसका सनातन प्रवाह अबाधित रहेगा। लेकिन यदि इन युगीन प्रश्नों का काल सम्मत उत्तर नहीं दिया गया तो समाज व

राष्ट्र की क्या दशा हो सकती है, इसके कई उदाहरण हम देख रहे हैं। मानव जाति के इतिहास में कोई एकमात्र सनातन है, तो वह हिंदू समाज है। परंतु इसका अर्थ यह नहीं है कि इस समाज ने अपने आचार-विचार और धर्म व समाज रचना में युगानुकूल परिवर्तन नहीं किया। आज राष्ट्र स्वतंत्र हो गया है, परंतु बाकी बहुत से कार्य अभी अधूरे हैं। वर्तमान परिस्थिति पर सर्वांग दृष्टि से विचार आवश्यक है। समाज के धारण-पोषण का अत्यावश्यक कार्य कैसे होगा? शेष अधूरे कार्य कैसे संपन्न होंगे? चिंतकों को इस पर भय और चिंता हो रही है। राजकीय दृष्टि से तो समाज स्वतंत्र हो गया है, परंतु वह स्थिर और एकात्मक होने की बजाय अस्थिर और छिन्न-भिन्न हो रहा है। मानो एक युग परिवर्तन हो गया हो! स्वतंत्र भारत के नए संविधान में हिंदू विधि में अनेक मौलिक परिवर्तन हुए। छुआछूत के निवारण का मानवीय प्रयास, हिंदू स्त्रियों की समाजिक बंधनों से मुक्ति, परंपरागत राजानिष्ठ शासन प्रणाली के स्थान पर लोकतांत्रिक शासन विधान, संविधान की सर्वोच्चता इत्यादि अनेक परिवर्तन हुए हैं। अपनी श्रुति स्मृति और पुराणों का साम्ययोग, वर्ण समन्वय सभी प्रश्नित हो रहे हैं। कम्यूनिज्म का उत्थान और प्रसार नवीन घटना है। समाज शास्त्र और विज्ञान की प्रगति से संपूर्ण मानव जगत् का उपकार करनेवाली यंत्र शक्ति और नए यंत्र-तंत्र के प्रयोग से एक युग परिवर्तन हुआ है, जिससे समाज में भौतिक और मानसिक परिवर्तन हो रहे हैं। पिछले सौ साल से औद्योगिक प्रगति हो रही है। उसका परिणाम क्या होगा? इन परिवर्तनों के अशुभ पक्ष से बचने के लिए क्या करना चाहिए? हमारी समाज रचना को जो धक्का लगा है और अराजकता फैली है, उससे कैसे बचा जाए और कैसे पुन: समाज रचना की जाए? यह समस्या किसी अकेले के बस की नहीं है। इसे सामूहिक चिंतन और बड़े स्तर पर सामाजिक संगठन से ही सुलझाना होगा।[३]

गुरुजी की चिंता—दादा साहेब आपटे का यह चिंतन-मनन साठ के दशक का है। उससे भी कुछ साल पहले राष्ट्रीय स्वयंसेवक संघ के तत्कालीन सरसंघचालक श्री गुरुजी विश्वभर के हिंदुओं की स्थिति को लेकर चिंतित हो रहे थे। कैरेबियन देशों में हिंदुओं को बसे हुए शताब्दियाँ हो गई थीं। संकटकाल में उन्होंने अपने धर्म, भाषा और संस्कृति को बचाए रखा था, लेकिन उस संकटकाल के गुजर जाने के बाद यह सब चीजें उनके हाथों से रेत की तरह खिसक रही थीं। गुरुजी की चिंता का अंदाजा उनके उस पत्र से लगाया जा सकता है, जो उन्होंने १९५५ में तमिलनाडु के श्री सी.आर. कृष्णास्वामी को लिखा था, ''विश्व के सुदूर देशों में रह रहे अपने बंधुओं का धर्म व दर्शन से जीवंत रिश्ता बना रहे, यह समस्या काफी

अरसे से मुझे चिंतित कर रही है। भारत सरकार तो इस विषय पर कुछ करेगी नहीं, क्योंकि उस पर सेक्युलरवाद सवार है।"[४]

चीन का आक्रमण—इन्हीं दिनों विश्व राजनीति में एक ऐसी घटना घटी, जिसमें भारत के हिंदू समाज को चिंतित ही नहीं किया, बल्कि भविष्य की रणनीति सोचने के लिए भी बाध्य किया। द्वितीय विश्वयुद्ध के उपरांत मित्र-राष्ट्रों की विजय और उसमें सोवियत रूस के योगदान के कारण अनेक यूरोपीय देशों में साम्यवादी शासन स्थापित हो गया था। सन् १९४९ में चीन में साम्यवादी शासन स्थापित हो जाने के कारण पूरे एशिया, खासकर दक्षिण-पूर्व एशिया के बौद्ध देशों में साम्यवाद का संकट उपस्थित हो गया। चीन ने अपने यहाँ से तो बुद्ध मत को नकारा ही, साथ ही पड़ोसी देश तिब्बत पर भी आक्रमण करके वहाँ से बुद्ध मत और बुद्ध संस्कृति को नष्ट करने के प्रयास प्रारंभ कर दिए। हजारों बौद्ध मंदिर तोड़ दिए गए और साधु-संतों को मार दिया गया। स्थिति यहाँ तक भयावह हो गई कि मार्च १९५९ के आते-आते तिब्बत के धर्म गुरुदलाई लामा को अपने हजारों अनुयायियों सहित भारत में शरण लेनी पड़ी। नेपाल के सीमांत तक चीन के आ जाने के कारण नेपाल में हिंदू धर्म और संस्कृति खतरे में पड़ती दिखाई दे रही थी। चीन का साम्यवादी शासन धर्म को पहले ही अफीम और मानव विकास में प्रतिगामी कारक घोषित कर चुका था। कुछ पंचमार्गी सस्थाएँ भारत में रहकर भी चीन का अनुसरण कर रही थीं। सन् १९६२ तक आते-आते चीन ने भारत पर प्रत्यक्ष आक्रमण ही नहीं किया, बल्कि इसे 'भारत-मुक्ति पर्व' घोषित किया और भारत के भीतर चीन के अनुयायियों तथा वामपंथियों ने इसे इसी उत्साह से मनाया। दादा साहेब आपटे १९५९ में जब 'केसरी' में विश्वभर के हिंदुओं की स्थिति को लेकर मंथन कर रहे थे तो यह सारी पृष्ठभूमि उनके मस्तिष्क में थी। राष्ट्रीय स्वयंसेवक संघ ने तो इस पूरे घटनाक्रम के पीछे छिपे षड्यंत्रों को पहचान लिया था और गुरुजी ने समय रहते तिब्बत की स्थिति पर सरकार और देशवासियों को चेताया भी था। शायद यही कारण था कि भविष्य के किसी भी वैश्विक हिंदू संगठन में दलाई लामा और बौद्ध मतावलंबियों की भूमिका को भी समझा जा रहा था।

हिंदू महासभा भी उन दिनों वैश्विक स्तर पर एक हिंदू संगठन की आवश्यकता पर गंभीरतापूर्वक विचार कर रही थी। सभा के तात्कालिक महासचिव श्री व्ही.जी. देशपांडे ने इस विषय पर लेख भी लिखे और इस पर विचार करने के लिए वे राष्ट्रीय स्वयंसेवक संघ के श्री गुरुजी से भी मिले। गुरुजी ने उनके इस विचार की अत्यंत सराहना की। परंतु उनका मत था कि विश्व स्तर पर हिंदुओं की परिषद् के

गठन का कार्य किसी राजनैतिक दल को नहीं करना चाहिए, अन्यथा यह कार्य राजनीति का उपांग बन जाएगा और इसके उद्देश्य सीमित हो जाएँगे।

त्रिनिदाद का संकट—यहाँ एक और घटना का उल्लेख करना प्रासंगिक होगा। त्रिनिदाद के सांसद डॉ. शंभुनाथ कपिलदेव अपने देश के हिंदुओं में संस्कारों के लुप्त होने से दु:खी थे। वहाँ सैकड़ों वर्षों से बसे हिंदुओं का अपनी मातृभूमि से संबंध टूट चुका था। भाषा भी विलुप्ति के कगार पर थी। हिंदू जीवन पद्धति से जुड़े हुए संस्कार धीरे-धीरे विलुप्त हो रहे थे, क्योंकि वहाँ उन्हें संपन्न करवानेवाले पंडित सहज उपलब्ध नहीं होते। यदि यही स्थिति रही तो हिंदू समाज से हिंदू जीवन की धारा सूख जाएगी और समाज केवल निर्जीव हिंदुओं का ढाँचा मात्र रह जाएगा। ऐसा समय आएगा कि कभी वह भी भरभराकर गिर जाएगा। डॉ. कपिलदेव की यह चिंता त्रिनिदाद के सकल हिंदू समाज की चिंता थी।

त्रिनिदाद के हिंदू समाज ने डॉ. कपिलदेव को अपने प्रतिनिधि के तौर पर भारत सरकार के पास भेजा, ताकि भारत सरकार इस सूख रही हिंदूधारा को पुन: सजीव करने के लिए कुछ पंडित भिजवाने की व्यवस्था कर सके। डॉ. कपिल देव बहुत आशा लेकर दिल्ली आए, लेकिन उन्हें भयंकर निराशा का सामना करना पड़ा, क्योंकि तत्कालीन भारत सरकार की दृष्टि में इस प्रकार की सोच निरुतम सांप्रदायिक चेतना का परिणाम थी। सरकार की प्राथमिकता तो सांप्रदायिकता से लड़ने की थी। डॉ. कपिल देव आश्चर्यचकित थे। कैरेबिआई द्वीप समूह में वे जिस हिंदू जीवन दर्शन व धारा को बचाने का प्रयास कर रहे हैं, भारत के तत्कालीन शासकों की दृष्टि में वह घृणित सांप्रदायिकता है।

डॉ. कपिल देव हताश थे। किसी ने सुझाव दिया कि राष्ट्रीय स्वयंसेवक संघ के सरसंघचालक श्री गुरुजी (माधवराव सदाशिव गोलवलकर) से मिलने से समस्या का कोई समाधान मिल जाएगा। वे संघ को नहीं जानते थे, लेकिन त्रिनिदाद खाली हाथ भी नहीं लौटना चाहते थे। उन्होंने दिल्ली में गुरुजी का पता किया। वहाँ से नागपुर पहुँचे। लेकिन गुरुजी किसी कार्यक्रम हेतु मुंबई जा चुके थे। कपिलदेवजी ने पीछा नहीं छोड़ा। अंतत: उन्होंने बेलगाँव (कर्नाटक) में गुरुजी को पकड़ ही लिया। उन्हें अपनी समस्या बताई और भारत में हुए अपने अनुभव भी। गुरुजी ने कपिलदेव की समस्या का समाधान तो कर दिया, लेकिन सुदूर देशों में फैले हिंदुओं के इस पक्ष को उन्होंने नंगे चिट्ठे के रूप में अनुभव भी एक साथ ही कर लिया। हिंदू तो दुनिया के सभी देशों में फैला हुआ है। उससे एक बार फिर जीवंत संपर्क स्थापित करने की आवश्यकता है। नहीं तो स्नेह तंतु निर्जीव हो जाएँगे।

विश्व हिंदू परिषद् का बीज उसी दिन पड़ गया था। चाहे उसे अंकुरित होने में अभी समय लगने वाला था। संघ के दक्षिण क्षेत्रीय प्रचारक रहे श्री कृष्णप्पा, जो उस समय बेलगाँव में थे लिखते हैं, "श्री कपिल देव जो छोटा सा कार्य लेकर आए थे, वह तो पूरा हो गया, इतना ही नहीं, दुनिया भर में बसे हुए हिंदुओं को प्रेरणा देने, मार्गदर्शन करने, सहायता करने के लिए हिंदुओं की विश्वव्यापी संस्था स्थापित करने का निर्णय भी इस वार्तालाप की उपलब्धि है।"[५]

स्वामी चिन्मयानंदजी की वैश्विक हिंदू परिकल्पना—मुंबई में स्वामी चिन्मयानंदजी विश्वभर में हिंदुत्व के प्रचार-प्रसार में जुटे हुए थे। उन्होंने देश और विदेश में ज्ञान यज्ञ का प्रारंभ किया था। उसमें वे युवा पीढ़ी को हिंदू संस्कृति, ज्ञान और दर्शन अवगत करवाते थे। देश-विदेश में घूमने के कारण उनके मन में भी हिंदुओं के एक विश्वव्यापी संगठन की लालसा थी। अपनी पत्रिका 'तपोवन प्रसाद' के नवंबर १९६३ के अंक में उन्होंने एक लंबे लेख में इस संगठन की आवश्यकता को रेखांकित करते हुए लिखा था, "मेरे समक्ष एक अस्पष्ट सी रूपरेखा उभर रही है। अब समय आ गया है कि विश्वभर के हिंदुओं का एक सम्मेलन आहूत किया जाए। इसमें दुनिया भर में फैले हिंदुओं का आह्वान किया जाए कि वे अपने प्रतिनिधि भेजें। इस सम्मेलन में हिंदू संस्कृति के विकास एवं उसके प्रसार की समस्या पर विचार किया जाए और उसके मार्ग में आनेवाली कठिनाइयों पर भी चिंतन हो। यह विश्व सम्मेलन ऐसी योजनाओं पर विचार करेगा, जिससे हिंदू धर्म का आध्यात्मिक परिवार सुदृढ़ एवं सुगठित हो। इन योजनाओं को क्रियान्वित करने के लिए कार्यक्रमों पर विचार भी करेगा। यह विश्व सम्मेलन दिल्ली या कोलकाता में होना चाहिए।"[६] उससे पहले भी कई साल पूर्व दिल्ली के अंग्रेजी साप्ताहिक 'ऑर्गेनाइजर' में वे लिख चुके थे कि नए भारत का नवनिर्माण संघ की शाखा से ही होगा।

लेकिन प्रश्न था कि इस संगठन के निर्माण के गुरुतर दायित्व को कौन सँभाले? सहारनपुर के एक संघ शिविर में गुरु गोलवलकरजी ने दादा साहेब आपटे से कहा, "दादा साहेब, 'केसरी' में जो लिखा था, वह अभी तक स्मरण है क्या? उसे पूरा करने का अवसर आ गया है।" आपटे भला 'केसरी' में लिखे को कहाँ भूले थे? गुरुजी ने कहा, "तब उसी काम में लगो। आज सबसे ज्यादा जरूरत उसी की है।"[७]

आपटे का प्रवास—यह घटना सन् १९६४ की है। आपटेजी ने अपने जीवन के लगभग साठ बसंत देख लिये थे। पिछले लगभग पंद्रह सालों से वे बहुभाषी

भारतीय भाषाओं की संवाद समिति हिंदुस्थान समाचार का कार्य सँभाले हुए थे। समिति का जाल उन्होंने भारत के साथ-साथ विदेशों में भी बिछा दिया था। परंतु अब उन्हें एक नए क्षेत्र में शुरुआत करनी थी। नए सिरे से कुदाल चलानी थी। उन्हें भारतीय इतिहास में हिंदू पुनर्जागरण का प्रथम अध्याय लिखना था। आपटेजी की गुरुजी में अखंड आस्था थी और गुरुजी का था आपटेजी में अखंड विश्वास। यहीं से आपटेजी की जीवन-यात्रा का नया अध्याय प्रारंभ हुआ। यहीं से शुरू हुई विश्व हिंदू परिषद् की स्थापना की गाथा। दादा साहेब आपटे विभिन्न संप्रदायों के संतों, धर्माचार्यों, महंतों, मठाधीशों, सामाजिक क्षेत्र में कार्यरत महापुरुषों, विद्वानों, सेवाव्रतियों, राजनीतिज्ञों से मिलने और उनसे हिंदुओं के इस प्रकार के अंतरराष्ट्रीय संगठन की आवश्यकता पर मंथन करने के लिए चल पड़े। यह बहुत बड़ा प्रकल्प था। विभिन्न संप्रदायों, उपसंप्रदायों के आचार्यों और मठाधीशों को एक मंच पर लाने का भागीरथ प्रयास था। दक्षिण में इन खाइयों को पार करना और भी मुश्किल था। संप्रदाय के भीतर संप्रदाय और उपसंप्रदाय! मठों की दीवारों के भीतर रहते मठाधीश। यह हिंदू समाज का पुनः सागर मंथन था। आपटेजी ने दस मास तक लगभग सारे भारत का भ्रमण किया। बाद में उसका लेखा-जोखा प्रस्तुत करते हुए उन्होंने खुलासा किया, ''प्रथम मैं दक्षिण में कामकोटी एवं शारदापीठ के परम पूज्य शंकराचार्यजी के श्रीचरणों में गया था। काँची एवं शृंगेरी में मेरी घंटों तक चली बातचीत में हमारे इन प्रयत्नों के लिए उनका संपूर्ण समर्थन तथा परिपूर्ण आशीर्वाद के आश्वासन प्राप्त हुए। इन परम पूजनीय संतों के आश्वासनों से व्यक्तिगत रूप से मुझमें इस प्रकार का एक अनोखा प्रेरणास्रोत झंकृत हुआ, जिसका वर्णन मैं शब्दों में नहीं कर सकता। मुंबई में मार्गदर्शनार्थ मैं श्री कन्हैया लाल मणिक लाल मुंशीजी, जो मुझे गत बीस वर्षों से भी अधिक काल तक अपना कृपापूर्ण प्रश्रय देते आए हैं, से मिला। उन्होंने अपने महान् भारतीय विद्या भवन के मंच पर इस सम्मेलन को प्रायोजित करने का प्रस्ताव भी किया।

''इसके पश्चात् मैं राष्ट्रसंत तुकड़ोजी के पास गया। मैं उनके आश्रम में उनके साथ चौबीस घंटे रहा।...शुरू से ही उन्होंने मेरे समक्ष यह आश्वासन के तौर पर स्पष्ट कर दिया था कि वे इस कार्य के लिए न केवल अपना आशीर्वाद एवं मार्गदर्शन प्रदान करेंगे, बल्कि वे हर बात को स्वयं निष्पादित कर सकेंगे (और, इसका अर्थ, आप सब जानते हैं, अथाह है)।

नागपुर में मैं श्री गोलवलकरजी से मिला। वे स्वयं मेरे लिए एक मार्गदर्शी प्रतिभा तथा इस विचार के प्रायोजक रहे हैं। वे उन मनीषियों में से एक हैं, जो इस

महान् अश्वत्थ वृक्ष, ...के समान जड़ों एवं टहनियों से उत्पन्न सभी पंथ-संप्रदायों का आवाहन करते हुए इस सम्मेलन को अत्यधिक ऊँचे स्तर पर उठाने के लिए प्रयत्नशील हैं।

'राजस्थान में मैं विद्वान' श्री चंद्रशेखर शास्त्रीजी से मिला। वे अभी-अभी पुरी शंकराचार्य की पीठ पर आरूढ़ हुए हैं। उनका आशीर्वाद तथा समर्थन हमारे साथ है। डॉ. संपूर्णानंदजी, जिनके साथ मैंने इस विचार के बारे में चर्चा की, ने अपनी अत्यंत अनुकूलता प्रकट करते हुए मुझे उत्साहित किया। आज यद्यपि वे यहाँ नहीं हैं, तो भी उन्हीं के शब्दों में उसका कारण यह है, "परिस्थिति ने उन्हें उपस्थित रहने से रोक दिया है।" पूज्य कुशक बकुला यहाँ सम्मिलित होना चाहते हैं और वे समय पर यहाँ अवश्य पधारेंगे।

'दिल्ली में मैं भारत के भूतपूर्व मुख्य न्यायाधीश श्री बी.पी. सिन्हा से मिला, जिन्होंने प्रस्ताव के साथ सहमति जताते हुए कुछ अति उपयुक्त सुझाव भी दिए। कुछ अनपेक्षित काम उपस्थित हो जाने के कारण वे आज यहाँ नहीं आ सके। आपको यह बताते हुए मुझे हर्ष हो रहा है कि बाबू श्री जगजीवन राम, जिन्हें यह विचार बहुत अच्छा लगा, ने अपने संपूर्ण सहयोग का आश्वासन दिया है। अखिल भारतीय कांग्रेस कमेटी की बैठक की तिथियाँ भी यही होने के कारण वे यहाँ उपस्थित नहीं हो सके हैं। जैन मुनि सुशील कुमारजी, जो बीमार हैं, ने अपने प्रतिनिधि यहाँ भेज दिए हैं।

'पंजाब में जो सफलता एवं प्रोत्साहन मुझे मिला, उसका प्रत्यक्ष प्रमाण यहाँ दोनों मास्टरों की उपस्थित में देखने को मिल रहा है। पवित्र अमृतसर के भूतपूर्व प्रमुख पुरोहित तथा आज शिरोमणि अकाली दल के अध्यक्ष आदरणीय ज्ञानी भूपेंद्र सिंहजी, जिनके साथ मेरी पहली, और मुझे कहने दीजिए, बहुत ही जिंदादिली की मुलाकात हुई, इस विचार के साथ इतने कृपा-आदर से पेश आए कि उन्होंने इसके साथ तत्काल जुड़ जाने तथा इस बैठक में सहभागी होने का आश्वासन दे डाला। मुझे बहुत दुःख है कि मेरे मनःपूर्वक प्रयत्नों के बावजूद उन दिनों मैं आदरणीय मास्टर तारा सिंहजी से भेंट नहीं कर सका। पत्र द्वारा की गई विनती का सम्मान करते हुए उन्होंने इस सम्मेलन का संयोजक होने तथा उसके चर्चा-सत्रों में सहभागी होने को मान लिया, यही इस बात का प्रचुर प्रमाण है कि अपने हिंदू राष्ट्र-पुरुष अर्थात् हिंदू समाज के पग, शीर्ष, हृदय आदि के बीच प्रेम एवं एकता के अटूट बंधन का निर्माण करने की उनकी धारणा कितनी प्रबल है!

"चंडीगढ़ के डॉ. हजारी प्रसाद द्विवेदी, होशियारपुर स्थित वैदिक रिसर्च

सोसाइटी के डॉ. आचार्य विश्व बंधु, भैनी साहब के सद्‌गुरु जगजीत सिंह तथा अन्य अनेक व्यक्तियों ने अपने सहयोग का हाथ आगे बढ़ाते हुए इस बैठक की सफलता के लिए शुभकामनाएँ प्रदान की हैं।

''उत्तर प्रदेश के प्रभुदत्त ब्रह्मचारीजी, जो शंकराचार्यजी की तरह चातुर्मास व्रत के कारण यहाँ नहीं हैं, ने हमारे विचाराधीन रहे हमारे आगामी मुख्य अधिवेशन के लिए अपना प्रयाग स्थित आश्रम देने का आश्वासन दिया है। सर सीताराम राय, श्री प्रकाशजी ने भी हमारे विचार तथा परिषद् की सफलता के लिए अपनी शुभकामनाएँ दी हैं। 'कल्याण' संस्था के श्री हनुमान प्रसादजी पोद्दार ने संयोजक बनने के लिए अपनी सम्मति प्रदान की है। श्री जुगल किशोर बिड़लाजी ने हमारे प्रयासों के लिए अपना समर्थन व्यक्त किया है।

''गुजरात में शारदा पीठ (द्वारिका) के शंकराचार्य महाराज ने अपने आशीर्वाद के साथ हमारी इच्छित सहायता करने का आश्वासन दिया है। स्वामी नारायण पंथ के अत्यंत आदणीय गुरु योगीराज महाराज से भी मैं मिला हूँ। उन्होंने आनंद से इस विचार का स्वागत करते हुए हमें आगे बढ़ने के लिए कहा है। भाई लालभाई पटेलजी भी हमारी अपेक्षानुसार आनंदपूर्वक हमारे साथ हैं।

''बंगाल में मुझे स्वत:स्फूर्त सहानुभूति तथा समर्थन मिला। असम के उस पूर्व क्षेत्र से वैष्णव भक्तों के श्रद्धा-भक्ति के केंद्र रहे दो परमादरणीय गुरु मेरा अत्यंत उत्साहजनक मार्गदर्शन प्रदान करते आ रहे हैं।''[८]

गुरुजी का स्वामी चिन्मयानंद को पत्र—दादा साहेब आपटे ने अपने इन प्रयासों का उपरोक्त विवरण विश्व हिंदू परिषद् के गठन के लिए बाद में बुलाई गई प्रथम बैठक के दौरान प्रतिनिधियों को दिया था। इस विवरण से एक बात स्वत: सिद्ध होती है कि आपटेजी ने इस प्रकल्प के लिए सारे देश को मथ डाला और अलग-अलग राजनैतिक दलों और विचारधाराओं के विद्वानों से संपर्क किया, क्योंकि विश्वभर के हिंदुओं के इस संगठन में भागीदारी का आधार केवल हिंदू होना ही था। अपने इस देशव्यापी अभियान में आपटेजी ने लगभग छह सौ लोगों से पत्राचार किया। विदेशों की चालीस संस्थाओं और व्यक्तियों से पत्र-व्यवहार किया। लगभग दो सौ विद्वानों और चिंतकों से व्यक्तिगत तौर पर संपर्क किया। और अंत में एक सौ पचास लोगों को बैठक के लिए आमंत्रित किया।[९]

दादा साहेब आपटे विश्व हिंदू परिषद् की कल्पना को लेकर जब भारतभर में संपर्क के लिए निकले तो उनके पास एक अमूल्य निधि थी, गुरुजी के लिखे हुए कुछ पत्र, जो उन्होंने अपने मित्रों के नाम लिखे थे, ताकि वे इस प्रकल्प में आपटेजी

की सहायता कर सकें। एक पत्र, जो उन्होंने मुंबई के श्री होतचंदजी को लिखा, उल्लेखनीय है, "विश्व के विभिन्न देशों में बसे हुए हिंदुओं का एक सम्मेलन करने का विचार कई दिनों से मन में था। इस दृष्टि से श्री दादा साहेब आपटे को देश के गणमान्य व्यक्तियों से मिलकर तथा उनके साथ परामर्श कर इस सम्मेलन की तिथि, स्थान निश्चित करने का भार सौंपा है। अपने बंधु विदेशों में तस्तत: फैले हुए हैं तथा उनके साथ जीवंत संपर्क रखने की दृष्टि से कोई माध्यम न रहने से, वे द्रुत गति से अपने चिरंतन जीवन मूल्यों की विरोधी जीवन पद्धति में बहते जा रहे हैं। उनके साथ संपर्क रखनेवाला माध्यम भारत में ही हो, क्योंकि वही अपनी प्राचीन संस्कृति का मुख्य प्रेरणास्रोत और निधान है। वह माध्यम ऐसा सशक्त हो, जिससे विदेशों में बसनेवाले हिंदुओं को स्वयं अपनी संस्कृति के अनुसार जीवन यापन कर, जहाँ वे बसते हैं, वहाँ के जन-जीवन पर अपनी अमिट छाप डालने की प्रेरणा प्राप्त हो।"[१०] आपटेजी ने अपनी यात्राओं में इन पत्रों का उपयोग किया ही, लेकिन सबसे महत्त्वपूर्ण पत्र था, जो गुरुजी ने स्वामी चिन्मयानंदजी के नाम आपटेजी को दिया था। नवंबर १९६३ को स्वामी चिन्मयानंदजी के उस लेख की स्याही अभी सूखी भी नहीं थी, जिसमें उन्होंने हिंदुओं का वैश्विक संगठन बनाने का स्वप्न देखा था कि आपटेजी गुरुजी का पत्र लेकर उनके पास जा पहुँचे। गुरुजी ने स्वामी को लिखा था, "दादा साहेब आपटे मेरा पत्र लेकर आपसे मिलने आ रहे हैं। विश्व के विभिन्न देशों में फैले हुए हिंदुओं का अपने मूल स्रोत से संबंध नहीं है। उन्हें भारत से अखंड रूप से धर्म और संस्कृति का जीवन रस प्राप्त नहीं हो रहा है तथा विदेशस्थ हिंदू-बंधु, विदेशी जीवन पद्धति की ओर आकर्षित हो रहे हैं। उनके मन में हिंदू-जीवन पद्धति के प्रति दृढ़ विश्वास तथा परस्पर भ्रातृभाव पैदा करने के लिए क्या उपाय किए जा सकते हैं, इस दृष्टि से विचार-विनिमय करने के उद्देश्य से उनका एक सम्मेलन होना आवश्यक है। श्री दादा आपटे को आध्यात्मिक क्षेत्र के अग्रण्य महानुभावों से विचार-विमर्श करने का कार्य सौंपा गया है। विश्व के विभिन्न देशों में फैले हुए हिंदुओं का भारत में एक सम्मेलन आयोजित करने की दृष्टि से वे आपसे विचार-विनिमय करेंगे। इस कार्य के लिए आपका सहयोग, परामर्श तथा आशीर्वाद अपेक्षित है।"[११] यह चिट्ठी दादा साहेब आपटे और स्वामी चिन्मयानंदजी को जोड़नेवाली बनी तथा इस जुगल जोड़ी ने हिंदू इतिहास में एक नए युग की रचना की।

विश्व हिंदू परिषद् की स्थापना की इस पृष्ठभूमि को बाद में दादा साहेब आपटे ने ही सूत्रबद्ध किया। "मैंने परिषद् के गठन से तीन वर्ष पूर्व लोकमान्य

तिलक के प्रख्यात पत्र 'केसरी' में विश्व के हिंदुओं का सम्मेलन बुलाने की आवश्यकता पर तीन निबंध लिखे थे। यह सौभाग्य की ही बात थी कि कुछ राजनीतिक दल, सांस्कृतिक संगठन अन्य विचारक भी इसी दिशा में सोच रहे थे। हिंदू महासभा ने भी विश्व के हिंदुओं का सम्मेलन बुलाने का विचार प्रकट किया था। हिंदू महासभा के श्री व्ही.जी. देशपांडे ने जब इस सबंध में श्री गुरुजी से भेंट की थी तो गुरुजी का मत था कि यह प्रयास अवश्य किया जाए, किंतु इस नए संगठन की प्रकृति विशुद्ध रूप से अराजनीतिक रहे, जिसमें जाति, संप्रदाय, आस्था, दल इत्यादि का भेदभाव किए बिना सभी हिंदू सहयोगी हो सकें। उसी के अनुरूप सन् १९६३ में इस प्रकार के संगठन का गठन करने एवं उसका प्रथम संगठन बुलाने का दायित्व मुझे दिया गया।''[१२]

आपटेजी का निमंत्रण—आपटेजी ने इस दायित्व को निभाते हुए वैश्विक हिंदू संगठन पर विचार करने के लिए विद्वानों को निमंत्रित करते हुए लिखा, ''इस पावन भूमि में उदित सभी मत, पंथ, संप्रदायों के प्रतिनिधियों का सम्मेलन प्रस्तावित हैं। वे सभी, जो इस देश में जनमे हों अथवा विदेशों में, जो भारत को अपने मत, संप्रदाय, संस्कृति तथा विचारधारा का मूल स्रोत मानते हैं और उसे मातृभूमि तथा पवित्र भूमि के रूप में पूजा करते हैं, उन सभी को विश्व हिंदू परिषद् के सम्मेलन में आमंत्रित करने का विचार रखा है। 'हिंदू' इस विशिष्ट शब्द के व्यापक परिधि में आनेवाले जैन, बौद्ध, सिख, वैष्णव, वीरशैव-लिंगायत तथा अन्य सभी मत-पंथों के धुरंधरों के साथ संपर्क करते हुए उन्हें अपनी तरह की इस प्रथम बैठक में सहभागी होने की प्रार्थना की जा रही है।

''ऐतिहासिक कारणों, जिनमें आक्रमणों तथा उनके फलस्वरूप आई एक सहस्त्र वर्षों की गुलामी प्रमुख है, से समाज-चिंतक एवं राष्ट्र नेताओं को इकट्ठा कर विच्छेदकारी ताकतों एवं मनोवृत्तियों से सँवरने का समय तथा अवसर उपलब्ध नहीं हो सका, जिसके दुःखपूर्ण परिणाम हम आज तक भुगत रहे हैं। परंतु आज जब हम राजकीय दृष्टि से मुक्त तथा सुगठित हैं, तब हमारी प्राचीन प्रज्ञा तथा भावना और उदात्त धरोहर के अनुरूप अपने भेदभावों को कम करना, विविधता में अनुस्यूत एकता को पहचानना, समरसतापूर्ण समझदारी लाना, राष्ट्रीय एकात्मता को बढ़ावा देना तथा समूचे सामाजिक जीवन में एक सुव्यवस्था स्थापित करना ही हमारी महत्त्वकांक्षा होनी चाहिए।

''आज इसकी आवश्यकता अत्यधिक है, क्योंकि अपनी तथा वैश्विक संस्कृति एवं सभ्यता की सघनता का दावा करनेवाला अपना यह राष्ट्र, राजनैतिक स्तर के

हमारे सभी प्रयासों के बावजूद, अध:पतित हुआ है। इसके कारण स्पष्ट और साफ हैं और उनकी चर्चा की आवश्यकता नहीं है। आधुनिक वैज्ञानिक युग की माँग तथा आवश्यकताओं की पूर्ति कर सकनेवाली नई व्यवस्था का निर्माण करने की दृष्टि से हमारे जन-नेताओं तथा सुबुद्ध चिंतकों को इकट्ठा कर हमारे समाज की प्रस्तुत अवस्था के बारे में विचार-विमर्श करते हुए अपने उद्देश्यों को प्राप्त करने के मार्गों तथा उपायों की संस्तुति करनी चाहिए। हमारे यहाँ यह सब वैदिककाल से ही होता चला आ रहा है। हमारे बहुआयामी समाज के समान सिद्धांत तथा आचरण के तत्त्वों को पुनरान्वेषित करने एवं उनके आधार पर स्थायी एकता को आज सुदृढ़ बनाने की आवश्यकता अत्यधिक है।

"भारत और बाहरी देशों में निवास करनेवाले हिंदू समुदायों में उनके तत्त्वज्ञान, धर्म एवं संस्कृति में अनुस्यूत सारभूत एकता का जागरण आवश्यक है। संपर्क बनाए रखना, हिंदू जीवन विधान के परिशुद्ध भाव से अभिभूत करना तथा सभी देशों के सभी लोगों को अपनी आध्यात्मिक धरोहर के मूल स्रोतों से प्रेरणा प्राप्त करने की सुविधा उपलब्ध कराने के लिए एक केंद्रीय संगठन की स्थापना करना अपने समय की स्थायी माँग है। प्रबल हिंदू एकता खड़ी करना और विश्व के अन्य हिसनों में निवास करनेवाले हिंदुओं को उनके परिसर पर अपनी अमिट छाप छोड़ने के लिए प्रोत्साहित करना, यही इस सम्मेलन तथा इसके द्वारा प्रस्तावित केंद्र के प्रादुर्भाव का उद्देश्य एवं कार्य है।"[१३]

ब्रिटिश सत्ता की विदाई के बाद भी प्रशासन का विदेशी मॉडल और वही नीतियाँ प्रचलित रहीं; क्योंकि अंग्रेज जिन लोगों को सत्ता सौंपकर गए थे, वे उन्हीं संस्कारों में ढल चुके थे, जो संस्कार भारतीय लोकचेतना और संस्कृति को मन से प्रतिगामी स्वीकार कर चुके थे। अत: ब्रिटिश सत्ता के अंत के बाद भी हिंदू संस्कृति और अस्मिता पर संकट उसी रूप में बरकरार रहे; बल्कि कहना तो यह चाहिए कि इसलाम, चर्च और साम्यवाद इन तीनों ने मिलकर भारतीय अस्मिता पर आक्रमण और भी तेज कर दिए। भारत सरकार की दुर्बलता के कारण दूसरे देशों में फैला हुआ हिंदू और बौद्ध समाज भी इन्हीं सामी शक्तियों का शिकार होने लगा। इन सभी कारकों ने मिलकर विश्व हिंदू परिषद् की स्थापना के लिए उर्वरा भूमि प्रदान की और दादा साहेब आपटे को इसका सारथी होने का ऐतिहासिक अवसर प्राप्त हुआ।

संदर्भ

१. रिपोर्ट ऑफ दि क्रिश्चियन मिशनरी एक्टिविटी इंक्वायरी कमेटी, वॉल्यूम-१, पृ. ११-१३५
२. क्रिस्टोफे जेफरलॉट, दि हिंदू नेशनलिस्ट मूवमेंट ऐंड इंडियन पॉलिटिक्स, पृ. १९६
३. केसरी, पुणे ३१ मई, १९५९
४. श्री गुरुजी, 'श्री गुरुजी समग्र खंड-७', पृ. २०५
५. कृष्णकुमार बवेजा, 'श्रीगुरुजी—व्यक्तित्व एवं कृतित्व', पृ. १४६
६. 'तपोवन प्रसाद', मुंबई, नवंबर १९६३
७. नागपुर में लेखक की डॉ. के.पी. हरदास से हुई बातचीत। हरदासजी को यह प्रसंग आपटेजी ने सुनाया था।
८. सदानंद काकड़े, 'विश्व हिंदू परिषद्—पृष्ठभूमि और आविर्भाव', पृ. २०-२२
९. सदानंद काकड़े, 'विश्व हिंदू परिषद्—पृष्ठभूमि और आविर्भाव', पृ. २३
१०. पत्ररूप श्रीगुरुजी, पृ. ३२३
११. 'पत्र-रूप श्री ग़ुरुजी' १९८३ पृ. ५५
१२. रघुनंदन प्रसाद शर्मा, 'प्रेरणा के अमर स्वर', पृ. ५७
१३. सदानंद काकड़े, 'विश्व हिंदू परिषद्, पृष्ठभूमि और आविर्भाव', पृ. १६-१७

□

पंचम अध्याय

विश्व हिंदू परिषद् की स्थापना

विक्रमी संवत् २०२१। जन्माष्टमी का दिन। २९ अगस्त, १९६४। मुंबई नगर से बाहर पवई में सांदीपनी साधनालय। सांदीपनी योगीराज श्रीकृष्ण के गुरु थे। सांदीपनी के शिष्य योगीराज श्रीकृष्ण के जन्म का पर्व। सांदीपनी साधनालय स्वामी चिन्मयानंदजी का आश्रम है। विश्व भर से एकत्रित हुए हिंदुओं के विभिन्न मत-मतांतरों का प्रतिनिधित्व करनेवाले साठ से भी ज्यादा प्रतिनिधि यहाँ एकत्रित हैं। श्रीकृष्ण जन्माष्टमी के पावन पर्व पर एकत्रित यह प्रतिनिधि जनसमूह विश्वभर के हिंदुओं के एक नए संगठन के जन्म का साक्षी होनेवाला है। व्यास पीठ पर राष्ट्रीय स्वयंसेवक संघ के सरसंघसंचालक श्री माधवराव सदाशिव गोलवलकरजी, गुजराती साहित्य के दिग्गज डॉ. कन्हैया लाल मानक लाल मुंशी, संत तुकड़ोजी महाराज, स्वामी शंकरानंद, ब्रह्मचारी दत्तमूर्ति, मास्टर तारा सिंह, हिंदू महासभा के महासचिव श्री व्ही.जी. देशपांडे, अकाली दल के अध्यक्ष ज्ञानी भूपेंद्र सिंहजी शोभायमान हैं। ये सभी प्रतिनिधि दादा साहेब आपटे के निमंत्रण पर यहाँ एकत्रित हुए हैं। गुरुजी ने प्रस्ताव किया कि इस सभा की अध्यक्षता स्वामी चिन्मयानंदजी करें। श्री देशपांडे ने इसका अनुमोदन किया। करतल ध्वनि के बीच स्वामी चिन्मयानंदजी ने अध्यक्ष का आसन ग्रहण किया।

स्वामी चिन्मयानंदजी ने जिस सम्मेलन की कल्पना कुछ मास पहले दिल्ली या कोलकाता में की थी, वह आज उन्हीं के अपने आश्रम में साकार रूप ले रहा था, और इसे संयोग ही कहना चाहिए कि स्वामीजी स्वयं ही उसकी अध्यक्षता कर रहे थे। उन्होंने भावविह्वल स्वरों में प्रतिनिधियों का स्वागत करते हुए कहा, "मेरी छोटी सी संस्था के लिए यह एक महान् अवसर है। हमारे सामने सबसे महत्त्वपूर्ण कार्य है कि हम सभी अपने मतभेदों को त्यागकर हिंदू समाज के उद्धार के लिए एकत्र होकर सम्मिलित प्रयास करें।"[१]

सुविख्यात संगीत निर्देशक श्री सुधीर फड़के ने संकल्प गीत गाया—

"विश्वअखिलमुद्धर्तमुखी निर्मिता वयम्।
भारतं समुद्धर्तुममी प्रेषिता वयं
प्रभुणा प्रेषिता वयम्।। ध्रु।।
संकटाद्रिभिदुरं धैर्यं
धार्यमनिशमिदमिह कार्यम्।
भारतं प्रतिष्ठां नेतुं
तनुभृतो वयं। प्रभुणा प्रेषिता वयम्।। १।।
मातृभक्तिरेकं ध्येयं
तत्कृते शरीरं देयम्।
श्रुद्रलालसापरिमुक्ताः
सेवका वयं। प्रभुणा प्रेषिता वयम्।।२।।
जानाते भारत भुवि लोकः
आत्मतत्वामिह गत शोकाः।
इत्यवेत्य जगदुद्धरणे
योजिता वयं।। प्रभुणा प्रेषिता वयम्।। ३।।
ईश्वरः स्फुरति नः स्वान्ते।
अज्ञतान्धतमस्थान्ते
तस्य कार्यमधुना कर्तुं
सोद्यमा वयं। प्रभुणा प्रेषिता वयम्।।४।।
निश्चितं यशः परिपूर्ण
लप्स्यते त्र जन्मनि तूर्णम्।
ईशकार्यकरणे निरताः
सन्ततं वयं। प्रभुणा प्रेषिता वयम्।। ५।।"

दादा आपटे का प्रतिवेदन—दादा साहेब आपटे अपना प्रतिवेदन प्रस्तुत करने के लिए खड़े हुए। उन्होंने स्पष्ट किया कि हिंदू संगठन का विचार किसी एक व्यक्ति या संस्था का नहीं है। यह विचार तो सभी हिंदुओं का है, जो यहाँ उपस्थित हैं, उनका भी, जो यहाँ नहीं उपस्थित हैं, उनका भी। विश्व हिंदू परिषद् की स्थापना के निमित्त बुलाए गए इस ऐतिहासिक सम्मेलन में आपटेजी ने एक महत्त्वपूर्ण प्रश्न उठाया, "क्या यह कहना आवश्यक है कि इस परिकल्पना का

प्रारंभ कैसे हुआ और किस प्रकार यह प्रस्ताव रूप में विकसित हुआ? क्या यह विचार उन सभी लोगों के मन में नहीं था, जो यहाँ उपस्थित हैं तथा जो परिस्थितिवश यहाँ उपस्थित नहीं हो सके हैं? सभी के मुख से यही विचार सुनने को मिलते रहे हैं। लोकमान्य तिलक के विख्यात मराठी दैनिक 'केसरी' में लगभग तीन वर्ष पूर्व ऐसे सम्मेलन बुलाने की आवश्यकता से संबंधित मेरे स्वयं के अनेकों लेख प्रकाशित हुए थे। लेकिन मैं अपना मंतव्य प्रस्तुत करने के अतिरिक्त कुछ नहीं कर सका था, यद्यपि मेरे पास ढेरों पत्र आए पड़े थे कि मैं ऐसे महत्त्वपूर्ण कार्य को संपन्न करने में तत्पर हो जाऊँ। केवल गत वर्ष ही स्वामी चिन्मयानंदजी ने 'तपोवन प्रसाद' नामक अपनी पत्रिका के नवंबर १९६३ अंक में इसी प्रकार के विचार व्यक्त किए थे, जिन्हें पढ़कर इस परिकल्पना ने मुझे तथा मेरे मित्रों को बहुत ही प्रभावित किया, जिनमें से कुछ तो यहाँ उपस्थित भी हैं। हमारे विचार-विनिमय द्वारा यह निश्चय किया गया कि इसके लिए अवश्य ही प्रयास होना चाहिए, लेकिन ऐसी संस्था राजनीति रहित सर्वसाधारण मंच पर आधारित हो, किसी दल या संस्था विशेष द्वारा प्रचारित न हो। हाँ, भले ही इनके सहयोग के लिए प्रयास अवश्य किया जा सकता है। मैं जिस बात पर बल देकर कहना चाहता हूँ, वह यह है कि यह कहना व्यर्थ है कि कल्पना मेरी है या उसकी है, कोई भी कम या अधिक मुखर रहा हो। ऐसी कल्पना उन असंख्य लोगों के मन में रही होगी, जो यहाँ उपस्थित नहीं हैं।''[२]

दादा साहेब आपटे का यह प्रश्न अपने आप में अत्यंत महत्त्वपूर्ण था। सांदीपनी आश्रम में जो चालीस-पचास प्रतिनिधि उपस्थित थे, वे तो केवल प्रतीक थे, अन्यथा वैश्विक हिंदू संगठन की आवश्यकता संपूर्ण हिंदू समाज अनुभव कर रहा था। दादा साहेब आपटे का यह प्रयास हिंदुओं की उस अमूर्त कल्पना को मूर्त यथार्थ का रूप देने का संकल्प था।

सामाजिक सम्मेलनों की ऐतिहासिक परंपरा—श्री आपटेजी ने ऐसे सम्मेलनों की पुरातन परंपरा का उल्लेख भी किया, ''वैदिक काल से ही यह हमारी परंपरा रही है कि हम समाज सुधार और बुराइयों को दूर करने के निमित्त संकट की घड़ियों में एकत्रित होते रहे हैं। जैन सम्मेलनों एवं बौद्ध परिषदों के भी ऐसे आयोजन होते रहे हैं। हमारे महान् सिख धर्मगुरुओं ने पंथ सम्मेलनों की महत्ता का बखान किया है, जिनमें समय-समय पर अपने समाज में फैली हुई बुराइयों को दूर करने के उपायों पर विचार-विमर्श होते रहे हैं। ऐसा प्रतिनिधि सम्मेलन हर्षवर्धन के काल के पश्चात् कभी नहीं हुआ, जहाँ हमारे बहुमुखी समाज के विभिन्न पंथों एवं

संप्रदायों के प्रतिनिधि एकत्रित हो सकें। यह महान् अवसर हमें सुलभ हुआ है।''[३]

ऊपर जिन सम्मेलनों का दादा साहेब आपटे ने जिक्र किया है, ऐसे सम्मेलन अनेक बार पुरानी संहिताओं की परख और नवीन संहिताओं की रचना हेतु बुलाए जाते रहे हैं। सिख पंथ में भी, जब पूरे समाज के सामने कोई संकट उपस्थित हुआ तो पंथक सम्मेलन बुलाकर ऐसे प्रश्नों पर विचार किया जाता रहा है और सम्मेलन के निर्णयों को समाज ने स्वीकार किया है। दादा साहेब आपटेजी के मस्तिष्क में भी इन्हीं प्राचीन सम्मेलनों की महत्ता और प्रासंगिकता उमड़-घुमड़ रही दिखाई देती है। शायद इसीलिए आपटेजी ने उपस्थित प्रतिनिधियों से आग्रह किया, ''आप हमें तथा हमारी संतान को बुराइयों से बचाने के लिए रामबाण प्रदान करते हुए एक नवीन जीवन संहिता प्रदान करें, जिससे पारस्परिक ऐक्य का सूत्र सुदृढ़ हो तथा हम पूर्णतया भ्रातृत्व एवं सद्भावना की भावनाओं से ओत-प्रोत हो जाएँ। इन्हीं सद्गुणों के कारण अनंत काल से हमारा परिपोषण होता रहा है। यही एकमात्र सुदृढ़ सूत्र है, जिससे हमारा राष्ट्र और हम बाह्य जगत् के किसी भी संघर्ष या विरोधाभास से मुक्त होकर परिपूर्णता एवं समृद्धि की ओर अग्रसर हो सकते हैं।''[४]

शुभकामना संदेश—इस ऐतिहासिक अवसर पर आपटेजी को अनेक चिंतकों व मनीषियों के संदेश भी प्राप्त हुए थे। कुछ लोग ऐसे भी थे, जो आने की इच्छा रखते हुए भी अनेक कारणों से आ नहीं पाए। आपटेजी ने प्राप्त शुभकामना संदेश पढ़कर भी सुनाए। श्री वी. राजगोपालाचार्य ने आपटेजी को लिखा था कि मैं आपके तथा अन्य मित्रों के जो उद्देश्य हैं, उनसे पूर्णतया सहमत हूँ। प्रसिद्ध गांधीवादी श्री आर.आर. दिवाकर ने अपने संदेश में कहा था कि समुदाय के रूप में हिंदू अपने अस्तित्व एवं समृद्धि की दृष्टि से बहुत ही उदासीन जाति है, तथापि यदि लोगों में यथेष्ठ उत्साह-उमंग का संचार संभव हो सके तो आप इसके लिए प्रयास अवश्य करें। कांग्रेस के श्री एन.वी. गाडगिल ने आपटेजी को लिखे पत्र में कहा था कि अखिल भारतीय कांग्रेस समिति का अधिवेशन समाप्त होते ही मैं आपके सम्मेलन में सम्मिलित होऊँगा। श्री जगजीवन राम ने लिखा था कि मैं आपको यह आश्वासन दिला सकता हूँ कि इस महान् कार्य के लिए आपके जो प्रयास हैं, उनमें मेरा सदा योगदान रहेगा। प्रसिद्ध भाषा विज्ञानी डॉ. सुनीति कुमार चटोपाध्याय ने अपने पत्र में लिखा था कि एक हिंदू के नाते मैं परिषद् के सिद्धांतों एवं उद्देश्यों का पूर्णतः समर्थन करता हूँ तथा इसकी सहायता करने में मुझे प्रसन्नता होगी। मुझे यह जानकर संतोष होगा कि

आपकी योजना की प्रगति सार्वभौमिक हिंदू पृष्ठभूमि एवं समुचित राष्ट्रीय प्रवृत्तियों को लेकर होनी चाहिए।[५]

परिषद् राजनीति से परे—दादा साहेब आपटे के प्रतिवेदन के उपरांत बैठक में निरंतर विचार-विमर्श के उपरांत अनेक महत्त्वपूर्ण निर्णय लिये गए। सबसे महत्त्वपूर्ण निर्णय यह था कि राजनीति में भाग लेनेवाले लोग विश्व हिंदू परिषद् में पदाधिकारी नहीं हो सकते। इसका मुख्य कारण यह था कि यदि विभिन्न राजनैतिक दलों के लोग विश्व हिंदू परिषद् के निर्णायक निकायों में आ गए तो परिषद् राजनीति का अखाड़ा बन सकती है और विश्व भर के सभी हिंदुओं की प्रतिनिधि संस्था न रहकर किसी एक राजनैतिक दल का हस्तक भी बन सकती है। दादा साहेब आपटे का मानना था कि विश्व हिंदू परिषद् वास्तविक रूप में समस्त हिंदू आस्थाओं के लोगों का प्रतिनिधित्व करे, न कि किसी राजनैतिक दल का। विश्व हिंदू परिषद् को राजनैतिक दलों से दूर रखने का आग्रह कितना प्रबल था, इसका एक उदाहरण बाद की एक घटना से मिलता है। उस समय के एक महत्त्वपूर्ण राजनैतिक दल के एक पदाधिकारी परिषद् को राजनैतिक दलों से संबंधित करने के पक्षधर थे। यह मुद्दा विवाद का मुद्दा हो गया था। श्री गुरुजी ने इस विषय पर श्री रमाप्रसाद मुखर्जी को एक पत्र में लिखा, "मैंने (उक्त सज्जन को) यह लिखा था कि वे परिषद् के कार्य में राजनीति लाने का प्रयत्न न करें। ऐसा होता है तो दोनों का विलीनीकरण हो सकता है। यद्यपि (उपरोक्त सज्जन) आपके साथ होनेवाली बातचीत में सबकुछ मान्य कर लेंगे, परंतु उन्हें भी अपने कार्यकर्ताओं से परामर्श करने के बाद ही निर्णय करना पड़ेगा। इसलिए वे पहले अपने कार्यकर्ताओं से परामर्श कर उनसे अधिकृत अनुमति प्राप्त कर लें और तब आपसे वार्त्ता करें। यदि उनके प्रस्ताव विहिप के उद्देश्यों से मेल न खाते हों, तो उन्हें वैसा अंतिम रूप से स्पष्ट कहा जा सकता है। मेरा पत्र आपको मिलने तक आपकी श्री दादासाहब आपटेजी से भेंट होकर उनके साथ इस प्रकरण पर पूर्ण चर्चा हो चुकी होगी। (उपरोक्त सज्जन) से प्राप्त हुए पत्र से मेरी यह धारणा हुई है कि उनकी संस्था का दृष्टिकोण परिकृष्त नहीं है। परंतु श्री आपटेजी के साथ भेंट होकर, विचार-विनिमय के बाद आप इस प्रकरण में स्वयं निर्णय ले सकते हैं।"[६]

दूसरा निर्णय किया गया कि २१ जनवरी, १९६६ को प्रयागराज में मौनी अमावस्या पर होनेवाले कुंभ मेले में विशाल विश्व हिंदू सम्मेलन का आयोजन किया जाए।

१५१ वर्ष के योग शिरोमणि रामटेक के श्री महाराज सीताराम दासजी सम्मेलन

में पूरे समय उपस्थित रहे। उन्होंने अत्यंत भावपूर्ण शब्दों में अपना आशीर्वाद इस सम्मेलन को दिया।

शिरोमणि मास्टर तारा सिंह का उद्‌बोधन—शिरोमणि अकाली दल के अध्यक्ष ज्ञानी भूपेंद्र सिंह ने कहा, ''मैं गत पचास वर्षों से अपने आपको धर्म का एक विद्यार्थी मानता आया हूँ। मैं इस सम्मेलन के आयोजन के विचार का पूर्णतया समर्थन करता हूँ, क्योंकि हिंदुओं को संगठित करने की तत्काल आवश्यकता है।''[७]

समापन दिवस पर मास्टर तारा सिंहजी ने अपने तेजस्वी भाषण में हिंदू समाज की दुःखद एवं रुग्ण स्थिति का उल्लेख करते हुए संयोजकों से यह आग्रह किया कि वे समाज के मतभेदों को यथाशीघ्र दूर करके सबों को एकता सूत्र में बाँधने के लिए तत्काल कुछ उपाय अवश्य निकालें। आज यह पंजाब और बंगाल में जितना आवश्यक है, उतना और कहीं नहीं है। उन्होंने कहा, ''मुझे विश्वास है कि यदि एक बार हिंदू एवं सिख एक-दूसरे से गले लग जाएँ तो संपूर्ण देश में नवजीवन का संचार होने लगेगा तथा ऐसा आंदोलन विदेशस्थ बंधुओं के हृदय को भी परिप्लावित कर देगा।''[८]

परिषद् का ध्येय—सम्मेलन में हुए गंभीर विचार-विमर्श और मंथन के उपरांत लिये गए निर्णयों के अनुरूप डॉ. कन्हैया लाल मानक लाल मुंशी ने परिषद् के उद्देश्यों एवं कार्यकलापों की घोषणा की—[९]

(१) हिंदू समाज को सुसंगठित एवं सुदृढ़ बनाने की ओर अग्रसर रहना।

(२) आधुनिक युग के अनुकूल समस्त विश्व में हिंदू धर्म के नैतिक एवं आध्यात्मिक सिद्धांतों एवं आचार-विचारों का प्रचार करना।

(३) विदेश स्थित समस्त हिंदुओं से संपर्क स्थापित करना व उन्हें सुदृढ़ बनाना तथा उनकी सहायता करना।

सम्मेलन में स्वामी चिन्मयानंदजी को कार्यकारी अध्यक्ष और दादा साहेब आपटे को महासचिव चुना गया।

श्री गुरुजी का संदेश—समापन से पूर्व राष्ट्रीय स्वयंसेवक संघ के सर संघचालक श्रीगुरुजी ने अत्यंत भावपूर्ण शब्दों में परिषद् के ध्येय को स्पष्ट किया। गुरुजी की मुख्य चिंता भी उन्हीं हिंदुओं को लेकर थी, जो किन्हीं भी कारणों से विदेशों में जाकर बस गए हैं। वास्तव में जब कोई व्यक्ति विदेश में चला जाता है, तो वह सहसा ही विजातीय वातावरण, संस्कृति, संस्कारों एवं भाषा से घिर जाता है। द्वितीय व तृतीय पीढ़ी तक पहुँचते-पहुँचते उसके सूत्र अपनी मूल मातृभूमि व

संस्कृति से क्षीणतर होने लगते हैं। दुर्भाग्य से स्वतंत्र भारत की नई सरकार उन हिंदुओं के इन सांस्कृतिक संबंधों एवं आकांक्षाओं को नकारती ही नहीं, बल्कि सांप्रदायिक भी मानती है। श्रीगुरुजी का 'फोकस' इन संबंधों की संपुष्टता के मार्गों पर ही था, ''भिन्न-भिन्न कारणों से अपने समाज के बहुत से लोग विश्व के भिन्न-भिन्न देशों में आकर बसे हुए हैं। पूर्वकाल का और आधुनिक काल का यदि चित्र हम लोग अपनी आँखों के सामने रखेंगे तो एक बात अपने अंतःकरण में दुःखदायक होगी। पूर्व काल में हम लोग विश्व के कोने-कोने में धर्म के विजेता, संस्कृति के विजेता और प्रत्यक्ष ऐहिक जीवन में भी विजेता के रूप में गए थे तथा पिछले सौ-डेढ़ सौ वर्षों में मजदूर के रूप में चाकरी करने के लिए और इसी प्रकार की हीन वृत्तियों को लेकर गए। ये दोनों समयों की तुलना अपने अंतःकरण में दुःख देनेवाली अवश्यमेव है। परंतु अब भूतकाल का केवल वैभव अपने सामने रखकर और जो चला गया, उसके लिए दुःख करके बैठने से काम नहीं चलेगा। वर्तमान काल में हम लोगों को ये जो अपने बंधु चारों ओर हैं, वे फिर से एक बार अपने धर्म और संस्कृति की ध्वजा देश-विदेश में फहरानेवाले सिद्ध हो सकें, इस प्रकार से उनका पोषण करने के लिए प्रयत्न करना है। यह जो सम्मेलन का विचार आपके सामने आया, वह दृष्टि से आया है कि अपने हिंदू धर्म के मूल स्रोत भारत में और भिन्न-भिन्न देशों में बसनेवाले लोग यहाँ आएँ, यहाँ के पवित्र वायुमंडल का अनुभव करें, पवित्र क्षेत्र देखें, महापुरुषों से मिलें, यहाँ के तीर्थों में स्नान करके पुनीत हों और अपने श्रेष्ठ पुरुषों के वचनों को अपने हृदय में धारण करके अपने धर्म के प्रति, संस्कृति के प्रति, जीवन की परंपरा के प्रति एक अत्यंत पवित्र तथा स्वाभिमान युक्त भाव धारण करके इसकी ध्वजा को अपने को सर्वदूर फहराना है।''[१०]

श्रीगुरुजी ने यह भी स्पष्ट किया कि यह प्रयास संकीर्ण प्रयास नहीं है। किसी पंथ विशेष से तो इसका ताल्लुक है ही नहीं। कुछ लोग यह भी चर्चा कर रहे थे कि हिंदुओं के अनेक संप्रदायों की तरह विश्व हिंदू परिषद् भी एक नया संप्रदाय बनने जा रहा है। श्रीगुरुजी ने अपने उद्‌बोधन में इन सभी शंकाओं को खारिज कर दिया। ''न तो यह किसी पंथ विशेष का कार्य है और न ही नूतन धर्म की स्थापना करने की बात है। यह तो अपने भारत के जीवन में चिरकाल से चलते आए हुए सनातन मूल्य जीवन के सिद्धांत, जीवन का तत्त्वज्ञान, उसका सर्वसमाज के अंदर मुक्त हस्त से वितरण करते हुए समग्र समाज के अंतरमन की चेतना का जागरण करने के लिए प्रयत्न करना है।''[११]

लेकिन इसके साथ ही श्री गुरुजी ने यह भी स्पष्ट किया कि विश्व हिंदू परिषद् ने जिस संकल्प को धारण किया है, उसका मार्ग सरल नहीं है। इसके लिए सांसारिक ऐषणाओं से मुक्त जीवन व्रतियों को स्वयं को होम करना पड़ेगा, तभी यह कार्य आगे बढ़ेगा। संपूर्ण समाज का एकीकरण हो, समग्र देश-विदेश के हिंदुओं के अंत:करण में नव जागरण हो, उनको नव चेतना प्राप्त हो, अपने धर्म की ध्वजा चारों ओर फैलाने का दृढ़ निश्चय उनके अंत:करण में प्रबल बने, पूर्ण रूप से यशस्वी नहीं कर लेते और उसके उपरांत संपूर्ण जगत् में रहनेवाले बंधुओं को एक करने के लिए एक स्थायी कार्य की रचना बनाकर ऐसे पोषण करनेवालों की परंपरा, जोकि अपने घर-बार को छोड़कर भिन्न-भिन्न क्षेत्रों में अपने बंधुओं के धर्म के पुन: जागरण के लिए जाने के लिए नित्य कटिबद्ध होकर रहेंगे, का निर्माण नहीं कर लेते, तब तक अपने को इस प्रकार के कार्य में एक-एक पग आगे बढ़ाते हुए अथक परिश्रम करते रहना है।[१२]

श्री गुरुजी ने भविष्य में झाँकते हुए अपने उद्‌बोधन के पश्चात् दादा साहेब आपटे की ओर देखा। आपटेजी मुसकरा दिए। श्रीगुरुजी को विश्वास हो गया कि अब परिषद् का विजय रथ अपनी यात्रा पर निर्विघ्न चलेगा।

परिषद् की आधार सम्मत व्याख्या—परिषद् की स्थापना के बाद तुरंत आवश्यकता थी देश-विदेश में फैले हुए असंख्य कार्यकर्ताओं तथा अन्य जिज्ञासुओं के सम्मुख विश्व हिंदू परिषद् की स्थापना की आधार सम्मत व्याख्या करना। दादा साहेब आपटे ने 'ऑर्गेनाइजर' के नवंबर १९६४ के अंक में एक बहुत बड़ा आलेख 'विश्व हिंदू परिषद् ही क्यों?' लिखकर सभी प्रश्नों का उत्तर देने का उपक्रम किया। विश्व हिंदू परिषद् की स्थापना का तार्किक आधार तभी बन सकता था, यदि यह स्वीकार किया जाए कि विश्व भर के हिंदुओं का एक अपना संसार है। उनका अपना जीवन दर्शन है। अपनी दृष्टि है। अपना विशिष्ट मनोविज्ञान है। लेकिन इतने से ही काम नहीं चल सकता था। यदि मान भी लिया जाए कि हिंदुओं का अपना एक विश्व है, तो उसको संगठित करने की आवश्यकता क्या है? दर्शन के स्तर पर तो संगठन संभव ही नहीं है और लाभकारी भी नहीं तो हिंदू विश्व को किससे खतरा है? दादा साहेब आपटे ने अपने इस लेख में दोनों प्रश्नों का ही विस्तार से उत्तर दिया।

हिंदू समाज के आसन्न खतरे—क्या यह सोचना अनुचित है कि हिंदुओं का भी अपना एक विश्व है और उनकी अपनी कुछ विशेष समस्याएँ हैं? यह ऐतिहासिक सत्य है कि हिंदुओं ने संपूर्ण मानव जाति को ही एक परिवार माना

और इसी भूमिका पर आधारित अपना विशिष्ट तत्त्वज्ञान संसार के समक्ष प्रस्तुत किया। मनुष्य को व्यक्तिगत तथा सामाजिक जीवन में कैसा व्यवहार करना चाहिए, आदि के विषय में हिंदुओं ने धार्मिक दृष्टि से भी योग विचार किया है। लगभग दो हजार वर्ष से हिंदुओं के व्यक्तिगत एवं सामाजिक जीवन का निर्देशन करनेवाली मनुस्मृतियों में भी यही प्रतिपादित किया गया है कि 'मानव' का आदर्श आचार-व्यवहार क्या और कैसा हो? ईसाइयों का विश्व, मुसलिमों का विश्व आदि भेद उन्होंने ही सर्वप्रथम निर्माण किए। ये धर्म अन्य धर्मों का अस्तित्व ही मानने के लिए तैयार नहीं थे। और इसलिए अपने एकांतिक मत को न माननेवाले तथा अपने एकमेव पवित्र ग्रंथ या पैगंबर पर विश्वास न करनेवाले सभी को नष्ट करने के उद्देश्य से उन्होंने धर्म-युद्धों की भी घोषणा की थी। ईसाई धर्म ने तो स्पष्ट घोषणा ही उद्घोषित कर रखी है कि हम समस्त संसार को ईसाई धर्म की दीक्षा देकर ही दम लेंगे। उसी प्रकार इसलाम ने भी समूची दुनिया को 'पाक' बनाने की प्रतिज्ञा-सी की है। एकांतिक विचार रखनेवाले तथा अपने ही धर्म में सबको दीक्षित करने की आकांक्षा रखनेवाले इन दो धर्मों के अतिरिक्त एक और नया धर्म इस अवनि तल पर अवतरित हुआ है, और वह है, साम्यवाद। इन तीनों धर्मों ने भारत में तथा अन्य देशों में कम-अधिक संख्या में रहनेवाले हिंदुओं को ही अपना लक्ष्य बनाया, ऐसा दिखाई देता है। आज की दुनिया मानो तीन हिस्सों में बँट गई है—ईसाई जगत्, इसलामी जगत् और साम्यवादी जगत्। इनमें से प्रत्येक की यह धारणा स्पष्ट दिखाई देती है कि हिंदू समाज का भक्षण करके ही वे हृष्ट-पुष्ट हो सकते हैं। अत: स्पर्धा एवं संघर्ष के इस युग में इन विधर्मियों के संकट से अपनी रक्षा करने एवं मुक्ति पाने के लिए हिंदुओं का संगटित होना नितांत आवश्यक है। सहिष्णुता, सह-अस्तित्व तथा पंचशील के अंतर्गत उन सभी गुणों से हिंदू समाज सहस्त्रों वर्ष पूर्व से ही अवगत है। उन दिनों इन असहिष्णुता सेमिटिक धर्मों के प्रेषितों का जन्म भी नहीं हुआ था। हिंदू समाज न केवल इन उदात्त तत्त्वों से परिचित था, बल्कि इनके अनुरूप उसका व्यवहार भी था। समान श्रद्धा, निष्ठा रखनेवाले लोगों ने जो विभिन्न राज्य स्थापित किए थे, उनमें व्यावहारिक सामंजस्य स्थापित करने की दृष्टि से ही सह-अस्तित्व के तत्त्व का हिंदुओं ने प्रतिपादन किया था। मतांतरण की नीति का अवलंबन करनेवाले अन्य धर्मों का हिंदू समाज पर आक्रमण होते रहने के बावजूद भी हमारे देश एवं समाज का व्यवहार पूर्ववत् ही रहा। उसमें कोई अंतर नहीं आया। फिर भी विगत कतिपय शताब्दियों में इन आक्रामक धर्मों ने काफी बड़ी संख्या में हमारे बंधुओं को अपने धर्म में मिलाकर उन्हें आत्मसात् कर लिया।

उसी के परिणामस्वरूप हमारी मातृभूमि का विच्छेदन हुआ और यह विभाजन की तलवार नित्य हमारे सर पर मँडरा रही है। विभाजन की विभीषिका मानो हमेशा के लिए मुँह बाए खड़ी है। ऐसा लगता है, यह संकट समाप्त नहीं हुआ, बल्कि और भी अधिक उग्र रूप धारण कर हमारे सम्मुख उपस्थित है। साम्यवादी पंथ तो किसी भी धर्म के नैतिक अथवा आध्यात्मिक मूल्यों के अस्तित्व से ही इनकार करता है। अत: वह इन सभी मूल्यों को नष्ट करने के लिए सदैव सचेष्ट है।''[१३]

मतांतरण से राष्ट्रीयता बदल जाती है—दादा साहेब आपटे ने मतांतरण की समस्या के कारणों की विस्तृत मीमांसा की। लेकिन उससे जुड़ा हुआ एक और प्रश्न महत्त्वपूर्ण था। भय व लालच से मतांतरण निंदनीय कहा जा सकता है, लेकिन स्वेच्छा से धर्म परिवर्तन को क्या कहा जाए? पश्चिमी शिक्षा नीति के कारण धर्म से आस्था त्यागनेवाले लोगों की संख्या भी बढ़ती जा रही है। आपटेजी को इस बात में कोई संशय नहीं था कि मतांतरण का कारण जो भी हो, अंतत: वह राष्ट्रीयता को ग्रसता है और राष्ट्र के जीवन रस को सोख लेता है। उन्होंने इस विषय पर विश्व हिंदू परिषद् के दृष्टिकोण को स्पष्ट किया, ''जब से भारत पर इसलाम और चर्च का आक्रमण हुआ है, तब से करोड़ों लोगों को इन दोनों ने साम, दाम, दंड, भेद से अपने संप्रदायों में दीक्षित किया है। कोई अपना धर्म बदल ले या अपनी पूजा पद्धति बदल ले, यह प्रत्येक व्यवित का अपना व्यक्तिगत मामला है, परंतु व्यावहारिक स्तर पर देखने में आता है कि मतांतरण से धीरे-धीरे दो-तीन पीढ़ियों के उपरांत राष्ट्रीयता भी बदल जाती है। पाकिस्तान का निर्माण इसी राष्ट्रीयता परिवर्तन के कारण ही हुआ और ईसाई मतावलंबी प्रदेश भी भारत से अलग हो जाने के लिए षड्यंत्ररत रहते हैं। हिंदू समाज की यह उदासीनता और इन कारकों की उपेक्षा विश्व के वर्तमान परिप्रेक्ष्य में घातक सिद्ध हो रही है, क्योंकि जब इसलाम और ईसाइयत जैसे सामी संप्रदाय नहीं थे, तब धर्म मानव धर्म माना जाता था। तब मुंडियाँ गिनने का नाम धर्म नहीं था। परंतु ईसाइयत और इसलाम ने मुंडियों की गणना को धर्म का नाम दे दिया और दर्शनशास्त्र के क्षेत्र में बहुलता को चुनौती दी। ईसाई तथा इसलाम धर्म के प्रकट एवं प्रच्छन्न आक्रमणों के फलस्वरूप हम अपने १४ करोड़ बंधुओं से बिछुड़ गए हैं। मतांतरण का अर्थ है राष्ट्रांतरण। हमारे देश का ही नहीं, अपितु पाश्चात्य देशों का इतिहास भी इस सिद्धांत की ही पुष्टि करता दिखाई देगा। विशेषकर जिस धर्म का केंद्र राष्ट्र की सीमाओं से परे होता है, उस धर्म को स्वीकार करने की परिणति देशबाह्य निष्ठा परकीयों से स्नेह निर्माण करने में ही होती है।

इसी सिद्धांत के अनुसार भारत के मुसलमानों ने अपने आपको स्वतंत्र राष्ट्र के रूप में घोषित किया और अलग राज्य की माँग बुलंद की। देश का विभाजन हुआ। नागा पहाड़ियों में आज यही हो रहा है। वहाँ के बहुसंख्य लोगों का ईसाइकरण हो चुका है। पहाड़ी तथा वनवासी क्षेत्रों में ईसाई मिशनरियों की जो गतिविधियाँ पिछले कई वर्षों से जारी हैं, उसके परिणामस्वरूप विघटनात्मक अनिष्ट प्रवृत्तियों में सतत वृद्धि होती रही है और हो रही है। अन्यथा केंद्रीय सरकार के बीच मध्यस्थता करने के लिए नागाओं ने माइकेल स्काट जैसे विदेशी मिशनरी का चयन क्यों किया? केवल भारत से ही संबंधित इस समस्या का किसी विदेशी मिशनरी से संबंध ही कैसा? हमारी केंद्रीय सरकार भी धूर्त विदेशी मिशनरियों तथा तथाकथित विशेषज्ञों द्वारा प्रतिपादित आत्मघातक राष्ट्रविरोधी कल्पनाओं को बढ़ावा देने में संलग्न दिखाई देती है।

ईसाई मिशनरी तथा इसलाम के मुल्ला-मौलवी अपनी स्वार्थ सिद्धि के लिए हमारे उदात्त तत्त्व सह-अस्तित्व का बड़ी कुशलता एवं कुटिलतापूर्ण रीति से उपयोग करते हैं। वे उसकी प्रशंसा भी करते हैं, परंतु उसमें उनका निहित स्वार्थ ही रहता है। वे स्वयं, इस तत्त्व को व्यवहार में प्रयुक्त करने के लिए उपयुक्त नहीं समझते। इसका उपयोग वे अन्य धर्मी लोगों को अपने धर्म में दीक्षित करने के कार्य में करते हैं और उसे वे 'पतितोद्धार' की संज्ञा भी देते हैं। इस प्रकार ईसाई मिशनरियों की हिंदू धर्म विरोधी गतिविधियाँ बड़ी तेजी के साथ फैल रही हैं और वे अपने इस कुटिल षड्यंत्र का जाल अधिकाधिक व्यापक करती जा रही हैं। वस्तुतः इन्हें यह स्पष्ट चेतावनी दी जानी चाहिए कि वे भारत की राष्ट्रीय एकात्मकता को तहस-नहस करनेवाली अपनी राष्ट्रघाती गतिविधियों को अविलंब समाप्त करें। इस प्रकार का आदेश चर्च, मिशनरियों तथा इसलामी मुल्ला-मौलवियों को दिया जाना आवश्यक है। ईसाइयों की मतांतरण की गतिविधियाँ और षड्यंत्र इतनी तेजी से चलता दिखाई दे रहा है कि यदि समय रहते हिंदू समाज जाग्रत् नहीं हुआ तो यह अल्पावधि में ही नष्ट हुए बिना नहीं रहेगा। इन भीषण चुनौतियों एवं संकटों का सामना हिंदू समाज किस प्रकार करे? क्या इस दिशा में सचेष्ट न होना अनिष्टकारी नहीं होगा? सहिष्णुता का पालन आज तक हिंदू समाज करता आया है। साथ ही अपने अस्तित्व एवं अस्मिता की रक्षा करने में वह उदासीन भी रहा है। यह स्थिति कब तक रहेगी? सारे हिंदू समाज को नष्टप्राय करनेवाले तत्त्व तेजी से बढ़ रहे हैं। ऐसी स्थिति में अपने धर्म एवं संस्कृति की रक्षा करने के लिए हिंदू समाज कौन से कदम और कब उठा रहा है? अस्तित्व बनाए रखने के इस संघर्ष में उदासीन होना क्या

हमारे हित में होगा? इसका बड़ी गंभीरता से हम हिंदुओं को विचार करना चाहिए। अपना अस्तित्व अक्षुण्ण रखना, और वह भी अपनी विशेषताओं सहित, समस्त प्राणिमात्र की स्वाभाविक प्रवृति है। इस प्रवृत्ति का चैतन्य के साथ अविभाज्य संबंध है। जीव के निर्माण के साथ-साथ ही इस प्रवृत्ति के अविष्कारक के लिए यदि एक बात की आवश्यकता होती है तो वह क्रिया की, प्रतिक्रिया की नहीं। अस्तित्व को सुरक्षित बनाए रखने के लिए किए गए प्रयासों को प्रतिक्रियात्मक कहकर उनकी निंदा करना सरासर गलत है। कैथोलिक एक्शन तथा जिहाद के नाम पर विधर्मी तत्त्व हिंदुओं को अपने समाज में मिलाने के लिए प्राणपण से चेष्टा कर रहे है और उन्हें प्रचार स्वातंत्र्य के नाम पर संरक्षण भी प्रदान किया जा रहा है। ऐसी अवस्था में जब हिंदू समाज अपनी विशेषता तथा अस्मिता का संरक्षण करने की दिशा में कुछ प्रयास करता है तो उसे सांप्रदायिक, जातिवादी एवं प्रतिक्रियावादी कहकर उस पर लांछन लगाया जाता है। क्या यह आश्चर्यजनक नहीं है? क्या यह दुर्भाग्य की बात नहीं है? वस्तुतः हिंदुओं के अपने धर्म की रक्षा करने के प्रयासों को कदापि प्रतिक्रिया नहीं, बल्कि यह अत्यंत योग्य व क्रम प्राप्त ऐसी विधायक क्रिया है, जो चैतन्यमय जीवन के मूलभूत उद्देश्यों एवं सहज प्रवृत्तियों की पूर्ति करने के लिए नितांत आवश्यक है। इस बात से कोई भी समझदार व्यक्ति इनकार नहीं कर सकता।[१४]

विदेशों में स्थित हिंदू

दादा साहेब आपटे की विश्व हिंदू परिषद् को लेकर दो प्रकार की चिंताएँ स्पष्ट होती हैं। पहली चिंता तो है कि हिंदू संस्कृति, हिंदू दर्शन, हिंदू मान्यताओं और आस्थाओं पर हो रहा सामी संप्रदायों का भीषण आक्रमण, जिससे हिंदू समाज की समरसता में खटास पैदा हो रही है और साथ ही राष्ट्रीयता के आगे ही प्रश्नचिह्न लगने लगा है। यह चिंता आपटेजी के इस लेख में स्पष्ट दिखाई देती है। उनकी दूसरी चिंता है विदेशों में बसे हुए हिंदू। ये हिंदू धीरे-धीरे अपने परिवेश से कटते जा रहे हैं। भाषा से भी उनका रिश्ता धीरे-धीरे टूटता जा रहा है। भाषा और परिवेश से लंबे समय से कटे रहने के कारण या तो वे हिंदू प्रवाह से ही बाहर निकल रहे हैं या फिर अजीब भावनात्मक छटपटाहट से घिरे हैं। विश्व हिंदू परिषद् की स्थापना के समय इन प्रवासी हिंदुओं की यह छटपटाहट अनुभव की जा रही थी। आपटेजी ने इस स्थिति का खुलासा विश्व हिंदू परिषद् की स्थापना की आधार सम्मत व्याख्या में भी किया—

"यह निर्विवाद सत्य है कि भारत हिंदुओं का देश है और हिंदुओं का विश्व भारत तक ही सीमित नहीं है। अपने इस महान् प्रजातांत्रिक देश की सीमाओं के परे स्थित चालीस से भी अधिक ऐसे देश विद्यमान हैं, जिनमें दो करोड़ से भी अधिक की संख्या में हिंदू रहते हैं। इन देशों में नेपाल व पाकिस्तान का भी अंतर्भाव हो सकता है। संसार में नेपाल ही एक ऐसा देश है, जिसने अपने आप को असंदिग्ध रूप से 'हिंदू राज्य' घोषित किया है और जो हिंदू परंपराओं की साभिमान रक्षा करने में सदैव तत्पर हैं। इस देश के अतिरिक्त अन्य देशों में अवस्थित हिंदू जिस प्रकार की दलित एवं दयनीय अवस्था में हैं, उन्हें देखकर क्या हमें दु:ख एवं पीड़ा नहीं होगी? विदेशों में रहनेवाले हमारे बंधुओं को जिन विकट समस्याओं का सामना करना पड़ रहा है, उनके बारे में सहानुभूतिपूर्ण विचार करना क्या हमारा कर्तव्य नहीं है? ऐसा विचार व आचार हम करेंगे भी या नहीं? और करेंगे तो कब और कैसे? अपनी मातृभूमि हिंदुस्थान से दूर अन्य-अन्य देशों में जाकर बसे ये हमारे हिंदू बाँधव अपने स्थान या प्रतिष्ठा की दृष्टि से पूर्णतया संतुष्ट नहीं हैं। इस विषय में उन्हें यदि कोई किसी भी प्रकार की सहायता दे सकता है तो वह हमारी सरकार है। ऐसी सहायता विदेशस्थ हिंदुओं को पहुँचाना केवल सरकार के लिए ही संभव है। विपरीत स्थिति में भी इन विदेशस्थ हिंदुओं की यह लालसा एवं आकांक्षा अक्षुण्ण है कि उनकी धार्मिक, आध्यात्मिक तथा नैतिक धरोहर का, जिनके विषय में उनके अंत:करण में नितांत श्रद्धा एवं आस्था है, पुनरुज्जीवन हो। अपनी इस अमूल्य सांस्कृतिक धरोहर से दिनोदिन वे वंचित होते जा रहे हैं। इस संबंध में उनकी जो भी आवश्यकताएँ हैं, उनकी शर्त करने का कार्य सामाजिक संस्थाओं को ही करना होगा।

भारत के तथा संसार के अन्यान्य देशों के हिंदुओं में उनकी मूलभूत सैद्धांतिक, धार्मिक एवं सांस्कृतिक एकता व एकात्मकता की भावना का जागरण करने की आज आवश्यकता है। इन सब बंधुओं से संपर्क स्थापित कर हिंदू जीवन प्रणाली की मूलभूत प्रेरणाओं और मूल्यों से उन्हें भली-भाँति अवगत कराना होगा। साथ ही ऐसी स्थिति निर्माण करनी होगी, जिसके कारण ये विदेशस्थ हिंदू बाँधव अपनी आध्यात्मिक परंपरा के मूलस्रोत से स्फूर्ति एवं प्रेरणा ग्रहण कर सकें। इस प्रकार के महान् कार्य को सफलतापूर्वक एवं प्रभावकारी ढंग से संपन्न करने के लिए एक केंद्रीय विशाल संगठन की आवश्यकता थी। इसी प्रकार के उद्देश्यों को लेकर कुछ समय पूर्व अनेकों संस्थाओं का निर्माण हुआ था। उन संस्थाओं ने अपने समय में अत्यंत उपयुक्त एवं स्पृहणीय कार्य किया भी। किंतु अब उन संस्थाओं की

मूलभूत प्रेरणा ही लुप्तप्राय-सी हो गई दिखाई देती है। वर्तमान युग के अनुकूल कार्यक्रमों की रचना करने की दिशा में वे असफल हो रही हैं। ऐसी संस्थाओं का कार्य एवं कार्यक्रम अब भूतकाल का विषय बनता जा रहा है। अत: वर्तमान समय की आवश्यकता की पूर्ति समाधानकारक पद्धति से करनेवाले संगठन की आवश्यकता है।''[१५]

जड़ता का अंत—विश्व हिंदू परिषद् का विचार परंपरा के क्षेत्र में अधोगामी नहीं, बल्कि ऊर्ध्वोमुखी विचार है। पश्चिमी मॉडल की शिक्षा नीति ने प्राय: यह गलतफहमी पैदा कर दी है कि भारतीयता, भारतीय ज्ञान-विज्ञान, भारतीय इतिहास, भारतीय परंपराओं और भारतीय तत्त्व दर्शन के प्रश्नों पर विचार करना मूलत: अधोमुखी कर्म है, जबकि युग प्रवृत्तियाँ आधुनिकता से संचालित हो रही हैं। यह धारणा ही वास्तव में गलत दृष्टिकोण एवं गलत मानसिकता से उपजी है। विश्व हिंदू परिषद् अग्रगामी प्रक्रिया है, न कि जड़ता की द्योतक। इसको स्पष्ट करते हुए आपटेजी ने लिखा, ''हर शताब्दी तथा हर पीढ़ी में प्राचीन एवं पुरातन पारंपरिक प्रेरणाओं के समयानुकूल पुनरनवीकरण करने की आवश्यकता रहती है। कल्पनाएँ एवं धारणाएँ पुरानी हो जाने पर उनका उसी प्रकार अस्तित्व रह नहीं पाता। उनकी मूलभूत भावनाओं को अक्षुण्ण रखकर, उन्हें आकर्षक रूप में पुन: प्रस्तुत करना होता है। इस बात को दृष्टिगत रखते हुए हिंदुओं में एकता के भाव जगाने, संसार के विविध देशों में फैले हिंदू समाज के घटकों के लिए अपनी-अपनी स्थिति में धर्म-जागरण एवं संवर्द्धन का कार्य करना सुलभ हो तथा उन देशों की संस्कृतियों एवं सभ्यताओं की समृद्धि में वे अपना समुचित योगदान प्रदान कर सकें; आदि कार्यों में प्रोत्साहन एवं प्रेरणा और सहायता प्रदान किए जाने की आवश्यकता है। इन सब आवश्यकताओं की पूर्ति करना ही इस नूतन विश्व संगठन के निर्माण की आधारभूत कल्पना है।''[१६]

हिंदू का राजरोग—हिंदू समाज विभिन्न पंथों, उपपथों, संप्रदायों एवं वर्गों में बँटा हुआ है। तत्त्व दर्शन की दृष्टि से तो पंथ और उपपंथ हिंदू का लाभकारी पक्ष है, परंतु सामाजिक एकता की दृष्टि से यह अनेक स्थानों पर उसे खंडित भी करता है। वर्तमान युग में जब सामी संप्रदाय विश्व शक्तियों के बल पर और पेट्रोडालर के बल पर हिंदू समाज की जीवन धारा को ही सोख लेना चाहते हैं, तो ये भीतरी विभाजन और भी कष्टकारी हो जाते हैं। अनेक स्थानों पर पंथों और संप्रदायों में तथा विभिन्न मठों में अहं के दुर्ग निर्मित हो गए हैं, जो किसी राजरोग की तरह प्रकट हो रहे हैं। ऐसे में युगीन परिस्थितियों और परिवेश के अनुकूल

विभिन्न पंथों तथा संप्रदायों की दरारों को पाटना भी विश्व हिंदू परिषद् का आधारभूत लक्ष्य रहा। आपटेजी ने हिंदू समाज की इस दु:खती रग पर हाथ रखा :

प्राचीन तथा समकालीन वैदिक, जैन, बौद्ध, जैन, वैष्णव, रामानंदी, चैतन्यपंथी, सिख, कबीरपंथी, ब्रह्मसमाजी, आर्यसमाजी तथा अन्य कई मतों, धर्मों और संप्रदायों, विभिन्न देवी-देवताओं की पूजावाले, विभिन्न दर्शनों में विश्वास रखनेवाले, सभी पंथ-उपपंथ के उपासक विशाल हिंदू समाज के अंग हैं, क्योंकि यहाँ उत्पन्न सनातन सिद्धांतों से ही उनका पोषण और संवर्द्धन हुआ। किंतु हमारे दुर्भाग्य से सैकड़ों वर्षों की गुलामी और बाहरी धर्मों के आक्रमण से हममें बंधु भावना मिटती गई। अनेक मत-मतांतरों में बँटे रहने से विश्व की समूची आबादी का षष्ठमांश हिंदुओं का होने पर भी विश्व में हम आज अपना कोई विशिष्ट स्थान नहीं बना पा रहे हैं। अत: घर में, मंदिरों में विभिन्न माध्यमों से उपासना करने के पश्चात् भी विश्व के सामाजिक मंच पर हम सब संगठित हिंदू समाज के रूप में एक हों, यह आज की आवश्यकता है।

हिंदू समाज के अनेक पंथ-उपपंथ बने। विभिन्न कालों में समय की आवश्यकतओं के अनुरूप बौद्ध, जैन, सिख, आर्यसमाज और ब्रह्मसमाज आदि बने तथा इनसे समाज को सर्वोच्च सत्य की अनुभूति हुई। ये सब हिंदू जीवन दर्शन के प्रसूत पंथ रहे हैं। अत: अनंत काल से हिंदू को जीवित रखने में इन सबका महान् सहयोग मिला, किंतु युग के बदलने के साथ-ही-साथ परिस्थितियाँ भी बदलीं और आज युगांतकारी सुधार आवश्यक है, क्योंकि अब और अधिक पंथ-उपपंथों में हम बँटे, तो अपना विभाजित स्वरूप ही सर्वत्र दिखाई देगा और आज जैसा हम देख रहे हैं कि सुसंगठित हिंदू जीवन के अभाव में हम विदेशी धर्मों के लक्ष्य बन रहे हैं, वैसा ही होता रहेगा। इसलिए यह आवश्यक है कि अपने घर में भले ही हम विभिन्न मतावलंबी हों, किंतु समग्र विश्व के सामाजिक मंच पर हमें एक ही स्वरूप लेकर उठना होगा और वह स्वरूप हिंदू का ही होगा।[१७] राष्ट्रीय स्वयंसेवक संघ के अनुसार भी एक संगठित हिंदू समाज के रास्ते में सबसे बड़ी बाधा यही है कि हिंदू समाज विभिन्न पंथों और संप्रदाय में विभाजित है और इससे एक ध्येय को क्षति पहुँची है।[१८]

हिंदू का अर्थ—भारतवर्ष में अंग्रेजों के आने के बाद हिंदू के शाब्दिक अर्थ और उसकी समग्र अवधारणा को लेकर ही विवाद पैदा करने के प्रयास किए गए। इसलाम और ईसाइयत के समतुल्य हिंदू को भी एक संप्रदाय के रूप में चिह्नित किया जाने लगा। जबकि वास्तव में हिंदू शब्द का प्रयोग इस भूखंड में रहनेवाले

सभी लोगों के लिए होता रहा है। विश्व हिंदू परिषद् में भी इस शब्द के अर्थों को दादा साहेब आपटे ने स्पष्ट किया, ''हिंदू शब्द मूलत: क्षेत्रीय नाम है। इसका अर्थ है सुपरिभाषित भौगोलिक क्षेत्र में आवास। हिंदू विचारकों ने इस महत्त्वपूर्ण तथ्य पर प्रकाश डाला है कि भारत में रहनेवाले स्त्री-पुरुष विभिन्न समुदायों से संबद्ध हैं, भिन्न-भिन्न देवताओं की पूजा करते हैं तथा विभिन्न रीति-रिवाजों को मानते हैं। अत: यहाँ और विदेशों में पैदा हुए वे सभी लोग हिंदू हैं, जो भारत को अपने धर्मों, अपनी संस्कृति और दर्शन का स्रोत मानते हैं तथा उसे मातृभूमि या पितृभूमि के रूप में पूजते हैं।''[१९]

अंत में दादा साहेब आपटे ने देश-विदेश में रहनेवाले सभी हिंदुओं का आह्वान किया कि वे वर्तमान दु:खद स्थिति को समझें और बदले हुए परिप्रेक्ष्य में उसका सामना करने के लिए तत्पर हो जाएँ। हजारों-हजारों वर्षों से अक्षुण हिंदू जीवन प्रवाह इतिहास के सबसे कठिन दौर में पहुँच गया है और इसमें से विजयी होकर निकलना होगा। यह कार्य असंभव नहीं है, केवल भीतर झाँकने की आवश्यकता है। श्रेष्ठ को स्वीकारते हुए और जूठन को नकारते हुए इस हिंदू प्रवाह को आगे बढ़ना है।[२०] 'ऑर्गेनाइजर' में इस लेख के माध्यम से वे एक साथ ही राष्ट्रीय स्वयंसेवक संघ के स्वयंसेवकों, चिंतकों, मनीषियों और जनसाधारण का आह्वान कर रहे थे। ऐतिहासिक परिप्रेक्ष्य में विश्लेषण करते हुए उन्होंने भावपूरित शैली में कहा, ''सभी इस बात को स्वीकार करते हैं कि हिंदू समाज उस विशाल वट-वृक्ष की तरह है, जिसकी जड़ें गहराई तक पहुँच गई हैं तथा जो बिना किसी पर निर्भर रहे फल-फूल रहा है। हिंदुओं के विभिन्न संप्रदायों में जो मतभेद हैं, वे कम या अधिक ऊपरी हैं। हिंदू समाज के अंतर्गत भिन्न-भिन्न सांस्कृतिक इकाइयों के रूप में ही रहनेवाले संप्रदाय भी इतिहास, साहित्य, संस्कृति की दृष्टि से एक विशाल परंपरा के ही अंग हैं। ऐतिहासिक कारणों से और उनमें भी मुख्यत: आक्रमणों के परिणामस्वरूप उत्पन्न परतंत्रता से सामाजिक विचारकों और भारतीय राष्ट्र के नेताओं को एक साथ एकत्र होने तथा पृथकतावादी शक्तियों और प्रवृत्तियों से समन्वय स्थापित करने का समय और सुअवसर प्राप्त नहीं हुआ, जिसके दु:खदायी परिणामों के हम आज शिकार हैं। परंतु जिस तरह हम आज राजनीतिक दृष्टि से एकता के सूत्र में आबद्ध हैं, उसी प्रकार हमारी यह अभिलाषा है कि हम मतभेदों को कम कर, विभिन्नता के बदले एकता को मान्यता प्रदान करें तथा अपनी प्राचीन और उत्कृष्ट विरासत में मिली प्रतिभा और भावना के अनुसार, सामंजस्यपूर्ण सद्भावना, भावनात्मक एकता तथा संपूर्ण सामाजिक जीवन में व्यवस्था स्थापित

करें। साथ ही इस विराट् देश की विविधता और उसके यथार्थ स्वरूप के पीछे एकता के तंतु को खोजें। इस महान् राष्ट्र के सम्मुख अतीत में चुनौती देनेवालों को पराभूत करके उनके आक्रमणों को विफल कर दिया गया। इस भूमि के यशस्वी पुत्रों की अतुलनीय साहसिकता के कारण धक्कों का सामना तो किया ही गया, हूणों तथा साम्राज्यवादी कुषाणों के किसी चिह्न को भी जातीय जीवन में शेष नहीं रहने दिया गया। समय की गति के साथ हम अपने बीच व्याप्त मतभेदों के कारण अपेक्षाकृत कम गतिशील हो गए तथा विदेशी अत्याचारों और आक्रमणों ने तो हमारे समाज की गति को और भी गतिहीन कर दिया तथा हमें एकता के सूत्र में बाँधनेवाली धर्म की गाँठ ही ढीली कर दी। किंतु आज भी हिंदू संस्कृति के पास वह दुर्लभ शक्ति है, जो अन्यत्र नहीं है।

प्रत्येक हिंदू का कर्तव्य है कि वह भारत के पवित्र वातावरण में उत्पन्न मतों एवं संप्रदायों को एक जगह लाकर उनके देश तथा विदेश में बिखरे हुए असंख्य समर्थकों और अनुयायियों को एक सूत्र में बाँधने का यत्न करे। उनको एक करना मात्र ही पर्याप्त नहीं है, वरन् उनके हृदय में एक नई जागृति पैदा करनी है, ताकि वे अपने धर्म, परंपरा, संस्कृति तथा इतिहास में उचित गर्व का अनुभव कर सकें। इसके लिए भी हमें प्रयास करना है। लोगों में सशक्त संस्कारों का निर्माण करने का महान् कार्य हमारे सामने है। यह कार्य तभी किया जा सकता है, जबकि प्रतिदिन के तथा जन्म से मृत्यु तक के लिए निर्धारित किए गए संस्कारों के संबंध में आस्था को पुनर्जीवित या चैतन्य युक्त किया जाए। जिस तरह वेदों और स्मृतियों ने अतीत के समाज में संस्कृति को अनुप्राणित करने का काम किया, उसी तरह, देश तथा विदेशों के विस्तृत क्षेत्रों में फैले हुए अपने बंधुओं में सांस्कृतिक चेतना तथा उत्साह उत्पन्न करना आज हमारे लिए भी आवश्यक है।

अद्वितीय और सार्वभौमिक जीवन दर्शन तथा हमारे यहाँ संप्रदायों और धर्म द्वारा उपदिष्ट उदारचित्तता एवं सहिष्णुता तथा संस्कृति एवं सभ्यता की श्रेष्ठता के बाद भी यह समाज दुःखपूर्ण स्थिति में पहुँच गया। हिंदुस्थान तथा विदेशों में रहनेवाले हिंदुओं में इस पुनर्जागृति की आवश्यकता है कि एक सुदृढ़ और अखंड जाति के रूप में उनके अंदर एकता और सुदृढ़ता तथा धर्म एवं संस्कृति के प्रति अभिमान, निष्ठा व भक्ति उत्पन्न हो। विश्व के हिंदुओं में धर्म के आधार पर समाज के प्रति कर्तव्य की भावना होनी चाहिए, जो तेजी के साथ विलुप्त होती जा रही है। दूर-देशों में रहने वाले हमारे भाइयों के साथ प्रेम की कड़ी को पुनःजोड़ने तथा हिंदू रीति-रिवाजों में विश्वास उत्पन्न करने के लिए, उन्हें प्रभावशाली सहायता

और मार्गदर्शन की आवश्यकता है। इन उद्देश्यों की पूर्ति हेतु हमारे सभी संप्रदायों और मतों के आचार्यों, गुरुओं, साधुओं तथा विचारकों के आशीर्वाद और समाज के विख्यात दार्शनिकों, नेताओं व सामाजिक विचारकों के परामर्श से विश्व हिंदू परिषद् की स्थापना की गई है।[२१]

स्पष्ट ही विश्व भर में एक नए हिंदू आंदोलन का सूत्रपात हो चुका था। आपटेजी उसके लिए तर्क और भावना, दोनों का ही उपयोग कर रहे थे। जब यह नया आंदोलन शुरू हुआ तो सूत्रधार, यानी आपटेजी अपने जीवन के छह दशक पूरे कर चुके थे।

संदर्भ

१. रघुनंदन प्रसाद शर्मा, 'प्रेरणा के अमर स्वर', पृ. ५६
२. ---वही--- पृ. ५७-५८
३. ---वही--- पृ. ६१
४. ---वही--- पृ. ६२
५. 'हिंदू विश्व', नवंबर १९६९, पृ. २८-२९
६. 'पत्ररूप गुरुजी', २६ दिसंबर, १९८३, पृ. २६२-२६३, दिनांक-७/८/६६
७. रघुनंदन प्रसाद शर्मा, 'प्रेरणा के अमर स्वर', पृ. ६४
८. ---वही--- पृ. ६४
९. ---वही--- पृ. ६३
१०. ---वही---पृ. ६५
११. ---वही--- पृ. ६६
१२. ---वही--- पृ. ६७
१३. 'ऑर्गेनाइजर', नई दिल्ली, नवंबर १९६४
१४. 'ऑर्गेनाइजर', नई दिल्ली, नवंबर १९६४
१५. 'ऑर्गेनाइजर', नई दिल्ली, नवंबर १९६४
१६. 'ऑर्गेनाइजर', नई दिल्ली, नवंबर १९६४
१७. 'ऑर्गेनाइजर', नई दिल्ली, नवंबर १९६४
१८. Walter K Andersen, Shridhar D Damle, (The Brotherhood In Saffron) page-133
१९. 'ऑर्गेनाइजर', नई दिल्ली, नवंबर १९६४
२०. 'ऑर्गेनाइजर', नई दिल्ली, नवंबर १९६४
२१. 'ऑर्गेनाइजर', नई दिल्ली, नवंबर १९६४

□

षष्टम अध्याय

दिग-दिगंत तक ध्वज लहराया

विश्व हिंदू परिषद् की स्थापना के समय ही यह निर्णय ले लिया गया था कि १९६६ में महाकुंभ के अवसर पर प्रयागराज में एक विश्व हिंदू सम्मेलन का आयोजन किया जाए। यह अपने आप में एक भागीरथ कार्य था। इस कार्य से हिंदू समाज में एक नई चेतना का प्रसार होता और पूरा समाज एक नई ऊर्जा से वर्तमान की चुनौतियों का सामना करने के लिए तत्पर हो जाता। दादा साहेब आपटे पूरे मनोयोग से इसी कार्य में जुट गए। मुंबई में स्वामी चिन्मयानंदजी ने अंतरिम अध्यक्ष का उत्तरदायित्व सँभाल लिया था, परंतु उनकी इच्छा जल्दी-से-जल्दी स्थायी अध्यक्ष को कार्य भार सँभालकर स्वयं जन समाज के भीतर जाकर उसे जाग्रत् करने की थी। दादा साहेब आपटे मैसूर के निवर्तमान नरेश श्री जयचामराज वाडियार से मिले और उन्हें विश्व हिंदू परिषद् की स्थापना तथा उसके उद्देश्यों से अवगत करवाया। साथ ही उनसे परिषद् के अध्यक्ष का कार्यभार सँभालने की प्रार्थना की, ताकि उनके नेतृत्व और मार्गदर्शन में परिषद् का कार्य और उसका संगठनात्मक ढाँचा देश-विदेश में विकसित किया जा सके। मैसूर नरेश ने दादा साहेब आपटे का यह प्रस्ताव स्वीकार कर लिया। अगली बैठक २२ और २३ दिसंबर, १९६४ को दिल्ली में निश्चित कर दी गई। आपटेजी ने यह सूचना सभी कार्यकर्ताओं को स्वामी चिन्मयानंद के मासिक पत्र 'तपोवन प्रसाद' के माध्यम से तुरंत प्रेषित की। उन दिनों 'तपोवन प्रसाद' ही एक प्रकार से परिषद् का मुख्य पत्र बन चुका था। आपटेजी ने यह सूचना देते हुए लिखा, "महामहिम मैसूर नरेश श्री जयचामराज वाडियारजी ने विश्व हिंदू परिषद् का अध्यक्ष होना स्वीकार कर लिया है और हमें सूचना पत्रकों पर अध्यक्ष के नाते अपना नाम प्रयोग करने की अनुमति दे दी है। विश्व हिंदू परिषद् के लिए जो विचार और आदर्श हमने स्वीकृत किए हैं,

उनको उन्होंने पसंद किया है तथा स्वीकृति भी दे दी है। दिल्ली में होनेवाली बैठक में वे भाग नहीं ले पाएँगे, क्योंकि वे विदेश यात्रा पर जा रहे हैं। परंतु उन्होंने वायदा किया है कि वे हमारी अगली बैठक में हर हालत में उपस्थित रहेंगे।"[१]

इसी सूचना में दादा साहेब आपटे ने डॉ. सी.पी. रामास्वामी अय्यर द्वारा उपाध्यक्ष का पद ग्रहण करने की सूचना दी और यह भी बताया कि दिल्ली की इस बैठक में, जिसमें लगभग दो सौ प्रतिनिधियों को आमंत्रित किया गया है, विश्व भर के हिंदुओं के नाम एक अपील भी जारी की जाएगी।[२]

लेकिन इस पत्रक में एक दिलचस्प सूचना ध्यान आकर्षित करती है। दादा साहेब आपटे ने लिखा है कि परिषद् के अध्यक्ष वाडियारजी ने परामर्श दिया है कि हमें परिषद् का मुख्य कार्यालय मुंबई में ही रहने देना चाहिए। उसे दिल्ली में स्थानांतरित नहीं करना चाहिए। अध्यक्ष के इस परामर्श की सूचना देने के बाद आपटेजी ने अपनी ओर से भी एक टिप्पणी की है, जिसमें लिखा है कि वास्तव में यह परामर्श हमारे अनूकुल ही है, क्योंकि हम परिषद् को किसी प्रकार के भी राजनैतिक और सांप्रदायिक प्रभावों से परे रखना चाहते हैं।[३] वास्तव में दादा साहेब आपटे प्रारंभ से ही विश्व हिंदू परिषद् को गैर-राजनीतिक संस्था के तौर पर विकसित करना चाहते थे और यही कारण है कि उन्होंने इसकी संगठनात्मक संरचना इसी प्रकार की।

विश्व हिंदू परिषद् की दूसरी बैठक लगभग तीन महीने बाद नई दिल्ली में डॉ. लोकेश चंद्र के निवास स्थान पर हुई। (डॉ. लोकेश चंद्र विश्व प्रसिद्ध प्राच्य विद्या विशेषज्ञ आचार्य रघुवीर के सुपुत्र हैं।) इस बैठक में विश्व हिंदू परिषद् के प्रस्तावित संविधान पर विचार किया गया। इस बैठक में तिब्बत की निर्वासित सरकार के अध्यक्ष परमपावन दलाईलामा का संदेश विशेष उल्लेखनीय था। इसी प्रकार लद्दाख के श्री कशुक बकुला ने भी अपना आशीर्वाद भेजा। बैठक में दादा साहेब आपटे ने चार महीनों की गतिविधियों का वृत्त देते हुए बताया कि देश-विदेश में अनेक व्यक्तियों और संस्थाओं का सहयोग प्राप्त किया जा रहा है, ताकि प्रयाग के प्रथम विश्व हिंदू सम्मेलन को सफल बनाया जा सके। परिषद् की इस बैठक में श्री गुरुजी विशेष रूप से पधारे थे। आपटेजी के अनुरोध पर उन्होंने इन सभी प्रयासों को अपना आशीर्वाद देते हुए कहा, "पिछली अनेक शताब्दियों में हम तो केवल बिखरते चले गए थे। इस शताब्दी के इस वर्ष से हम लोगों ने सब लोगों को समेटकर अपना एक दृढ़ प्रबल जागतिक हिंदू समाज खड़ा करने का सफल उपक्रम आरंभ कर दिया है।...इस दिशा में हम लोग अभी से पूर्ण रूप से प्रयत्न करेंगे तो मैं समझता हूँ कि कोई कठिनाई न होते हुए यह सम्मेलन अपनी

अपेक्षा से भी बड़ा और यशस्वी होगा तथा अपने को एक बहुत बड़ा सौभाग्य प्राप्त हो जाएगा।''[४] दादा साहेब आपटे ने यह भी बताया कि वे प्रथम विश्व हिंदू सम्मेलन के लिए परमपावन दलाईलामा के अतिरिक्त मंगोलिया के सम्राट् और जापान के बौद्ध विद्वानों का सहयोग प्राप्त करने का भी प्रयास कर रहे हैं।

जैसाकि ऊपर संकेत दिया गया है कि परिषद् की इस द्वितीय बैठक में मैसूर नरेश उपस्थित नहीं हो सके थे, इसलिए तीसरी बैठक मैसूर में महाराजा के निवास स्थान पर ही करने का निर्णय किया गया। इसके लिए दादा साहेब आपटे एक बार फिर मैसूर में श्रीजयचामराज वाडियार से मिलने के लिए गए। उनसे इस बैठक की तैयारियों के बारे में चर्चा की और दिल्ली में हुई बैठक का वृत्त भी दिया। पिछले पाँच-छह महीनों से जो परिषद् की प्रगति हुई थी, उसका निवेदन किया। यह बैठक १९६५ में २७-२८ मई को संपन्न हुई। इसमें संविधान के प्रारूप के लिए एक उपसमिति का गठन किया गया और एक अन्य प्रस्ताव में 'जहाँ हिंदुओं की संख्या अच्छी है वहाँ विश्व हिंदू परिषद् की स्वतंत्र इकाइयाँ स्थापित करने को प्रोत्साहन दिया जाए।'[५] परंतु इस प्रस्ताव को रखते हुए दादा साहेब आपटे ने यह भी स्पष्ट किया कि इसमें संबंधित देशों के प्रति निष्ठा में हस्तक्षेप न हो। आपटेजी की यह टिप्पणी अपने आप में बहुत गहरे अर्थ रखती थी। स्वभाविक है जब विश्व हिंदू परिषद् का प्रसार विदेशों में होगा तो विदेशों में रहनेवाले हिंदू, जो उन्हीं देशों के नागरिक हैं, और ऐसे लोग भी, जो मूल रूप से वहीं के हैं, लेकिन जिन्होंने हिंदू धर्म को अंगीकार कर लिया है, क्या उनकी निष्ठा के प्रति संदेह उत्पन्न नहीं हो जाता? इसी आशंका को समाप्त करने के लिए दादा साहेब आपटे ने 'निष्ठा में हस्तक्षेप न हो' इस पर विशेष बल दिया। स्पष्ट है कि परिषद् हिंदू की परिभाषा को लेकर गहरा मंथन कर रही थी। मैसूर नरेश ने अपने उद्‌बोधन में कहा, ''हिंदू धर्म के आदर्शों की सेवा करने में अन्य सदस्यों की भाँति ही मुझे भी जो कार्य करने का सुअवसर प्राप्त हुआ है, उसके लिए मैं कृतज्ञ हूँ। विश्व-शांति के लिए इन आदर्शों को सुदृढ़ बनाना आवश्यक है। आज हम विध्वंसकारी परिस्थितियों से गुजर रहे हैं, यदि हम अपने धर्म को ठीक से आचरण में लाएँ तो हम इस परिस्थिति का सफलतापूर्वक सामना कर सकते हैं।''[६]

प्रथम विश्व हिंदू सम्मेलन—मुंबई में हुई बैठक के निर्णय के अनुरूप प्रयागराज में मौनी अमावस्या के महाकुंभ के अवसर पर प्रारंभ हुआ। मौनी अमावस्या का महाकुंभ १२ वर्ष के बाद होता है और यह अवसर वर्ष १९६६ के जनवरी मास में पड़ रहा था। इसलिए २२ -२४ जनवरी १९७६ को त्रिदिवसीय सम्मेलन बुलाने का निर्णय हुआ था। भारतीय इतिहास में सामाजिक, सांस्कृतिक और आध्यात्मिक क्षेत्रों

के प्रश्नों पर मंथन-मनन करने के लिए ऐसे सम्मेलन बुलाने की परंपरा रही है। शास्त्रार्थ परंपरा तो हिंदू समाज जीवन पद्धति की घुट्टी है। इन्हीं गुणों के कारण हिंदू जीवन प्रवाह में कभी जड़ता नहीं आ पाई। काल क्रमानुसार अप्रसांगिक होती धारणाओं एवं ज्ञान-विज्ञान के नए आलोक में मृतप्राय होती मान्यताओं को खारिज करने की परंपरा हिंदू समाज को आधुनिक बनाए रखने में सहायक सिद्ध हुई। शायद इस प्रकार का अंतिम हिंदू सम्मेलन सम्राट् हर्षवर्धन ने बुलाया था। उसी काल खंड में भारत पर विदेशियों के आक्रमण प्रारंभ हो गए और चिंतन-मनन तथा मंथन की प्रक्रिया में अवरोध उपस्थित हुए। अपने अस्तित्व को बचाने के लिए हिंदू समाज अपने खोल में सिमटने लगा। उसने अपनी मान्यताओं को और भी कसकर पकड़ लिया। उन मान्यताओं एवं धारणाओं के प्रासंगिक अथवा अप्रसांगिक होने का तो प्रश्न ही गौण हो गया। एक हजार से भी ज्यादा वर्षों की गुलामी से मुक्त हुआ हिंदू समाज पुनर्जागरण की प्रक्रिया से गुजर रहा था और महाराजा हर्षवर्धन की उसी परंपरा को पुन: जाग्रत् करते हुए इस विश्व हिंदू सम्मेलन का आयोजन हो रहा था।

दादा साहेब आपटे के आगे प्राथमिकता इस सम्मेलन को हर दृष्टि से सफल एवं ऐतिहासिक बनाने की थी। यदि यह सम्मेलन सफल हो जाता है तो देश और विदेश में विश्व हिंदू परिषद् की संगठनात्मक संरचना आकार ले सकती है। लेकिन यदि यह सम्मेलन असफल हो जाता है तो हिंदू का मनोबल एक लंबे अरसे के लिए टूट सकता है। ऐसी भूमिका को धारण करके दादा साहेब आपटे ने लगभग पूरे देश का भ्रमण किया। उनके संपर्क की सीमा न किसी राजनैतिक दल विशेष तक थी और न ही किसी संप्रदाय विशेष तक। सभी अखाड़े, सभी मत, सभी राजनैतिक दल उनके लिए समग्र हिंदू प्रवाह का स्वरूप थे। शायद लंबे अरसे से कसमसा रहे हिंदू समाज के अंदर पहली बार ऐसा विराट् यज्ञ प्रारंभ हुआ था। दादा साहेब हिमाचल से लेकर दक्षिण में रामेश्वरम् तक पहुँचे।

अमृत कुंभ मेले के शुभ अवसर पर उस भव्य इतिहास की पुनरावृत्ति हुई, जिसका श्रीगणेश कन्नौज के सम्राट् हर्षवर्धन द्वारा शताब्दियों पहले इसी संगम तट पर ६८० में हुआ था। 'विश्व हिंदू परिषद्' द्वारा आयोजित प्रयाग सम्मेलन में विश्व भर से हिंदू धर्म के विभिन्न संप्रदायों एवं पंथों के पच्चीस हजार से भी अधिक हिंदू पधारे थे। त्रिवेणी संगम तट के निकट ही नवनिर्मित धर्मनगर में सभी प्रतिनिधि एवं दर्शकवृंद उपस्थित थे। बहुमुखी हिंदू समाज के लगभग बीस जगद्गुरु, आचार्य एवं विभिन्न संप्रदायों के धर्मगुरु, प्रतीकात्मक ढंग से सुसज्जित की गई व्यासपीठ पर विराजमान थे।

त्रिदिवसीय 'विश्व हिंदू सम्मेलन' का शुभारंभ मंगलाचरण 'विश्वमखिलमुध्यर्तुम वयम्' द्वारा किया गया। तत्पश्चात् पंडाल के उच्चतर आसन पर विराजमान आचार्यों से आग्रह किया गया कि वे परिषद् को अपने-अपने शुभाशीर्वाद प्रदान करके कृतार्थ करें। बारी-बारी से प्रत्येक महानुभाव द्वारा अपने संप्रदाय की परंपरागत प्रार्थना गाकर सुनाई गई तथा उन्होंने अधिवेशन का अभिवादन करते हुए उसकी पूर्ण सफलता संबंधी सद्‌कामना प्रकट की। तदनंतर काशी के विभिन्न वैदिक शाखाओं के ज्ञाता पाँच पंडितों द्वारा ऋग्वेद शुक्लकृष्ण, साम एवं अथर्व वेद का पाठ विशुद्ध वैदिक ढंग से किया गया।

द्वारका शारदापीठ के जगद्‌गुरु श्री शंकराचार्य ने अपने आशीर्वचन में कहा, "आज हमने संकटकाल में यहाँ एकत्रित होने का निश्चय किया है। यह घड़ी हमारे हिंदू धर्म के इतिहास में एक बहुत बड़ा संकट काल है, जिसका समाना हमें करना है। यदि हमने आलस किया होता तथा जागरूक होकर सतर्क न हुए होते तो हमारा छिन्न-भिन्न होना निश्चित ही था, जिससे हमें बड़ी क्षति हो सकती थी तथा सनातन धर्म के प्रति महा अन्याय होता। हमें परमकृपालु परमात्मा का आभारी होना चाहिए, जिसकी अनुकंपा से हममें सद्‌बुद्धि एवं तत्परता आई है। अतः हमें परिस्थिति को सँभालना है। यह महत्त्वपूर्ण बात है कि हम 'विश्व हिंदू परिषद्' के तत्त्वावधान में यहाँ एकत्रित हुए हैं, ताकि हम समस्त विश्व के हिंदुओं में एकता स्थापित करने की ओर अग्रसर हो सकें। हिंदू समाज के छिन्न-भिन्न होने एवं हिंदू आदर्शों के अधःपतन के अनेकानेक कारण हैं। एक समय था, जब हमारा जीवन सनातन धर्म की सद्‌भावनाओं से ओत-प्रोत था। वह समय था, जब हिंदू धर्म की शिक्षा अपने लोकप्रिय गुणों के कारण दूर देशों में सहजभाव से व्याप्त हो गई थी। उस समय जनसाधारण हिंदू धर्म के संपर्क में आने के कारण महान् सुख एवं शांति का अनुभव करते थे। महान् सद्‌भावना ही एक ऐसा सिद्धांत था, जिसके द्वारा हमारे समस्त अस्तित्व में समन्वय था। आखिर इनका हुआ क्या? सच बात तो यह है कि राजनीतिक एवं राष्ट्रीय दृष्टिकोण के कारण एक ही परमात्मा के बच्चे छिन्न-भिन्न होने लगे। सनातन धर्म का अपूर्ण ज्ञान ग्रहण करने के कारण धार्मिक मतभेद बढ़ते गए। भौतिक सभ्यता का विकास होने के कारण सभी वस्तुओं में आर्थिक मूल्यांकन का आधिक्य होने लगा। प्रकृतिवादी एवं भौतिकवादी विचारधारा के कारण जनसाधारण का आध्यात्मिक एवं नैतिक जीवन ढीला पड़ता गया अर्थात प्रतिष्ठा एवं मूल्यों की गलत धारणाओं के कारण हमारे जीवन की अत्यावश्यक शक्तियाँ क्षीण होने लगीं। यही संकटकाल है। जब तक हम संकटकालीन परिस्थति

को सुधारने की चेष्टा नहीं करेंगे, तब तक मानव उत्थान की आशा कम है। हम प्रार्थना करें तथा परिस्थिति से सतर्क हो जाएँ। हमें सनातन धर्म को समझ-बूझकर मानव जाति के कायाकल्प के लिए कठिन परिश्रम करना है। यही सनातन धर्म हमारा आधार है तथा इसी से हमारा मार्गदर्शन हो सकता है और अंततोगत्वा इसी से हम सुख एवं शांति की ओर अग्रसर हो सकेंगे। इसी पुनीत कार्य द्वारा हममें ऐक्य आ सकता है तथा 'विश्व हिंदू परिषद्' ही हमारा कार्यक्षेत्र होना चाहिए।[७]

विश्वभर से इस ऐतिहासिक सम्मेलन के लिए शुभकामना संदेश मिले। अमेरिका, कनाडा, ऑस्ट्रेलिया, इंग्लैंड, जर्मन, फ्रांस, पॉलेंड, स्विट्जरलैंड, फिनलैंड, जापान तथा दक्षिण-पूर्व एशिया के देशों से अनेक विद्वानों ने अपना हर्ष व्यक्त किया। तिब्बत देश के धर्मगुरु एवं राज्याध्यक्ष परम् पावन दलाई लामाजी ने अपने उद्गार प्रकट करते हुए दादा साहेब आपटे को लिखा, "विश्व के अनेकानेक धर्मों में से हिंदू धर्म पुरातन एवं शाश्वत है तथा इसका तत्त्वज्ञान बहुत ही समृद्ध है। अतः हिंदू धर्म के अनुयायियों को चाहिए कि वे हिंदू धर्म की रक्षा के लिए सर्वथा सचेष्ट रहें, ताकि आधुनिक समाज को अपना यथोचित योगदान प्रदान करें।"[८]

राष्ट्रपति डॉ. सर्वपल्ली राधाकृष्णन ने इस ऐतिहासिक सम्मेलन की महत्ता को रेखांकित करते हुए लिखा, "वैदिक काल से लेकर उपनिषदों और गीता तक तथा आचार्यों एवं आधुनिक भक्तों तक आत्मनवीनीकरण की परंपरा पर विभिन्न रूप से बल दिया जाता रहा है। सबों ने अपने काल में समयानुसार अनके उपयुक्त पहलुओं पर बल दिया है। आज वही विकासोन्मुख परंपरा प्रस्तुत की जा रही है तथा हिंदू धर्म में आंतरिक संशोधन हो रहा है।

"इसका यह अर्थ नहीं है कि हिंदू धर्म को अपने उन मूलभूत सिद्धांतों का परित्याग कर देना चाहिए, जिनके माध्यम से परमात्मा का व्यक्तिगत साक्षात्कार होता है तथा धर्म के ये तत्त्व त्याग एवं मानव सेवा की भावना को उत्प्रेरित करते हैं। हिंदू धर्म द्वारा सदा ही सत्य के अन्वेषण पर बल दिया गया है तथा यह कभी भी कोरी परंपरा से चिपककर रहना पसंद नहीं करता। त्याग की भावना के लिए शरीर या जीवन का परित्याग करना कोई आवश्यक नहीं है। संसार का परित्याग करना भी आवश्यक नहीं है। ईश्वरीय तत्त्व सर्वत्र विद्यमान हैं। हमें तो उनका अन्वेषण करना है। इसके लिए यह आवश्यक है कि प्रत्येक व्यक्ति में मानसिक भूख एवं आत्म जिज्ञासा हो।"[९]

नेपाल नरेश ने आपटेजी को अपना पूर्ण समर्थन देते हुए लिखा, "'विश्व हिंदू सम्मेलन' विश्व-शांति की महती समस्या को व्यावहारिक तथा शांतिपूर्ण ढंग

से सांस्कृतिक स्रोत के द्वारा सुलझा सके तो यह एक बहुत बड़ी देन होगी, यह निर्विवाद है। इस दृष्टि से भी हम सभी नेपाली इस सम्मेलन का स्वागत करते हैं। इस हिंदू सम्मेलन में उपस्थित हुए सभी पंडित, योगी और विद्वान् महानुभावों की एकता इस ओर दृष्टि लगाकर इन सब विषयों का वैज्ञानिक अन्वेषण करने के लिए तथा अपने आदर्श पर आधारित जीवन स्तर को उठाने के लिए आधुनिक ढंग से पथ-प्रदर्शन कर सके तो हिंदू मात्र के लिए यह एक बहुत बड़ी उपलब्धि होगी, इसमें हमें कोई शंका नहीं है। हमारा धर्म अनादिकाल से चला आ रहा है। अपने भीतर बसे हुए उच्च विचार, उदारता एवं 'सत्यं शिवं सुंदरम्' की भावना के कारण विश्व की कई उथल-पुथलों के बावजूद यह धर्म अपने अस्तित्व को अक्षुण्ण रखता हुआ आ रहा है।''[१०]

उत्तर प्रदेश के तत्कालीन राज्यपाल श्री विश्वनाथ दास ने सम्मेलन का उद्घाटन किया। बिहार के राज्यपाल श्री अनंत शयनम अयंगर ने इस अवसर पर विशष रूप से प्रकाशित 'हिंदू विश्व' के विशेषांक का लोकार्पण करते हुए कहा, ''हिंदू आदर्शों एवं मूल्यों के अंगीकार द्वारा विश्व में शांति स्थापना करने में सहायता मिल सकती है। संपूर्ण विश्व अनेकानेक संकटों से परिपीड़ित है। युद्ध का संकट निवारण तभी संभव है, जब धर्म के हिंदू आदर्शों पर अमल किया जाए।''[११] दक्षिण-पूर्व एशिया, श्रीलंका, मॉरिशस, त्रिनिदाद, फिजी, थाइलैंड तथा अन्य देशों के अनेक प्रतिनिधियों ने इस अवसर पर अपने विचार प्रकट किए। सम्मेलन में हिंदू समाज में अनेकता में एकता, विदेशी प्रवासी हिंदू भाइयों की समस्याएँ एवं आवश्यकताएँ विषयों पर विचार गोष्ठियों का आयोजन भी किया गया, जिनमें स्वामी नारदानंदजी, स्वामी आत्मानंदजी, स्वामी अद्वैतानंदजी, पुरी के जगद्गुरु शंकराचार्यजी, श्री विश्वेश्वर तीर्थजी, सद्गुरु जगजीत सिंहजी, श्री राघवाचार्यजी और श्री घुंड महाराजजी ने अपने विचार प्रकट किए। स्वामी विश्वेश्वर तीर्थजी ने हिंदी में उद्बोधन करते हुए कहा, ''आज का विश्व बलवानों का है। इस विश्व में संघर्ष प्रचलित है। ऐसी स्थिति में हमें केवल जीना ही नहीं अपितु विजयी भी होना है। भावी युग में शांति और समृद्धि स्थापित करने के लिए हमें उचित भार वहन करना होगा। इन कार्यों में हमको आवश्यक प्रेरणा और शक्ति देने में हमारा हिंदू धर्म समर्थ है। इस दृष्टि से 'विश्व हिंदू परिषद्' जो कार्यक्रम स्वीकार करेगी, हम उसका यथायोग्य सहकार करेंगे, हमारे परंपरागत आदर्शों तथा वर्तमानकालीन आवश्यकताओं के समन्वय की दृष्टि से हिंदुओं की एक समान आचारसंहिता निरूपित करने के लिए एक विद्वत् परिषद् का आयोजन होना आवश्यक है तथा हिंदू धर्म के प्रसार के लिए

शिक्षकों को प्रशिक्षित करनेवाली एक केंद्रीय शिक्षापीठ की आवश्यकता है। साथ ही वैद्यकीय, शैक्षणिक तथा सामाजिक सेवाओं का व्यापक रूप से गठन करना आवश्यक है, जिससे क्रियात्मक रीति से हमारे धर्म का संदेश दीन, हीन, दुःखी और दलित, सर्वसाधारण हिंदू तक पहुँच सके, ऐसा प्रयत्न आवश्यक है। प्रत्येक हिंदू का कर्तव्य है कि वह इस पवित्र कार्य में सहयोग दे।''[१२]

दादा साहेब आपटे ने इस अवसर पर अपनी रपट प्रस्तुत की, ''जहाँ एक ओर हम सम्मेलन के माध्यम से विश्व के समस्त हिंदुओं के लिए एक सामान्य संहिता निर्माण कर रहे हैं, वहीं दूसरी ओर हम इस तथ्य को भी भली-भाँति जानते हैं कि सबके लिए एक ही उपासना पद्धति या धार्मिक अविधता का निर्माण हिंदू संस्कृति की मूल प्रकृति के प्रतिकूल है। हर एक व्यक्ति या व्यक्ति समूह का उपासना स्वातंत्र्य यह हमारी संस्कृति की मौलिक मान्यता है, इसको अबाधित रखते हुए हमें विविधता में एकता का साक्षात्कार करना है। विविध उपासना पद्धतियों का अनुसरण करनेवाले हम सब वैदिक तथा अवैदिक हिंदू, धार्मिक, सांस्कृतिक दृष्टि से एक हैं, अभिन्न हैं। यही कारण है कि विविध उपासना पद्धतियों के सर्वश्रेष्ठ आचार्य तथा गुरुजन आज की परिस्थितियों में विश्व भर के हिंदुओं के मार्गदर्शन के लिए एक मंच पर आए हैं तथा उस विविधता का आविष्कार करनेवाले प्रतिनिधिगण इस सम्मेलन में हिंदुओं की मौलिक एकता का अनुभव कर रहे हैं।

यह सर्वविदित है कि इतिहास घटनाचक्र के फलस्वरूप पिछली कई शताब्दियों में हिंदुओं की सामाजिक गतिमानता अवरुद्ध हो गई है। परिवर्तनशील परिस्थितियों में समाज के सम्यक् धारणा करने की दृष्टि से हमारे दृष्टा प्राचीनकाल में सदा ही सतर्क एवं प्रयत्नशील रहे। परिस्थितियों के अनुकूल हमने अपनी सामाजिक गतिमानता का परिचय दिया। किंतु पिछले सहस्राधिक वर्षों में हम जीवन-मरण के संघर्ष में रत थे, जिसके परिणामस्वरूप समाज की स्वाभाविक गतिमानता नष्ट हुई और समाज में स्थितिमानता आ गई। इसी कारण आज परिवर्तित परिस्थिति का, हिंदू समाज के नाते सामना करने में हम अपने आपको असमर्थ पा रहे हैं। इस स्थितिमानता को दूर हटाना ही है और हिंदुओं के गतिमान वैचारिक तत्त्व का निर्माण करना है। इस सामूहिक दायित्व का निर्वाह करने की दिशा में उठाया हुआ पहला कदम, यानी यह सम्मेलन है। हिंदू जीवन से संबंधित सभी समस्याओं पर यह सम्मेलन विचार करेगा। हमारे लिए यह हर्ष का विषय है कि इतनी कम अवधि में 'विश्व हिंदू परिषद्' का जो संगठनात्मक कार्य हुआ, उसे संतोषजनक कहा जा सकता है।[१३]

जैसाकि पहले ही संकेत किया जा चुका है कि दादा साहेब आपटे विश्व हिंदू

परिषद् की संकल्पना में तिब्बत के शासक और धर्मगुरु दलाईलामा को भी जोड़ना चाहते थे, क्योंकि सन् १९५९ की तिब्बत की घटनाएँ और सन् १९६२ में भारत पर चीनी आक्रमण एक प्रकार से विश्व पटल पर उभर रही नई साम्यवादी शक्ति का हिंदू और बौद्ध अस्मिता पर एक साथ आक्रमण था। इसीलिए वैश्विक स्तर पर बननेवाले हिंदू संगठन में बौद्धों को भी अपनी महत्त्वपूर्ण भूमिका निभानी थी। विश्व हिंदू परिषद् एक प्रकार से वैदिक और श्रमण परंपरा का संगम स्थल भी सिद्ध होनेवाला था, इसलिए दादा साहेब आपटे ने विश्व हिंदू परिषद् की स्थापना के बाद परम पावन दलाई लामाजी से संपर्क स्थापित किया और उन्हें परिषद् की अवधारणा से अवगत करवाया। इस प्रथम विश्व हिंदू सम्मेलन की सफलता के लिए दलाई लामाजी का संदेश दादा साहेब आपटे की इसी दूर-दृष्टि एवं भविष्य की रणनीति का परिचायक था। इतना ही नहीं, बल्कि आपटेजी तो इस प्रयोग में मंगोलिया, जापान और अन्य बौद्ध देशों को भी जोड़ने के लिए प्रयासरत थे। प्रयागराज का यह सम्मेलन एक प्रकार से आपटेजी की इस रचना की प्रयोगशाला ही था।

इस सम्मेलन में कुल मिलाकर ग्यारह प्रस्ताव पारित किए गए। ये प्रस्ताव दादा साहेब आपटे की उस दृष्टि को इंगित करते थे, जिसको उन्होंने विश्व हिंदू परिषद् के भावी विस्तार और वैचारिक आधार के लिए चुना था। विश्व हिंदू परिषद् की मुख्य चिंता नवीन संदर्भों में एक आचार संहिता का निर्माण करने और हिंदू पद्धति के प्रवाह को बनाए रखने की थी। प्रस्तावों की भाषा से यह स्पष्ट इंगित होता है। त्रिवेणी के पावन तट पर विश्व हिंदू परिषद् द्वारा आयोजित इस सम्मेलन का विश्वास है कि हिंदू धर्म एवं संस्कृति, अनंतकाल से समस्त प्राणियों में एक ही परमात्मा की महान् आत्मानुभूति तथा सार्वभौमिक एवं सहिष्णुतापूर्ण स्पष्ट सिद्धांतों पर आधारित है, जिससे हिंदू कर्मकांड एवं जीवन पद्धति का प्रतिपादन होता है। सम्मेलन द्वारा इस बात पर जोर देकर उद्घोषणा की जाती है कि हमारे ऋषि-मुनियों द्वारा प्रस्तुत रीत एवं धर्म के अखंड सिद्धांतों के आधार पर स्थापित राष्ट्रीय तथा अंतरराष्ट्रीय अखंडता महत्त्वपूर्ण एवं आवश्यक है।

फलत: इस सम्मेलन द्वारा यह निश्चित किया जाता है कि विश्व हिंदू परिषद् को स्थायी रूप से सुसंगठित किया जाए, जो उक्त मूलभूत सिद्धांतों को क्रियान्वित करने में समर्थ तथा इसके द्वारा उन समस्त हिंदुओं में, जो अपने जन्म या परंपरा द्वारा उक्त सिद्धांतों पर मनन-चिंतन एवं आचरण करते हुए उनकी रक्षा करते हैं, समन्वय लाया जाए।[१४]

विद्वत् परिषद् का गठन

विश्व हिंदू परिषद् को सुदृढ़ करने का एक भाव यह भी था कि युगानुकूल हिंदू समाज के लिए आचार संहिता प्रस्तावित हो। आचार संहिता का कार्य तो विद्वानों की सभा ही कर सकती है। यही प्राचीन भारतीय परंपरा है। अत: सभा के गठन का प्रस्ताव भी पारित किया गया, ''यह निश्चय किया जाता है कि हिंदू धर्म शास्त्रों के सुविज्ञ पंडितों की एक परिषद् बुलाई जाए, जिससे उन देशस्थ एवं विदेशस्थ हिंदुओं के लिए न्यूनतम आवश्यक आचार-संहिता एवं सांस्कृतिक मार्ग दर्शिका का चयन कर सकें, जो या तो हिंदू संस्कार खो बैठे हैं या तीव्र गति से उन्हें खोते जा रहे हैं।...एक विद्वत् परिषद् बुलाकर यह विचार विमर्श करें कि आधुनिक युग की आवश्यकताओं को ध्यान में रखकर हमारी पुरातन परंपराओं के आधार पर हिंदुत्व के अधिकार पत्रक का प्रारूप कैसा हो, जिसमें लौकिक एवं दैविक संबंधों की आचार-संहिता का समावेश भी हो।''[१५]

उपरोक्त उद्देश्यों की पूर्ति के लिए सम्मेलन का मत था कि देश और विदेश में संस्कृत के पठन-पाठन की सुविधाओं का विस्तार किया जाए। द्वितीय, हिंदुओं के विभिन्न संप्रदायों में आपस में आत्मीय भाव विकसित होना चाहिए और तृतीय, देश की मठ-मंदिर प्रणाली को पुनर्जीवित किया जाए, क्योंकि प्राचीनकाल से देव स्थान मठ-मंदिर, आश्रम, ये सब हिंदू जीवन के प्रेरणा केंद्र थे। (परंतु) आज इन सब संस्थाओं में यह प्रेरणादायिनी शक्ति विद्यमान होते हुए भी उसकी पूर्ण-अभिव्यक्ति नहीं हो पा रही है।[१६]

इस सम्मेलन में विदेशस्थ हिंदुओं का भी अभिनंदन किया गया। जैसाकि पहले भी संकेत किया जा चुका है, परिषद् की स्थापना का एक मुख्य कारण विदेश स्थित हिंदुओं की परंपरागत संस्कारों से टूटने की प्रक्रिया भी था, इसलिए स्वाभाविक था कि विदेशों में रह रहे हिंदुओं से सतत संपर्क बनाया रखा जाता। प्रस्ताव में इसी संकल्प की झलक दिखाई देती है।

विदेशस्थ हिंदुओं का अभिनंदन

विश्व हिंदू परिषद् ने अपनी आशा के अनुरूप ही विश्व भर में रहनेवाले हिंदुओं को आश्वस्त किया कि उनके साथ संबंधों के तंतु विकसित किए जाएँगे और उनसे भी आग्रह किया गया कि वे भारत से संपर्क बनाए रखें। प्रस्ताव के अनुसार, ''सम्मेलन द्वारा उन समस्त हिंदुओं को हार्दिक अभिनंदन एवं शुभकामनाएँ भेजी जाती हैं, जो श्रीलंका, दक्षिण-पूर्व एशिया, अफ्रीका, यूरोप, अमेरिका तथा महानगरों में स्थित

सुदूर द्वीपों के प्रवासी हैं तथा यह उनके भौतिक, आध्यात्मिक विकास के लिए प्रार्थना करता है। ऐसी आशा की जाती है कि कालांतर में विश्व हिंदू परिषद् द्वारा उन्हें अवश्य ही स्पष्ट लाभ की प्राप्ति हो सकेगी तथा उनसे यह आग्रह किया जाता है कि वे भारत स्थित हिंदू बंधुओं से संपर्क को सुदृढ़ बनाए रखें।''[१७]

सम्मेलन का अंतिम प्रस्ताव अत्यंत महत्त्वपूर्ण भी था और दादा साहेब आपटे की विश्व हिंदू परिषद् को लेकर निकट भविष्य की व्यूह रचना का स्पष्ट संकेत भी देता था। विश्व हिंदू परिषद् ने गौ-हत्या पर प्रतिबंध लगाने की माँग की थी। दुनियाभर के हिंदुओं के लिए गौ का प्रश्न उनकी भावनाओं और आस्था से जुड़ता है तथा प्रकृति से तारतम्य बिठाता है। इसलामी शासनकाल में और बाद में ईसाई शासनकाल में भारत में गौ-हत्या को बढ़ावा दिया जाने लगा तथा दुर्भाग्य से स्वतंत्रता के उपरांत भी गौ-हत्या जारी रही और शासन ने उसको रोकने के प्रयास नहीं किए। जबकि संविधान में राज्य की नीति के निदेशक तत्त्वों में गौ-हत्या को रोकना भी शामिल है। स्पष्ट ही यह शासन द्वारा करोड़ों भारतीयों के अपमानतुल्य था। विश्व हिंदू परिषद् ने जन आंदोलन की दृष्टि से गौ-हत्या के प्रश्न को ही केंद्र में रखा। प्रस्ताव में सरकार से माँग की गई कि गोमाता के प्रति विश्व के हिंदुओं की श्रद्धा की भावना का समुचित आदर करते हुए समस्त भारतवर्ष में गौ-हत्या बंद करने का केंद्रीय कानून अविलंब बनाए।[१८]

इस प्रथम हिंदू सम्मेलन के अंत में कार्यकर्ताओं को संबोधित करते हुए सम्मेलन के अध्यक्ष न्यायमूर्ति श्री रमाप्रसाद मुखर्जी ने कहा, ''परिषद् के सम्मेलन की इतिश्री तो हो गई, लेकिन परिषद् के कार्यकलाप का श्रीगणेश ही हुआ है।''[१९]

दादा साहेब आपटेजी ने मुखर्जी के इस कथन को अपने लिए मंत्र के समान ही ग्रहण किया। उनके आगे मुख्य कार्य देश और विदेश में विश्व हिंदू परिषद् की संगठनात्मक संरचना को तैयार करना था तथा साथ ही उसके लिए वैचारिक तर्क प्रणाली का विकास करना था। भारतवर्ष में भी उन स्थानों पर जाने की तुरंत आवश्यकता थी, जहाँ इसलाम और चर्च के आघात तीव्रतर गति से हो रहे थे। और जैसाकि नियोगी आयोग ने कहा था कि कुछ स्थानों पर राष्ट्रविरोधी शक्तियाँ मतांतरण के माध्यम से कुचक्रों की रचना कर रही हैं। इन कुचक्रों को तोड़ना था और उन क्षेत्रों में राष्ट्रविरोधी शक्तियों द्वारा फैलाए जा रहे विश्व प्रवाह को रोकना था। इस दृष्टि से भारत का पूर्वोत्तर क्षेत्र सबसे ज्यादा संवेदनशील है और विदेशी मिशनरियों ने यहाँ सर्वाधिक संख्या में मतांतरण करवाया है। दादा साहेब आपटे ने कार्य की दृष्टि से इसी पूर्वोत्तर क्षेत्र को अपनी प्राथमिकता की सूची में सबसे ऊपर रखा और असम

के प्रवास पर निकले। वहाँ के सभी संप्रदायों के प्रमुखों से भेंट की और उन्हें विश्व हिंदू परिषद् की आधारभूमि से अवगत करवाया। पूरे असम क्षेत्र में हताशा का वातावरण था। उस समय के पूर्वी पाकिस्तान से अवैध रूप से मुसलमान आकर बस रह थे। चर्च मतांतरण ही नहीं करवा रहा था, बल्कि अलगाववाद के बीच भी बो रहा था। जनजाति क्षेत्रों में वहाँ के निवासियों को प्रकृति पूजक की संज्ञा देकर उन्हें समग्र भारतीय समाज से काटने के प्रयास हो रहे थे।

न हिंदू पतितो भवेत्—इस सम्मेलन में सबसे बड़ी समस्या इस बात की थी कि जो हिंदू अनेकानेक कारणों से अपना धर्म छोड़कर मुसलमान या ईसाई बन गए हैं, उनको पुन: हिंदू समाज में कैसे स्वीकृत करवाया जाए? हिंदू धर्म में धर्म परिवर्तन की अवधारणा ही नहीं है और जो लोग अपना धर्म छोड़कर हिंदू समाज से बाहर चले जाते हैं, हिंदू समाज उनको प्राय: वापिस लेने के लिए तैयार नहीं होता। विदेशियों के साथ हजारों वर्षों तक संघर्ष करते हुए अपनी पहचान और अस्मिता की रक्षा के लिए हिंदू समाज ने इस पद्धति का अनुसरण किया होगा, परंतु आज युगानुरूप उसमें परिवर्तन की आवश्यकता दिखाई देती है। यदि धर्माचार्य, समाज से बाहर गए ऐसे हिंदू बंधुओं की घर वापसी के रास्ते का प्रावधान करें तो हिंदू समाज का बहुत लाभ हो सकता है। विश्व हिंदू परिषद् द्वारा आहूत इस प्रथम विश्व हिंदू सम्मेलन में हिंदू धर्म और दर्शन के सभी विचारों का प्रतिनिधित्व करनेवाले मठाधीशों, धर्माचार्यों और प्रमुख साधु-संतों ने सर्वसम्मति से (हिंदू समाज को छोड़कर चले गए बंधुओं की) घर वापसी के रास्ते पर शताब्दियों से लगे इस अवरोध को समाप्त करने का निर्णय लिया। कर्नाटक स्थित उडुप्पी के मठाधीश श्री विश्वेश तीर्थजी महाराज पेजावर ने जब इस नए मंत्र—न हिंदू पतितो भवेत्—का घोष किया तो उसके समर्थन में जयघोष से सभास्थल गूँज उठा। इस मंत्र ने स्पष्ट कर दिया कि हिंदू कभी पतित नहीं होता। इससे यह अवधारणा समाप्त हो गई कि हिंदू समाज को छोड़कर गया व्यक्ति पतित आत्मा है, जिसे वापिस नहीं लिया जा सकता। इस नए मंत्र ने यह निर्णय दे दिया कि मात्र पंथ बदल लेने से किसी व्यक्ति की हिंदू पहचान समाप्त नहीं हो जाती। यह घोषणा एक नई स्मृति की रचना थी। वर्तमान युग के अनुकूल और सामाजिक हितों के लिए प्राचीन शास्त्रों के लिए नई व्याख्या थी। विश्व हिंदू परिषद् ने इस प्रक्रिया को 'परावर्तन' कहा।[२०]

संविधान का निर्माण—१९६६ में कुंभ मेले के अवसर पर हुए प्रथम विश्व हिंदू परिषद् सम्मेलन के उपरांत जो निर्णय लिये गए थे और जो संकल्प धारण किए गए थे, उनको क्रियात्मक रूप देना दादा साहेब आपटे के सामने सबसे बड़ा

कार्य था। इसके लिए उन्होंने देश भर में भ्रमण किया। अनेक प्रदेशों में विश्व हिंदू परिषद् की शाखाएँ स्थापित कीं। परिषद् के संगठन को जिला और तालुका स्तर तक पहुँचाया। कार्यकर्ताओं के लिए प्रशिक्षण वर्गों की व्यवस्था की, साहित्य प्रकाशन की व्यवस्था की और एक प्रकार से देश भर में विश्व हिंदू परिषद् का जाल खड़ा कर दिया। विश्व सम्मेलन में लिये गए निर्णय के अनुरूप ही चेन्नई में परिषद् की बैठक संपन्न हुई, जिसमें संपूर्ण हिंदू समाज के लिए युगानुकूल आचार संहिता निर्धारित करने के लिए विचार-विमर्श हुआ।

विश्व हिंदू परिषद् का पंजीकरण कराया गया, जिसमें पहली बार उसके स्पष्ट उद्‌देश्य निर्धारित किए गए और हिंदू की परिभाषा दी गई। परिषद् ने अपने ध्येय एवं उद्‌देश्यों को रेखांकित किया :

१. हिंदू समाज को सुसंगठित एवं सुदृढ़ बनाने की ओर अग्रसर रहना।
२. भारतखंड में उद्‌भूत नैतिक एवं आध्यात्मिक हिंदू जीवन मूल्यों का संरक्षण, विकास एवं प्रसार करना।
३. विदेश स्थित समस्त हिंदुओं से संपर्क स्थापित करना व सुदृढ़ बनाना तथा उनकी सहायता करना।
४. धर्म प्रचारकों की शृंखला स्थापित करना, ताकि बौद्धों, जैनों, सिखों, लिंगायतों आदि सहित विभिन्न संप्रदायों एवं पंथों द्वारा ग्राह्य शाश्वत जीवन मूल्यों के प्रतिनिधि गतिमान हिंदू धर्म का प्रचार हो सके। शिक्षण संस्थाएँ और इस प्रकार के धर्म प्रचारकों के प्रशिक्षणार्थ प्रशिक्षण केंद्र स्थापित करना, उनका प्रबंध करना तथा उन्हें सहायता प्रदान करना।
५. हिंदू धर्म एवं संस्कृतिगत आचरण तथा सिद्धांत संबंधी अन्य शिक्षण एवं प्रचारक केंद्रों तथा मंदिर एवं मठों को स्थापित करना, व्यवस्थित करना, इनका उत्तरदायित्व लेना एवं प्रबंध करना तथा इन्हें सहायता प्रदान करना।
६. आधुनिक युग के अनुकूल समस्त विश्व में हिंदू धर्म के नैतिक एवं आध्यात्मिक सिद्धांतों एवं व्यवहारों का प्रचार करना, ताकि ये समग्ररूप से मानवमात्र के कल्याण के लिए सहायक हो सकें।

हिंदू की परिभाषा—विश्व हिंदू परिषद् ने संविधान में पहली बार हिंदू की व्यापक परिभाषा को लिपिबद्ध किया।

परिषद् को इस बात का आभास था कि हिंदुओं के इस नए वैश्विक संगठन में गैर भारतीय हिंदू भी शामिल होनेवाले थे। अत: संविधान में (संविधान का पंजीकरण १३-१०-१९६६ को हुआ) हिंदू की परिभाषा को विस्तृत किया गया और माना

गया कि जो भारत में विकसित हुए जीवन मूल्यों में आस्था रखता है, वह हिंदू है। इससे भी आगे बढ़कर कहा गया, जो अपने आप को हिंदू कहता है, वह हिंदू है। इस अंतिम परिभाषा में वे सभी लोग शामिल हो जाते हैं, जो अन्य देशों के नागरिक हैं या जिनकी राष्ट्रीयता भारतीय नहीं है, परंतु वे अपने आपको हिंदू मानते हैं। संविधान की नियमावली के प्रथम अनुच्छेद में भी इसे स्पष्ट किया गया है।[२२]

॥ हिंदुलक्षणम् ॥

भारतीयर्षिसंप्रोक्तान् इहामुत्रार्थसाधकान्।
योऽङ्गीकरोति सश्रद्धं सत्सिद्धांतान् सनातनान्॥ १ ॥
महात्मभिर्दिव्य शीलैः काले काले प्रवर्तितान्।
सम्प्रदायानाद्रियते यः सर्वान् परमार्थिकान्॥ २ ॥
यत्रकुत्रापि जातोऽसौ वाऽस्तु यः कोऽपि जन्मना।
सत्तछीलोदारचरितः सोऽत्र हिन्तुरिति स्मृतः॥ ३ ॥

हिंदुओं के लिए सर्वमान्य आचार संहिता—प्रयाग सम्मेलन में लिये गए निर्णयों के अनुसार विश्वभर के हिंदुओं के लिए एक सर्वमान्य आचार संहिता की प्रस्तावना की गई थी। उसके लिए विद्वत् परिषद् का गठन भी किया गया था। भारतीय परंपरा में ऐसी परिषदें नैमिषारण्य में होती रही हैं, ऐसे ऐतिहासिक प्रमाण उपलब्ध हैं। वर्तमान युग में भी हिंदू समाज के लिए इसकी आवश्यकता उपस्थित हुई है, क्योंकि विश्व हिंदू परिषद् हिंदू समाज के लिए ऐसी न्यूनतम आचरण प्रणाली विकसित करना चाहती थी, जिससे विश्व में हिंदू पहचान सशक्त हो।

आपटेजी की प्राथमिकता इस प्रश्न पर सर्वाधिक विद्वानों एवं धर्माचार्यों को एक आसन पर बिठाना था। उन्होंने लगभग सौ विद्वानों को इस हेतु आमंत्रित किया और उनमें से अपने-अपने विषयों के पैंतीस प्रकांड पंडित पधारे। यह सम्मेलन मार्च १९६७ में चेन्नई में हुआ था। इस सम्मेलन का उद्देश्य एक सूत्रीय था—"ऐसे आचारों एवं विचारों को संचय करके उन सबों के लिए प्रस्तुत करना, जो हिंदुत्व का आचरण करते ही नहीं या जो इससे पदच्युत हो चुके हैं।" विद्वानों की यह सभा इसीलिए आयोजित की गई है, ताकि इसके द्वारा उन प्रश्नों पर विचार-विमर्श किया जा सके, जो बहुत सोच-विचार कर सूत्रित किए गए हैं तथा उन्हें द्वारकापीठ के पूज्यपाद श्री जगद्गुरु शंकराचार्य के निर्देशन में निर्णीत किया जा सके। सभी अन्य-अन्य विचार एवं आदर्श, जो दर्शनगत विषय हैं, वे परिषद् के परिवेश के बाहर हैं। अतः हम अपना ध्यान उन्हीं समुचित विषयों पर करें, जो

प्रस्तुत प्रश्नावली में उल्लिखित हैं, जिनके यथोचित उत्तर आपको तत्काल संदर्भ के लिए संक्षिप्त रूप में प्रस्तुत किए जा रहे हैं। द्वारकापीठ के पूज्यपाद श्री जगद्गुरु शंकराचार्य तथा मध्व मत के जगद्गुरु श्री विश्वेश्वर तीर्थ प्रारंभ से ही परिषद् की कार्यवाही के निमित्त संदर्भ पत्र की तैयारी में तथा प्रश्नावली के संचय-निर्माण में अपना मार्गदर्शन प्रदान करने की कृपा करते रहे हैं।[२३] इस सम्मेलन में अनेक विद्वानों ने भाग लिया यथा द्वारकापीठ के पूज्यपाद श्री जगद्गुरु शंकराचार्य, पेजावर मठ (उडुपी) के पूज्यपाद श्री श्रीविश्वेश्वर तीर्थजी, शैव संप्रदाय के श्री ज्ञान संबंध देसिकर, वीरशैव नवकल्याण मठ के कुमारस्वामीजी, जैन संप्रदाय के मुनि श्री बुधमलजी, वल्लभ संप्रदाय के श्री कृष्णजीवनजी महाराज, स्वामी आत्मानंद, स्वामी पूर्णानंद तीर्थ, स्वामी यतीश्वरानंद, डॉ. राघवन, श्री भुजबली शास्त्रीजी, जैन पंडित नागभूषण शास्त्री, डॉ. वी.जी. राहुरकर, डॉ. एस.वी. वर्णेकर, पंढरीनाथ आचार्य, श्री केशवराम शास्त्री तथा श्री एम.एम. बालशास्त्री हरदास।

सम्मेलन के पूर्व ही, जैसाकि आपटेजी ने संकेत दिया, प्रश्नावली विद्वानों को भेज दी गई थी। विचारणीय सात प्रश्न निम्न थे—[२४]

१. हमारे देश एवं विदेशों में जो हिंदू आचार एवं संस्कार रहित हैं, उनमें आचारों एवं संस्कारों के प्रचार के लिए आप किस प्रकार का निराकरण करना चाहेंगे?
२. ऐसे हिंदुओं के लिए किस प्रकार के न्यूनतम आवश्यक, व्यावहारिक आचारों की लघु क्रिया-विधि निर्धारित की जानी चाहिए? किस प्रकार के संस्कारों को किस रूप में पालन करना चाहिए?
३. आपातकाल का क्या अर्थ है? तथा किसे आपातकाल कहा जाए? ऐसे आपातकाल में किस रूप में और कैसे अपने धर्म का पालन किया जाए?
४. विभिन्न संप्रदायों के हिंदू अपने संप्रदाय के अनुसार अलग-अलग विधि से दैनिक आराधना किया करते हैं। ऐसे व्यक्ति के लिए उनके अपने संप्रदाय के अनुसार पूजा, जप, ध्यान, स्वाध्याय आदि का नियम पालन करने के निमित्त किस प्रकार की न्यूनतम विधि निर्धारित की जाए?
५. यह ज्ञात नहीं है कि विदेशों में जहाँ कहीं तीर्थ स्थान हैं, वहाँ धार्मिक कर्मकांड, व्रत आदि का पालन भारत की भाँति किया जा सकता है या नहीं? जहाँ नदियाँ, सरोवर, सागर एवं संगम तथा नए-पुराने मंदिर हों, वहाँ के नागरिकों के हित के लिए इन स्थानों को अधिक पवित्र एवं सुरक्षित रखने के लिए क्या करना चाहिए?

६. उन समस्त बंधुओं को हिंदू समाज में आत्मसात् करने के लिए आप किस प्रकार के सरल अनुष्ठान का प्रस्ताव करते हैं, जो बल-प्रयोग, भय, छल-प्रपंच, प्रलोभन, मृगतृष्णा या अज्ञान के कारण अन्य धर्मों में चले गए हैं तथा वे सभी, जो हिंदू धर्म से विच्युत हो चुके हैं?

७. आप अपने संप्रदाय के किस व्रत एवं उत्सव को अत्यधिक महत्त्वपूर्ण समझते हैं, जिन्हें जैन, बौद्ध, वीरशैव, सिख आदि जैसे समस्त संप्रदायों के हिंदुओं तथा समग्र मत-मतांतर एवं पंथ के अनुयायियों द्वारा सामूहिक रूप से मनाया जाए? उनमें से किन्हें आवश्यक रूप से मनाना चाहिए?

इन प्रश्नों के जो उत्तर प्राप्त हुए थे, उन सभी उत्तरों को दादा साहेब आपटेजी ने उपस्थित विद्वानों के सम्मुख विचार मंथन के लिए रखा। तीन दिन के गहरे विचार-विमर्श के बाद इन प्रश्नों के जो सर्वमान्य उत्तर निर्धारित किए गए, वे बीसवीं शताब्दी के हिंदुओं के लिए नई आचार संहिता स्वीकार की गई। इस आचार संहिता के निर्माण के लिए मुख्य रूप से संस्कृत भाषा का प्रयोग किया गया और आचार संहिता मूल रूप में संस्कृत में ही प्रकाशित की गई। कालांतर में इसके हिंदी और आंग्ल भाषा के अनुवाद भी प्रकाशित हुए। प्रश्नोत्तर शैली में यह आचार संहिता सभी हिंदुओं के लिए सहज सुलभ है—

१ : हमारे देश एवं विदेशों में जो हिंदू आचार एवं संस्कार रहित हैं, उनमें आचारों एवं संस्कारों के प्रचार के लिए आप किस प्रकार का निराकरण करना चाहेंगे?

उत्तर : (क) सामूहिक प्रार्थना (ख) विदेशों में प्रवचन आदि के लिए धार्मिक उपदेशकों को भेजना (ग) धार्मिक ग्रंथों के संक्षिप्त संस्करणों का प्रकाशन तथा विदेशों में उनका वितरण (घ) धर्म-शिक्षण के लिए केंद्रों एवं विद्यालयों की स्थापना, धार्मिक क्षेत्र में उच्च शिक्षण प्राप्त करनेवाले जिज्ञासुओं के लिए संदर्भ केंद्रों एवं मार्गदर्शन सेवाओं की स्थापना (ङ) संस्कार करना तथा ऐसे प्रतीकात्मक (बाह्य) चिह्नों को धारण करना, जो हिंदू धर्म के प्रति निष्ठा के द्योतक हों।

२ : ऐसे हिंदुओं के लिए किस प्रकार के न्यूनतम आवश्यक, व्यावहारिक आचारों की लघु क्रिया-विधि निर्धारित की जानी चाहिए? किसी प्रकार के संस्कारों को किस रूप में पालन करना चाहिए?

उत्तर : (क) प्रत्येक परिवार में सामूहिक रूप से अपने 'इष्ट देवता' की प्रार्थना की जाए (ख) स्नान, सूर्य नमस्कार तथा अपने संप्रदायानुसार जप, ध्यान, पूजन आदि करना (ग) माता, पिता, गुरु एवं गोमाता का आदर करना

(घ) नामकरण, विवाह एवं श्राद्ध—ये आवश्यक संस्कार हैं (ङ) दैनिक भोजन इष्ट देवता को अर्पित किया जाए तथा उसे 'प्रसाद' समझकर ग्रहण करना चाहिए।

३ : 'आपात् काल' का क्या अर्थ है? तथा किसे आपात् काल कहा जाए? ऐसे आपात् काल में किस रूप में और कैसे अपने धर्म का पालन किया जाए?

उत्तर : (क) आपात् काल उस समय को कहते हैं, जब किसी विशेष परिस्थिति में अपना निर्धारित धर्माचरण करना असंभव हो जाए। (ख) मंत्र विशेष का जप किया जाए। (ग) यथासंभव परिस्थिति अनुकूल स्वधर्म का पालन किया जाए।

४ : विभिन्न संप्रदायों के हिंदू अपने संप्रदाय के अनुसार अलग-अलग विधि से दैनिक आराधना किया करते हैं। ऐसे व्यक्ति के लिए उसके अपने संप्रदाय के अनुसार पूजा, जप, ध्यान स्वाध्याय आदि का नियम पालन करने के निमित्त किस प्रकार की न्यूनतम विधि निर्धारित की जाए?

उत्तर: यह मुद्दा जो विभिन्न आचार्यों को विचारार्थ भेजा गया था। वास्तव में बहुत ही संवेदनशील प्रश्न था। विशाल हिंदू समाज, जिसमें पूजा पद्धति के अनेक रूप प्रचलित हैं, सरलतम् से लेकर कलिष्टतम् तक। इसलिए किसी एक प्रकार की पूजा पद्धति का विधान करना या फिर किसी एक ही संप्रदाय के उपासकों के लिए एक सर्वमान्य पूजा पद्धति का विधान करना सरल भी नहीं था और सबसे बढ़कर उसकी आवश्यकता भी प्रश्नित थी। पूजा पद्धति का शास्त्रीय विधान और लोक विधान भी अलग-अलग हो जाता है। यह ठीक है कि लोक विधान का स्वरूप शास्त्रीय विधान से ही निश्चित होता है, परंतु फिर भी साधारण जन के लिए वही सहज-सुलभ होता है। उससे ईश्वर और उपासक के बीच किसी मध्यस्थ की आवश्यकता भी नहीं रहती। दादा साहेब आपटे ने तो विद्वत् परिषद् की बैठक से पूर्व और उससे भी पहले १९६६ के प्रयाग सम्मेलन में ही इसका संकेत दिया था कि परिषद् का उद्देश्य पूजा, कर्मकांड की बहुलता को समाप्त करके एकरूपता स्थापित करना नहीं है, क्योंकि यह बहुलता ही हिंदू समाज का प्राण है।[२५] शायद इसी को ध्यान में रखते हुए उपरोक्त प्रश्न के उत्तरों को स्वीकार करने से पूर्व विद्वत परिषद् ने उसको विभिन्न मतावलंबी धर्माचार्य, मठाधीशों, महंतों तथा धर्मगुरुओं को भेजने का निर्णय लिया।

५ : यह ज्ञात नहीं है कि विदेशों में जहाँ कहीं तीर्थ स्थान हैं, वहाँ धार्मिक कर्मकांड, व्रत आदि का पालन भारत की भाँति किया जा सकता है या नहीं? जहाँ नदियाँ, सरोवर, सागर एवं इनके संगम तथा नए-पुराने मंदिर हों, तो वहाँ के नागरिकों के हित के लिए इन स्थानों को अधिक पवित्र एवं सुरक्षित रखने के लिए क्या करना चाहिए?

उत्तर : (क) त्रिवेणी का पवित्र जल डालना, त्रिवेणी के पवित्र जल से संसिक्त पूर्ण कुंभ की प्रस्थापना। (ख) वट, बिल्व, तुलसी एवं ऐसे अन्यान्य पवित्र भारतीय वृक्षों को भारत से ले जाकर लगाना। (ग) उन्हें भारतीय नामों की संज्ञा देना।

६ : उन समस्त बंधुओं को हिंदू समाज में आत्मसात् करने के लिए आप किस प्रकार के सरल अनुष्ठान का प्रस्ताव करते हैं, जो बल-प्रयोग, भय, छल-प्रपंच, प्रलोभन, मृगतृष्णा या अज्ञान के कारण अन्य धर्मों में चले गए हैं तथा वे सभी, जो हिंदू धर्म से विच्युत हो चुके हैं?

उत्तर : (क) पवित्र तीर्थ स्नान, नए वस्त्र धारण करना, हवन एवं यज्ञ आदि। (ख) पवित्र चरणामृतपान करना। (ग) मंत्रों का दैनिक पाठ। (घ) हिंदू नाम धारण करना (ङ) हिंदू धर्म स्वीकार करने की शपथपूर्व उद्घोषणा तथा परिषद् के मुद्रांकित प्रमाणपत्र की प्राप्ति।

७ : आप अपने संप्रदाय के किस व्रत एवं उत्सव को अत्यधिक महत्त्वपूर्ण समझते हैं, जिन्हें जैन, बौद्ध, वीरशैव, सिख आदि जैसे समस्त संप्रदायों के हिंदुओं तथा समग्र मत-मतांतर एवं पंथ के अनुयायियों द्वारा सामूहिक रूप से मनाया जाए? उनमें से किन्हें आवश्यक रूप से मनाना चाहिए?

उत्तर : (१) विजयादशमी (२) दीपावली (३) मकर संक्रांति (४) वैशाखी (५) गुरुपूजा (पूर्णिमा) (६) रक्षाबंधन

मकर संक्रांति को 'विश्व हिंदू कल्याण दिवस' के रूप में विश्व भर के समस्त हिंदुओं द्वारा मनाया जाए। इसका उल्लेख हमारे सभी पंचांगों में होना चाहिए।

श्रुति और स्मृति में मुख्य अंतर दर्शन और व्यवहार का है। श्रुति ईश्वर, सृष्टा या उस लोक के दर्शन से संबंधित है तथा स्मृति सामाजिक जीवन के आचरणों से संबंध रखती है। दर्शन का विषय रहस्यवादी भी है और व्यक्तिगत आस्था का भी। यह पराचेतना है। सामाजिक आचरण के तौर-तरीके समय के अनुसार बदलते रहते हैं। इसलिए स्मृतियाँ एक प्रकार से सामाजिक विधि-विधान हैं। दर्शन या श्रुति की व्यवस्था नहीं की जा सकती, न ही उसके लिए नियम निर्धारित किए जा सकते हैं, न ही उसके बारे में किसी अंतिम प्राप्ति की जिद की जा सकती है। सामी संप्रदायों में ईश्वर के स्वरूप को लेकर और उसकी प्राप्ति के मार्ग को लेकर भी जिदपूर्वक एकरूपता का प्रावधान किया जाता है। हिंदू दर्शन की सामी दर्शन से इसी बिंदू पर महत्त्वपूर्ण कल्याणकारी भिन्नता है। इसलिए दादा साहेब आपटे ने आचार संहिता में संशोधनों और उसमें धर्म गुरु की व्यवस्थाओं के लिए आग्रह

करते समय इस बात का भी आग्रह किया कि धर्म गुरु केवल संहिता के क्षेत्र में ही विचार करें, दर्शन के क्षेत्र में विचार करना न स्तुत्य है और न ही परिषद् की सीमा के भीतर। विश्व हिंदू परिषद् के प्रारंभिक काल में ही दादा साहेब आपटे की यह दूरदृष्टि और स्पष्ट चिंतन संगठन को सही दिशा में भी ले जा सका और उसके कार्य क्षेत्र को भी सुपरिभाषित किया।

पिछला लेखा-जोखा—१९६९ में दादा साहेब आपटे ने पिछले पाँच सालों का विश्व हिंदू परिषद् के कार्यकलापों का लेखा-जोखा भी प्रस्तुत किया और उसके वैचारिक धरातल को एक बार फिर स्पष्ट किया। आपटेजी के अनुसार, "हिंदू धर्म का मूलभूत प्रतीक बहुत ही सुबोध है तथा इस पर आचरण करना भी सरल है। यह जीना, काम करना, प्रार्थना करना एवं मोक्ष प्राप्त करना सिखाता है। यह कोई 'वाद' विशेष नहीं है, जो मानवता को छिन्न-भिन्न करने के लिए विभाजित करता है। हिंदू धर्म हमें समस्त विश्व को एकात्म परिवार के रूप में स्वीकार करना सिखाता है (वसुधैव कुटुम्बकम्)। समस्त प्राणियों के सुख के लिए प्रयत्नशील रहना (सर्वेपि सुखिनः सन्तु) तथा समग्र रूप से सभी के दु:ख को दूर करना (न कश्चिद् दुखमाप्नुयात्)।"

भले ही यह शाश्वत सत्य विडंबना प्रतीत होती है कि केवल हिंदू धर्म ही राज्य-व्यवस्था में धर्म निरपेक्षता का प्रतिपादन करता है। साथ-ही-साथ यह ईश्वर साधना एवं पूजन-विधि में पूर्ण स्वतंत्रता प्रदान करता है।

इस भौतिकवादी युग में मनुष्य इस तथ्य को भूल जाता है अथवा वह अपने जीवन के अंतिम क्षणों में आध्यात्मिक चेतना के गुण-महत्त्व अनुभव करता है। इस चेतना के साथ-साथ भौतिक विकास के प्रयास की आवश्यकता मानसिक शांति के लिए तो है ही।

हमें भविष्य को सुखद बनाना है तथा अतीत से प्रेरणा ग्रहण करते हुए अपने मूलभूत सिद्धांतों में बिना परिवर्तन किए ही आधुनिक परिवेश में इन्हें समन्वित करना है। हिंदू धर्म समस्त प्रहारों के होते हुए अपनी विशेषताओं के कारण ही आद्यपर्यंत जीवंत है। अत: इस भावना को मानव जाति के भौतिक एवं आध्यात्मिक कल्याण के विकास के लिए पुनर्जीवित रखना चाहिए।

अत्यधिक परिवर्तनशील विचारों एवं सिद्धांतों के इस युग में हमें अपनी गौरवशाली परंपराओं, वेदों एवं शास्त्रों के उपदेशों को भूलकर उनका परित्याग नहीं कर देना चाहिए। हममें से प्रत्येक को, जिसे हिंदू समाज में जन्म लेने के कारण विशेष सुविधाएँ प्राप्त हैं, उसे इनके प्रति जागरूक बनाना है। हमें अपने

बंधुओं को यह स्मरण दिलाना आवश्यक है कि मानव जाति को दिव्य मर्यादा की ओर अग्रसर करना हमारा सनातन संकल्प रहा है (कृण्वन्तो विश्वमार्यम्)।

हिंदू धर्म ही केवल इतना अधिक सशक्त है कि वह समस्त मानव जाति को पारस्परिक अविश्वास एवं आशंका से मुक्त कराकर उसमें आत्मविश्वास, प्रेम एवं साहचर्य स्थापित करने में पूर्ण सक्षम है। इसी पुनीत कर्तव्य को विश्व हिंदू परिषद् पूर्ण करना चाहती है।[२६]

हिंदू समाज के सामने उपस्थित खतरों को भाँपते हुए दादा साहेब आपटे ने स्पष्ट किया कि इस व्यामोह में फँसे रहना, ''यूनान, मिस्र, रोम, मिट गए, जहाँ से, कुछ बात है कि हस्ती मिटती नहीं हमारी'', भारतीय समाज के लिए अत्यंत घातक है। अभारतीय संप्रदायों यथा इसलाम तथा ईसाइयत ने भारतीय समाज को क्षतिग्रस्त किया है और उसका क्षरण अभी भी जारी है, इस तथ्य को हृदयंगम किए बिना समाज रोग को समझा नहीं जा सकता। हम भले ही अपने आपको सांत्वना दे लें कि जिन परिस्थितियों में अन्यान्य देश लुप्तप्राय हो गए, उन्हीं परिस्थितियों में हमारा अस्तित्व अभी अक्षुण्ण बना हुआ है। तो भी हम इस तथ्य की अवहेलना या स्वयं को अस्वीकार नहीं कर सकते कि जब से हम असहिष्णु, हिंसक धर्म एवं सिद्धांतों के शिकार बनने लगे, तब से हम अपना अस्तित्व उनमें खोते गए। क्या यह आवश्यक नहीं कि हम अपनी वर्तमान परिस्थितियों का विश्लेषण करें, हम अपने ह्रास के कारणों का पता लगाएँ तथा सही वस्तुस्थिति का अनुमान लगाकर समुचित निराकरण के लिए तत्पर हो जाएँ?...फलतः गत सहस्राब्दी में इसलाम के साथ तथा वर्तमान काल में ईसाइयों के साथ जो हमारा संघर्षात्मक संपर्क रहा, इसके परिणाम स्वरूप हमारी जनसंख्या में करोड़ों का ह्रास हुआ। यह सर्वमान्य तथ्य है कि हमारी जनसंख्या के इस सामूहिक ह्रास के प्रमुख कारणों में से एक हमारे आंतरिक भेदभाव एवं धर्म भेद के परिणामस्वरूप परकीय तत्त्वों को प्रोत्साहन, जिससे वे अपने आक्रमणकारी सिद्धांतों, पाशविक शक्तियों, बल प्रयोग, प्रपंचों, आर्थिक प्रलोभनों द्वारा हमें अपना शिकार बनाते गए। इससे भी बढ़कर एक और कारण है, यह सहिष्णुता संबंधी हमारी उदार भावना, न कि आक्रांताओं की संस्कृति एवं सभ्यता की विशिष्टता या उत्कृष्टता।[२७]

विश्व हिंदू परिषद् ने अपना सनातन धर्म त्यागकर इसलाम या चर्च की शरण में चले गए, हिंदुओं की पुनः गृह–वापसी के कार्यक्रम को 'परावर्तन' का नाम दिया था। अभी तक सामान्य समाज ऐसे बंधुओं को पुनः समाज में स्वीकारने के लिए तैयार नहीं होता था। लेकिन परिषद् ने यह नई प्रक्रिया प्रारंभ की। परंतु चर्च और

इसलाम अनेक प्रकार के प्रलोभनों से लोगों को भारतीय समाज से तोड़ने के प्रयास में रत थे। इससे देश के आगे सांस्कृतिक संकट खड़ा हो रहा था। अतः आपटे ने अपनी रपट में हिंदुओं के विभिन्न मत-मतांतरों में परस्पर एकता व संवाद की आवश्यकता की ओर ध्यान आकर्षित किया। "यदि हम धर्म परिवर्तन की गतिविधियों में अंतर्निहित संकट से वास्तव में विज्ञ हैं, तो भी बिना रोक-टोक ऐसी गतिविधियाँ बढ़ती ही चली जा रही हैं। क्या हमें आत्मविश्वास की आवश्यकता का अनुभव नहीं होता कि हमारी संस्कृति एवं धर्म में वह अनुपम जीवन तत्त्व विद्यमान है, जो समस्त हिंदू समाज में पुनः शक्ति एवं उमंग-उत्साह का संचार कर सकता है, जिससे आंतरिक विघटनकारी पहलुओं के साथ-साथ हमारे आसपास की आक्रमणकारी सभी विदेशी शक्तियों का सामना हम कर सकते हैं?...समायोचित परिमार्जन एक जीवंत समाज का लक्षण है, लेकिन ऐसा परिमार्जन विदेशी शासकों को उखाड़ फेंकने के संघर्ष काल में कभी नहीं हो सका। तो क्या हम अपनी संहिता को सक्रिय बनाने का यथाशीघ्र प्रयास नहीं करेंगे?...हमारा तत्काल कर्तव्य यह होना चाहिए कि हम समस्त मत-मतांतरों, पंथों, समुदायों एवं संप्रदायों को संगठित करें तथा हम अपने धर्म पुरुषों से आग्रह करें कि वे हमारे धर्म एवं संस्कृति के साहचर्यपूर्ण संरक्षण के लिए मूर्तमान प्रतीक बनें। अपनी जाति के संगठन संबंधी इस भावना के विषय में कोई मिथ्या धारणा नहीं होनी चाहिए। दर्शन, आचार-विचार, आस्था-विश्वास एवं आराधना, भाषा एवं रीति-रिवाज की विविधता को कम नहीं करना है, क्योंकि यही तो यथार्थ में व्यक्ति विशेष की आत्यंतिक स्वातंत्र्य की गरिमा है, जिसने अन्याय, रूढ़िवादी आदर्श सिद्धांतों एवं वादों का पूर्णतया त्याज्य किया है, जिसके कारण ये अपनी स्वेच्छा से पालन नहीं कर सकते। यही सिद्धांत एवं निष्ठापूर्ण नीति है, जिसे स्वीकार करते हुए इन विविध आस्थाओं एवं निष्ठाओं के प्रति आत्मिक सैद्धांतिक ऐक्य के रूप में सचमुच आदर-भाव रखा जा सके। यह पुनीत कार्य तभी संपन्न हो सकता है, जब हम समस्त तीर्थस्थानों और अपने धर्म एवं संस्कृति के केंद्रों में समन्वय ला सकें तथा हम अपने धर्म-गुरुओं को इस कार्य के लिए आवाहन कर सकें, क्योंकि हमारे धर्मगुरु इसी पुनीत कार्य को व्यक्तिगत रूप से करते रहे हैं।"[२८]

दादा साहेब आपटे और अस्पृश्यता

हिंदू समाज के सामने प्रमख समस्या समाज में से अस्पृश्यता निवारण की थी। विश्व हिंदू परिषद् जागतिक हिंदू समाज का मूर्तिमान प्रतीक है, जो धर्माचार्यों द्वारा

आचार संहिताओं में युगानुकूल परिवर्तन का पक्षपाती है। हिंदू समाज का यह संक्रमण काल है। यह एक नया प्रकार से सागर मंथन जैसा है, जिससे हिंदू समाज को अस्पृश्यता के विष को निकालकर बाहर करना है और अमृत का संवर्धन करना है। इसीलिए प्रयागराज में हुए प्रथम विश्व हिंदू सम्मेलन में अस्पृश्यता निवारण के पक्ष में एक प्रस्ताव भी पारित किया गया और व्यावहारिक स्तर पर इसके निवारण के लिए प्रयास भी किए गए। इन्हीं दिनों एक घटना घटी। पटना के हिंदू धर्म सम्मेलन में पुरी के शंकराचार्य ने अस्पृश्यता के पक्ष में शास्त्रीय विधान की बात कही, जिसे लेकर देशभर में हल्ला मचा और छद्म धर्मनिरपेक्षवादियों ने तो शंकराचार्यजी के इन शब्दों को ढाल बनाकर तथाकथित अस्पृश्य जातियों के लोगों और तथाकथित सवर्ण जातियों में वैमनस्य के बीज बोने प्रारंभ कर दिए। संसद् में भी जगद्गुरु शंकराचार्यजी के बारे में अत्यंत अभद्र भाषा का भी प्रयोग किया गया। ऐसी अभद्र भाषा का प्रयोग अन्य किसी संप्रदाय के प्रमुख के खिलाफ करने की हिम्मत छद्म धर्मनिरपेक्षवादियों में हो ही नहीं सकती। इस पूरे विवाद में पुरी के शंकराचार्यजी ने यह स्पष्टीकरण भी दिया कि अस्पृश्यता के बारे में मैंने केवल, जो कुछ शास्त्रों में लिखा है, वही कहा है। उस विधान के पक्ष में मैंने अपनी व्यक्तिगत हैसियत में राय दी है। दादा साहेब आपटे ने शंकराचार्य के खिलाफ हो-हल्ला मचानेवालों की निंदा की। शंकराचार्य के स्पष्टीकरण को भी उन्होंने सकारात्मक दृष्टि से देखा। परंतु इन सब के बावजूद वे किसी प्रकार से भी इस बात को पचा नहीं सकते थे कि अस्पृश्यता के पक्ष में प्रमाण एकत्रित किए जाएँ और उनके आधार पर कोई उसके पक्ष में भी खड़ा हो जाए। इसलिए उन्होंने इस पूरी घटना के बाद देशभर के पूजनीय जगद्गुरुओं और आचार्यों से एक मार्मिक अपील की, ''हम सभी लोग, जो अपने धर्म और धर्मगुरुओं में अगाध श्रद्धा रखते हैं, हमारी इच्छा है कि उनके नाम, सम्मान, गरिमा और पद, किसी प्रकार के भी प्रहारों और शंका से परे होने चाहिए। हमारी कामना है कि हमारे धार्मिक आदर्शों और प्रेरणास्रोतों में हमारा विश्वास और श्रद्धा सदा सर्वदा अटल रहे और खंडित न हो। यदि ऐसा हो गया तो हम सभी लोगों को एक सूत्र में बाँधनेवाला कोई नहीं रहेगा।''

अब आवश्यक हो गया है कि हमारे धर्मगुरु संयुक्त रूप से उन प्रश्नों पर विचार करें, जो इस पूरे घटनाक्रम में उठाए गए हैं। यह ठीक है कि यह सारा बवाल कुछ चतुर षड्यंत्रकारियों ने ही खड़ा किया है, परंतु फिर भी इन प्रश्नों का उत्तर खोजना और धर्मगुरुओं द्वारा किसी एक संतुलन बिंदु को प्राप्त करना आवश्यक है, ताकि वे हमारे लोक त्यवहार को निर्देशित कर सकें।

अलग-अलग कालों में यथा वैदिक काल, स्मृति काल और उसके बाद भी अस्पृश्यता के बारे में जो भी कहा गया हो, परंतु जिस युग में हम रह रहे हैं, उसमें इन संबंधों में संशोधन करना अनिवार्य ही है। सामाजिक संबंध समानता और भ्रातृत्व पर आधारित होने चाहिए। युगानुरूप संहिताएँ बदली नहीं जा सकतीं, ऐसा कहना व्यर्थ है। परिवर्तन के चिह्नों को पहचानना ही बुद्धिमता है। काल के परिवर्तन के अनुसार ही सामाजिक जीवन के नियम बदलते रहते हैं, यही धर्म का सारभूत तत्त्व है। इस प्रक्रिया में विलंब या फिर इस संक्रमण से आँख चुराने से न तो व्यक्तियों की गरिमा बढ़ेगी, न ही स्थिति में सुधार होगा। हाल ही की घटनाओं और स्थितियों को ध्यान में रखते हुए आचार्यों को इन प्रश्नों पर गंभीरतापूर्वक विचार करना चाहिए। युग बदल रहा है। हमें सामाजिक जीवन के ऐसे नियम निर्धारित करने होंगे, ताकि संपूर्ण हिंदू समाज एक जीवंत इकाई के तौर पर व्यवहार कर सके। हिंदुओं के लिए आचार संहिता आवश्यक है, ताकि समाज के भीतर अधिकारों और कर्तव्यों, सामाजिक संबंधों की युगानुकूल व्याख्या हो सके। परंतु यह ध्यान रहना चाहिए कि हमारा सनातन समाज जिन मूलभूत सिद्धातों पर अश्रित है, यह संहिता उन्हीं के अनुरूप होनी चाहिए।[२९]

सन् १९७० में महाराष्ट्र के पंढरपुर अधिवेशन में भी दादा साहेब आपटे की अस्पृश्यता को लेकर चिंता स्पष्ट जाहिर हो रही थी। वे निरंतर धर्माचार्यों के संपर्क में थे कि अस्पृश्यता का निषेध किया जाए। पंढरपुर अधिवेशन में उन्होंने मंच से घोषित किया कि द्वारका तथा श्रृंगेरी के जगद्‌गुरु शंकराचार्य और मध्व तथा बल्लभ संप्रदायों के आचार्यों ने भी असंदिग्ध रूप से छुआछूत का निषेध किया है।[३०]

हिंदू मठ मंदिर—मठ और मंदिर हिंदू समाज की रीढ़ रज्जु हैं। अंग्रेजों का उद्‌देश्य भारतीय समाज की इसी रीढ़ रज्जु को तोड़ना था; क्योंकि इसी रीढ़ रज्जु के बल पर भारतीय समाज आज तक तमाम राजनैतिक और सामाजिक झंझावातों के बावजूद बचा हुआ था। केवल बचा ही नहीं हुआ था, बल्कि विदेशी राज्य को टक्कर देने की कूव्वत भी रखता था। सन् १८५७ के प्रथम स्वतंत्रता संग्राम में कमल का फूल और रोटी का धार्मिक प्रतीकात्मक अर्थ भी स्पष्ट था। अंग्रेजों को यदि भारत पर राज्य करना था तो निश्चय ही उसे राज्य को शक्तिशाली बनाना था और समाज को निर्बल। इतिहास साक्षी है कि ऐसी लड़ाइयों में आमतौर पर प्रतीक बहुत महत्त्वपूर्ण हो जाते हैं। राज्य सत्ता का प्रतीक उसका सचिवालय, उसकी नौकरशाही और शासन के दूसरे उच्च पद होते हैं। उन पदों के आगे-पीछे शासन की भव्यता, उसका भय और उसका

आतंक अंग्रेजों ने एक साथ गुंफित किया तथा भारतवर्ष में राज्य शक्ति के इन नए प्रतीकों की रचना की।

इस पूरी लड़ाई में समाज की शक्ति के प्रतीक और उसको निरंतर ऊर्जा देने वाले मंदिर और मठ ही थे। ये प्रतीक समाजिक चेतना को प्रतिध्वनित करते थे और समाज इनकी छत्रछाया में स्वयं को सुरक्षित भी महसूस करता था। अंग्रेज जानते थे कि जब तक भारतीय समाज के अस्तित्व, उसकी ऊर्जा, उसकी पहचान और उसके व्यक्तित्व के प्रतीक ये मठ-मंदिर स्वतंत्र हैं, तब तक विदेशी राज्य का यूनियन जैक हवा में फहराता हुआ भी असुरक्षित है।

अत: विदेशी साम्राज्यवादी शक्तियों ने मठों और मंदिरों को ही राज्य के नियंत्रण में लेने के प्रयास प्रारंभ कर दिए। अंग्रेजों ने मंदिरों पर नियंत्रण के लिए अलग-अलग राज्यों में अलग-अलग कानून बनाने प्रारंभ किए। जिनके अनुसार मंदिर अब सामाजिक, सांस्कृतिक ऊर्जा के स्वायत्त केंद्र न रहकर, राज्य के अन्य सरकारी विभागों की तरह एक सामान्य विभाग में परिवर्तित होने लगे। पहले मंदिर और मठ धार्मिक चेतना से अनुप्राणित थे, वे अब सरकारी नौकरशाही की गेंडुली के पाश में फँस जाने के कारण दम तोड़ने के कगार पर आने लगे। मंदिरों की संपत्ति पर नियंत्रण लगाने के अनेक प्रकार के प्रावधान ही नहीं निश्चित किए गए, बल्कि मंदिरों की जमीन को ही कानून बनाकर छीना जाने लगा। मंदिरों का यह सरकारीकरण विदेशी शक्तियों का भारतीय समाज पर सबसे कलंकित अध्याय है, जो अभी तक लिखा जा रहा है। दुर्भाग्य से इस अध्याय को लिखने के लिए अभी तक भी ऐसी शक्तियाँ जुटी हुई हैं, जो मानसिक रूप से उन्हीं विदेशी शक्तियों का अनुचर होने में ही गौरव अनुभव करती हैं। दक्षिण भारत में मंदिरों को शासकीय नियंत्रण में लाने का अभियान, जो ब्रिटिश सरकार ने बीसवीं शताब्दी के प्रारंभ में ही शुरू कर दिया था, का एक मुख्य कारण और भी था। उत्तर भारत एक लंबे अरसे से खैबर दर्रा की ओर से आक्रमणों का शिकार रहा था इसलिए अधिकांश उत्तर क्षेत्र में ऐतिहासिक मंदिर और मठ विधर्मी आक्रमणकारियों ने नष्ट कर दिए थे। परंतु दक्षिण भारत में इस प्रकार के ऐतिहासिक मंदिर अपनी कलात्मक गरिमा और भावात्मक ऊष्मा, दोनों ही रूपों में विद्यमान थे तथा दक्षिण भारत में यह मठ-मंदिर अलग-अलग स्थानों पर बहुत बड़े सांस्कृतिक केंद्रों के रूप में कार्य कर रहे थे। अंग्रेज शासकों को न केवल दक्षिण भारत में अपनी सत्ता की जड़ें जमानी थीं, बल्कि वहाँ विसंस्कृतिकरण की प्रक्रिया भी प्रारंभ करनी थी। अपनी जड़ से कटे हुए लोग धीरे-धीरे चर्च की शरण में भी जा सकते हैं या फिर विसंस्कृतिकरण के परिणामस्वरूप आक्रांता की

संस्कृति व सभ्यता को श्रेष्ठ मानकर अपना सकते हैं। लातीनी अमेरिका में यूरोपीय जातियाँ ऐसा प्रयोग सफलतापूर्वक कर चुकी थीं। आज दक्षिण के लगभग चारों राज्यों में मंदिरों पर नियंत्रण का एक पूरा-का-पूरा मंत्रालय बना हुआ है। पुजारी, पुजारी न रहकर राजकर्मचारी बन गया है। पहले पुजारी केवल देवता के प्रति उत्तरदायी होता था, अब वही पुजारी देवता से पहले राजकीय सत्ता के आगे उत्तरदायी है। परंपरा के अनुसार राजकीय सत्ता देव सत्ता के आगे नतमस्तक होती थी और धर्म के अनुसार शासन करने की प्रतिज्ञा लेती थी, परंतु नई व्यवस्था में मंदिर का अधिष्ठाता देवता भी दैनंदिनी चीजों के लिए राज्य सत्ता के दरबार में खड़ा नजर आने लगा। मंदिरों के संचालन के लिए उनकी अपनी भूमि और संपत्ति होती थी। शासन ने सबसे पहले मंदिरों की इसी जीवन रेखा को काटने का कुत्सित प्रयास किया। सरकारी नियंत्रण में आने के बाद मंदिरों की जमीन को या तो बेचा जाने लगा या शासन ने उसका अधिग्रहण ही कर लिया। जिन दिनों ब्रिटिश शासन इस देश में मंदिरों-मठों को लेकर अपनी षड्यंत्रकारी नीति का ताना-बाना तैयार कर रहा था, उस समय एक दूसरे प्रकार के मंदिरों की समस्या भी थी, जो किसी सीमा तक आज भी विद्यमान है। लंबे काल तक विदेशी आक्रमणों के कारण बहुत से मंदिर विधर्मियों द्वारा तोड़ दिए गए थे। वे अब खँडहरों में तब्दील हो गए हैं या मिट्टी के ढूहों के नीचे दब गए हैं। मूर्तियाँ खंडित हो गई थीं, कलश टूट गए थे, भवन धराशायी हो गए थे। ये टूटे हुए मंदिर भारतीय समाज के आगे विदेशी सत्ता से लोहा लेने की चुनौती उपस्थित करते थे। भूमि पर गिरे हुए कलश भारतीय स्वाभिमान की छाती में काँटा बनकर निरंतर दर्द देते रहे और उस दर्द को निकालने का एक अवसर भी प्रदान करते थे। इतिहास साक्षी है कि भारतीय समाज, चेतना, संरचना और व्यवस्था अल्पकाल के लिए मूर्च्छित होने के बावजूद बार-बार ऊर्जावान होकर अग्रसर हुई है। भारतीय समाज टूटे मंदिरों की एक-एक ईंट इकट्ठी करके फिर उन्हें खड़ा करता था। टूटी हुई मूर्ति को पुनः स्थापित करता था। अनेक मंदिर धराशाही हुए। पुनः निर्मित हुए, फिर धराशायी हुए। भारतीय समाज का मेरूदंड कभी टेढ़ा नहीं हुआ। परंतु ब्रिटिश शासन ने इसी मेरूदंड पर प्रहार किया और अस्मिता की इस पूरी लड़ाई में, मंदिरों के जिन भग्नावशेषों पर भारतीय समाज की वज्र साधना चल रही थी, उसी को समाप्त करने का प्रयास किया। पुरातत्व विभाग की स्थापना और पुरातत्व रक्षा के अधिनियम के अंतर्गत देव मूर्तियों की अजायबघरों में सुरक्षा को इसी परिप्रेक्ष्य में देखना होगा। विध्वंस से बचे मंदिरों पर ब्रिटिश शासन ने व्यवस्था के नाम पर कब्जा किया और आक्रमणों के शिकार मंदिरों पर पुरातत्व के बहाने

कब्जा जमाया। इस रणनीति के तहत विदेशी आक्रमणों से ध्वस्त मंदिरों का पुनः निर्माण कठिन हो गया। वे पुरातत्व विभाग के कब्जे में चले गए। मूर्तियों को वहाँ से निकाल-निकालकर अजायबघरों में पहुँचाया गया। इस प्रकार भारतीय धर्म साधना के मंदिर और देवताओं की मूर्तियाँ अब देवता न रहकर अजायबघर की शोभा बढ़ाने लगीं। पूजा-पाठ का निषेध तो था ही। कला पारखी कला के नाम पर तालियाँ बजा सकते थे और अजायबघरों में देव मूर्ति के सामने ऐसी तालियाँ पीटते अनेक कला पारखी आज भी देखे जा सकते हैं। इसी प्रकार पुरातत्व के नाम पर अनेक प्राचीन मंदिरों को पुरातत्व विभाग ने अपने कब्जे में कर लिया और वहाँ पूजा-पाठ का निषेध कर दिया। ध्यान रहे देवी-देवताओं की मूर्तियों का निवास मंदिर हो सकता है, धर्म निरपेक्ष सरकार का अजायबघर नहीं।

मंदिरों की इस समस्या से जुड़ा एक दूसरा मुद्दा और भी है। मंदिर में जब एक बार देवता की विधि-विधान के अनुसार प्राण-प्रतिष्ठा हो जाती है तो वह प्रस्तर मूर्ति नहीं रहती, बल्कि जीवित देवता बन जाती है। चेतन जीवित देवता के लिए उसके तमाम विधि-विधान शास्त्रीय नियम के अनुसार पूरा करना अनिवार्य है। परंतु सरकार पुरातत्व के नाम पर इस प्रकार के जीवित देवताओं को मंदिरों से हटाकर अजायबघरों में भेज रही है।

दादा साहेब आपटे विश्व हिंदू परिषद् के माध्यम से इस पूरे प्रश्न पर विचार कर रहे थे। लेकिन उनके सामने इससे जुड़ा एक और प्रश्न था। क्या मंदिर-मठ भी वर्तमान युग की आवश्यकताओं के अनुसार अपने कर्तव्य की पूर्ति कर रहे हैं? १९६६ के प्रथम विश्व हिंदू सम्मेलन में भी विश्व हिंदू परिषद् ने एक प्रस्ताव पारित कर इस महत्त्वपूर्ण विषय पर अपनी चिंता जाहिर की थी। दादा साहेब आपटे द्वारा १९६९ में प्रस्तुत रपट में भी उनकी इस विषय पर चिंताएँ स्पष्ट देखी जा सकती हैं-

"हमें अपनी अतिशय पुरातन परंपराओं पर अपार गर्व है। मठ मंदिरों, तीर्थ स्थानों तथा धर्मपुरुषों की श्रृंखला निर्विदाद रूप से प्रेरणा के अजस्र स्रोत हैं। अनेकानेक आश्रम, जो अनंत काल से समस्त महादेश, भारत खंड में बिखरे हुए हैं, वे चिंतकों एवं संतों की पुनीत एवं अक्षय स्मृतियों के प्रतीक हैं।…नदी-तटों, सागर तटों, पर्वत शिखरों, सघन वनों के मध्य में स्थित उक्त महात्माओं की तपस्या साधना स्थलियाँ हमारे तीर्थस्थल के रूप में परिवर्तित हुईं। लेकिन आज इनमें से कितने आश्रम, विहार, पाठशाला, मठ आदि अपने प्रयोजनात्मक गतिविधियों में सक्रिय हैं? इनके प्रस्थापकों ने जिस उद्देश्य से इनकी स्थापना की थी, क्या

उसकी पूर्ति हो रही है? आधुनिक विचार एवं जीवन-पद्धति के संदर्भ में ऐसे पुरातन प्रतिष्ठानों की क्या कोई सामाजिक भूमिका है? यदि प्राचीन काल में इनका कोई प्रयोजन था तो क्या इनका परिवर्तन आधुनिक संस्थानों के रूप में हो चुका है तथा क्या ये अपने परिवर्तित रूप से समयानुसार पूर्णतया संतोषप्रद सेवा करते हैं? क्या इन पुरातन संस्थाओं को निरर्थक मानकर समाप्त करना उचित होगा या फिर इन्हें अधिक कार्यानुरूप उपयोगी बनाने के लिए इनमें यथोचित सुधार किया जाए? ऐसे अत्यावश्यक कार्य का संपादन करने के लिए कौन अग्रसर होगा?…ये लाखों मंदिर कभी हमारे सामुदायिक जीवन के केंद्र थे। हिंदू विधान के अनुसार मंदिर निर्माण की योजना ग्राम या नगर के मध्य में की जाती थी। इनमें कुछ अपवाद अवश्य हैं, क्योंकि कुछ देवता ग्राम रक्षक माने जाते थे, जिनके देवालय गाँव या नगर के बाहर निर्मित होते थे। गाँव के मध्य में मंदिर आयोजन होना इस तथ्य का द्योतक है कि ऐसे देवालय हमारी प्रेरणा एवं गतिविधियों के केंद्र बन सकें। मंदिर केवल आराधना-स्थल ही नहीं थे, बल्कि ये तो समग्र धार्मिक सांस्कृतिक गतिविधियों के केंद्र भी थे, जहाँ कीर्तन, प्रवचन, प्रबोधन के साथ-ही-साथ गायन, नृत्य, वास्तुकला, शिल्पकला एवं चित्रकला की शिक्षा भी प्रदान की जाती थी।…इस प्रकार सामुदायिक जीवन में मंदिरों के प्रतिष्ठान का अत्यावश्यक महत्त्वपूर्ण स्थान था, ऐसे बहु-उद्देश्यीय कार्यकलाप से परिपूर्ण मंदिरों की प्रस्थापना एवं धर्मादाय निधि की व्यवस्था की जाती थी। धर्मगत समस्त गतिविधियों का कार्य-संपन्न किया जाता था। यह तो हमारी पुरातन भव्य गाथा है। कुछ अपवादों को छोड़कर उन सहस्त्रों एवं सैकड़ों मठों, जिनकी आय धर्मदाय एवं चढ़ौना आदि द्वारा सैंकड़ों एवं लाखों-करोड़ों रुपयों की है, इनमें से कितने ऐसे हैं, जो आज अपने कर्तव्यों का पालन कर पाते हैं? हमारे मंदिरों एवं तीर्थ स्थानों की सामान्य स्थिति क्या है? क्या इन्हें मात्र ऐसी धार्मिक संस्थाएँ मान लिया जाए, जिनके द्वार समाज कल्याण एवं उत्थान संबंधी लौकिक गतिविधियों के लिए बंद हैं तथा अनेकानेक मत-मतांतरों के होते हुए भी समस्त हिंदू समाज की रक्षा एवं संगठन में क्या इनका कोई सक्रिय योगदान हो पाता है? हमारे धार्मिक एवं धर्म-क्षेत्र कहाँ रह पाएँगे, यदि हमारा समाज विदेशी धर्मों एवं सिद्धांतों के घातक प्रहारों द्वारा ध्वस्त हो जाए?…

इन हिंदू धर्म विरोधी तत्त्वों की शक्ति बढ़ती जा रही है, क्योंकि एक ओर तो शासक वर्ग धर्म के संबध में आत्म-घातक एवं भ्रामक अवधारणाओं का शिकार बना हुआ था, दूसरी ओर हमारे धार्मिक, धर्मात्मा या तो वर्तमान युग से अनभिज्ञ हैं

या अक्षम्य उदासीनता के शिकार बने हुए हैं, जिससे वे समाज, धर्म एवं आत्मरक्षा की ओर अग्रसर नहीं हो पाते हैं।

इन सहस्रों मंदिरों एवं मठों में हमें कितनी अधिक भव्य परंपरा सुलभ है। ये बुद्धिमान एवं विवेकी साधु-संत, जो अपने आपको जगद्गुरु कहते हैं, जिनके अनुयायी लाखों धर्मात्मा हैं, अपनी हिंदू जाति की इस संकट वेला में समस्त धर्म क्षेत्रों तथा मंदिरों एवं मठों के संस्थानों का एक सुदृढ़ संगठन क्या नहीं बना सकते, ताकि अपने समाज एवं धर्म (जिसमें लौकिक, राष्ट्रीय एवं राजकीय कल्याण भी सम्मिलित है) की सार्वजनिक सुरक्षा हो सके? क्या हम जगद्गुरुओं, आचार्यों, संन्यासियों, साधुओं, धर्म-प्रचारकों तथा समस्त धर्म-पुरुषों से आग्रह नहीं कर सकते कि वे अपनी सारी शक्ति लगाकर हमारे सामाजिक ढाँचे की नींव को सुदृढ़ बनाएँ, ताकि हमारे हिंदू समाजरूपी महल को कोई बाहरी तत्त्व हिला नहीं पाए। हमारे बीच जो निर्धनता एवं असमानता भरी पड़ी है, उसे हमें अपने सुधारात्मक सामाजिक आचरणों द्वारा दूर करना है तथा उन आक्रमणकारियों को परास्त करना है, जो हम पर बुरी तरह टूट पड़े हैं। पहले भी हमने ऐसे सफल प्रयास किए थे। पुनः हमें इस प्रकार के प्रयास करने पड़ेंगे। हमें इस आधुनिक युग की ओर अपने शत्रुओं की चुनौती का सामना करना है तथा विश्वभर को बता देना है कि जो समाज अकेले ही बारह शताब्दियों तक अपनी स्वतंत्रता के लिए संघर्ष कर चुका है और अपने वास्तविक अस्तित्व को स्थापित करने में समर्थ रह चुका है, वह अवश्य ही अनिश्चितता रूपी जाल को आसानी से साफ कर सकता है, अपने उज्जवल भविष्य संबंधी समस्त शंकाओं को दूर कर सकता है तथा अपने पुनीत कर्तव्यों के प्रति जागरूक होकर पुनः उस मानवता के उत्थान के लिए कृत-संकल्प हो सकता है, जो पाशविकता की चपेट में आकर शीघ्रता से ध्वस्त होती जा रही है।[३१]

१९६४ से लेकर १९६९ के पाँच वर्ष के अल्पकाल में ही दादा साहेब आपटे ने देशभर में निरंतर प्रवास करके विहिप की प्रदेश स्तर तक समितियों का गठन कर दिया, जिनका आगे तालुका स्तर तक जाल फैल गया। इसे विहिप की 'पंचवर्षीय योजना' कहा जा सकता है, जिसने विहिप को इस अल्प अवधि में ही एक राष्ट्रीय संगठन के तौर पर स्थापित कर दिया और सबसे बड़ी बात यह है कि यह संगठन अपने प्रकार का पहला गैर-राजनीतिक संगठन था, जिसमें अनेक पंथों और समुदायों के धर्माचार्य और धर्मगुरु प्रमुख भूमिका में उपस्थित थे। यह जागतिक हिंदू समाज का सांस्कृतिक, सामाजिक और धार्मिक संगठन स्वरूप था, जो राज्य के देश से नीले पड़ चुके हिंदू समाज को पुनः उसकी शक्ति का स्मरण दिला रहा था।

सनातन हिंदू समाज की समग्र दृष्टि में राजनैतिक पक्ष एक छोटा पक्ष है, परंतु विदेशी षड्यंत्रों के कारण उस एक पक्ष ने हिंदू समाज के अन्य पक्षों को आच्छादित कर लिया था और अन्य पक्षों की प्राणवायु नलिकाओं को काटने के कुत्सित प्रयास किए थे। विहिप हिंदू समाज की उन्हीं घायल और मृत कोशिकाओं को पुनर्जीवित कर रहा था। इसी यज्ञ में आपटेजी ने अपने आप को होम किया था। सन् १९६९ तक आते-आते असम, गुजरात, महाराष्ट्र, उड़ीसा, मध्यभारत, केरल, आंध्र प्रदेश, कर्नाटक, जम्मू-कश्मीर, पंजाब, अंडमान-निकोबार, मणिपुर, राजस्थान, उत्तर प्रदेश, हिमाचल, विदर्भ, महाकौशल, दिल्ली, तमिलनाडु, हरियाणा, बिहार और बंगाल इत्यादि सभी प्रदेशों में परिषद् की शाखाएँ स्थापित हो गई थीं।

पूर्वोत्तर में विश्व हिंदू सम्मेलन

पूरा पूर्वोत्तर हिमालय एक प्रकार से षड्यंत्रकारियों की गिरफ्त में आता दिखाई दे रहा था। सन् १९४७ में ही भारत के बाहर और भीतर की षड्यंत्रकारी और साम्राज्यवादी शक्तियाँ पूरे असम को पाकिस्तान में मिला देना चाहती थीं, लेकिन राष्ट्रवादी शक्तियों की जागृति के कारण ऐसा संभव नहीं हो सका। अब इसलामी शक्तियाँ इस क्षेत्र को मुसलिम बहुल बनाकर उसे पाकिस्तान के साथ जोड़ना चाहती थीं। इसके लिए तत्कालीन पूर्वी पाकिस्तान (वर्तमान बंग्लादेश) से बहुत अधिक संख्या में मुसलमान अवैध घुसपैठ कर रहे थे। उधर पश्चिमी चर्च इस क्षेत्र को ईसाई बहुल बनाकर भारत को बाँटने की साजिश रच रहा था। सन् १९६२ में चीन आक्रमण करके इस क्षेत्र के कुछ भू-भाग को अपने कब्जे में भी कर चुका था और बाकी पर भी अपना दावा जता रहा था तथा दुर्भाग्य से हिंदू समाज भी अंतर्विरोधों में ग्रस्त था।

इसलिए दादा साहेब आपटे का सर्वाधिक ध्यान पूर्वोत्तर भारत की ओर गया। विश्व हिंदू परिषद् ने असम में तीन महत्त्वपूर्ण क्षेत्रीय सम्मेलन आयोजित किए। एक छोटा सा प्राथमिक सम्मेलन महात्मा गांधी के जन्मदिवस पर २ अक्तूबर, १९६६ को गुवाहाटी में संपन्न हुआ और बाद में फरवरी, १९६७ को एक त्रिदिवसीय महासम्मेलन गुवाहाटी में संपन्न हुआ। ऐसा ही भव्य विशाल महासम्मेलन जोरहाट में २७ मार्च से २९ मार्च, १९७० को आयोजित किया गया।

अरुणाचल प्रदेश में भगवान् परशुराम का एक प्रख्यात जल-कुंड है, जिसके बारे में कहा जाता है कि इसमें अपना कुल्हाड़ा धोकर परशुराम ने मातृ-हत्या के पाप का प्रक्षालन किया था। 'परशुराम कुंड' के नाम से विख्यात यह तीर्थस्थान

अत्यंत उपेक्षित अवस्था में था और निर्मित स्थल भी भूकंप में ध्वस्त हो चुका था। दादा साहेब आपटे तिब्बत तथा म्यांमार सीमांत पर स्थित इस तीर्थस्थल का पुनरुद्धार करना चाहते थे। यह तीर्थस्थल संपूर्ण भारत के हिंदुओं का एक बहुत बड़ा तीर्थ क्षेत्र है। विश्व हिंदू परिषद् ने १९६७ में इसके जीर्णोद्धार के लिए 'परशुराम कुंड' विकास समिति गठित की। वहाँ पर भव्य मंदिर का निर्माण किया गया, जिसमें आपटे ने अन्य धर्माचार्यों के साथ भगवान् परशुराम की मूर्ति की स्थापना की।[३२]

सन् १९६६ से असम में विश्व हिंदू परिषद् के कार्य का शुभारंभ हुआ। १९६७ के मार्च में जब विश्व हिंदू परिषद् ने प्रथम प्रादेशिक महासम्मेलन आयोजित किया, तब उसमें सौ से भी अधिक सत्राधिकार तथा अरुणाचल, मेघालय त्रिपुरा, नागालैंड आदि पहाड़ी अंचल की जनजातियों के प्रतिनिधि भी बड़ी संख्या में उपस्थित हुए थे। सन् १९७० में जोरहाट में हुए द्वितीय विश्व हिंदू महासम्मेलन में तो स्वयं नगारानी गाइडिन्ल्यू आई। इसके परिणामस्वरूप लोगों में विश्व हिंदू परिषद् के कार्य के बारे में श्रद्धा व अभिमान पैदा हुआ। बाद में उत्तर कछार जिले के केंद्र हाफलांग में जनजातियों के लिए छात्रावास बनाने का कार्य भी प्रारंभ किया गया। असम के साथ-साथ विश्व हिंदू परिषद् की अरुणाचल, मणिपुर, त्रिपुरा व मेघालय में भी शाखाएँ व जिला समितियाँ गठित की गईं, जिससे यहाँ के समाज में हिंदुत्व की सुप्त भावना फिर से जगने लगीं। भारत के अन्य प्रदेशों के हिंदू समाज के बारे में जो अलगाव की भावना थी, यह धीरे-धीरे कम होने लगी।

जोरहाट में हुए द्वितीय हिंदू महासम्मेलन में भारत भर की, गंगा, यमुना, नर्मदा, कृष्णा, गोदावरी, तुंग भद्रा, सिंधु, सहित प्रमुख पैंतालीस नदियों का पवित्र जल लाकर सम्मेलन स्थल पर विशेष रूप से निर्मित 'सर्वतीर्थ जलकुंड' में प्रवाहित किया गया। यह एक विशेष आकर्षण की बात थी। इससे भारत की एकात्मता का संदेश यहाँ के लोगों में प्रसारित करने में परिषद् सफल रही। बाद में अनेक श्रद्धालु जन उस 'सर्वतीर्थ कुंड' का पवित्र जल अपने-अपने घर ले गए। इस सम्मेलन में सुदूर दक्षिण से स्वामी विश्वेश तीर्थजी महाराज भी अपने शिष्यों सहित स्वयं उपस्थित थे। उनकी उपस्थिति से भारत की एकात्मता और हिंदुओं की एकता की भावना पुष्ट होने में अपूर्व सहायता मिली थी। भारत की एकात्मता का प्रतीक 'सर्वतीर्थ कुंड' तथा हिंदू समाज के श्रेष्ठ धर्मगुरु, आचार्य, सत्राधिकार, सामान्य जन तथा जन जातियों के लोगों का यह सम्मेलन हिंदू समाज की एकता का एक अभूतपूर्व दृश्य था। घोषणा थी 'हिंदू-हिंदू एक हों।' संघ के द्वितीय सरसंघचालक श्रीगुरुजी भी इस सम्मेलन में तीनों दिन स्वयं उपस्थित रहे और उनका अमूल्य

प्रेरणादायी मार्गदर्शन प्राप्त हुआ। इससे असम में हिंदुत्व के विचार को विशेष जनमान्यता तथा लोकप्रियता प्राप्त हो सकी।[३३] उसके बाद दादा साहेबजी का १९७८ तक कई बार असम में प्रवास हुआ। 'परशुराम कुंड' की तीर्थयात्रा का देश भर में प्रचार करने में उनकी विशेष भूमिका रही। पूर्वोत्तर में परिषद् को एक मजबूत नींव प्रदान करने में आपटेजी की अविस्मरणीय भूमिका है। १९६५ में विश्व हिंदू परिषद् के कार्य का सूत्रपात करने के समय असम के सुप्रसिद्ध साहित्यकार, संस्कृत के विद्वान्, प्रभावी वक्ता और प्रागज्योतिषपुर महाविद्यालय के प्रधानाचार्य श्री तीर्थनाथ शर्माजी को इस महान् कार्य में जुटाने में दादा साहेबजी के स्नेहपूर्ण, मधुर तथा प्रगाढ़ संबंध ही कारण थे। इतना ही नहीं, असम के १७० से भी अधिक सत्रों के सत्राधिकारों (मठाधीशों) में से सबसे प्रमुख चारों सत्राधिकारों को विश्व हिंदू परिषद् के कार्य में सक्रिय करने में दादा साहेब आपटेजी का अथक परिश्रम ही मुख्य कारण था।

कर्नाटक का प्रथम क्षेत्रीय हिंदू सम्मेलन—दक्षिणांचल में भी हिंदू समाज की भीतरी व्यवस्था चुनौती दे रही थी, क्योंकि दक्षिण में हिंदू समाज छोटे-छोटे समूहों में बँटा हुआ था और वहाँ दलित एवं सवर्णों के बीच खाई बहुत गहरी थी। धर्म के मूल तत्त्व पर एक प्रकार से कर्मकांड ने ही कब्जा कर लिया था। दक्षिण के मठ भी अपने भीतर ही सिमटे हुए थे और सामान्य जनता से उनका संपर्क आत्मीयतापूर्ण नहीं था। दादा साहेब आपटे ने इन समस्याओं से जूझने के लिए दक्षिण का क्षेत्र चुना। कर्नाटक का प्रथम क्षेत्रीय हिंदू सम्मेलन १३-१४ दिसंबर १९६९ को उडुप्पी में हुआ।

इस सम्मेलन में लगभग दस हजार की उपस्थिति थी। इसमें सभी वर्गों एवं संप्रदायों के लोग भाग ले रहे थे। दक्षिण भारत में, जहाँ हिंदुत्व का रथ सवर्ण-दलित के दल-दल में धँस रहा था, इस सम्मेलन ने आश्चर्यजनक उत्साह का संचार किया। सम्मेलन में श्री गुरु गोलवलकरजी का संबोधन अत्यंत मार्मिक था, "यदि हमारे मठाधिपति हमारे सर्वसाधारण समाज के मध्य भ्रमण करना प्रारंभ कर दें तो महान् कार्य हो सकता है। अब तक वे अपने मठों की दीवारों में बंद हाथी दाँत के स्तंभ के समान बैठे रहे हैं। परिणाम यह हुआ कि हमारे समाज के दूर वनों, गिरिकंदराओं में निवास करनेवाले व्यक्ति धर्म की सहायता से वंचित हैं। असम में चारों सत्राधिकारी गोस्वामी पिछले सैकड़ों वर्षों से अपने मठों से बाहर नहीं निकले। यद्यपि उन चारों के मठ ब्रह्मपुत्र नदी के एक ही द्वीप पर अवस्थित हैं, तो भी वे एक-दूसरे से आज तक नहीं मिले। जब वे चारों प्रथम बार असम के विश्व हिंदू

परिषद् के सम्मेलन में पधारे तो उन्होंने एक-दूसरे से पूछा, "वे कौन हैं?" किंतु अब स्थिति में कुछ अंतर आया है। पूज्यपाद दक्षिण पंथ स्वामीजी ने, जो आज भी अपने मध्य विराजमान हैं, यात्राएँ की हैं। इन्होंने अपने जनजातीय अनुयायियों से भेंट की है तथा उन्हें ओंकार दीक्षा दी है। दलित बंधु भाव-विभोर होकर कहने लगे कि ऐसा सम्मेलन बहुत पहले होना चाहिए था।"[३४]

पंढरपुर का सम्मेलन—५-६ दिसंबर, १९७० में महाराष्ट्र के द्विदिवसीय पंढरपुर सम्मेलन ने तो एक प्रकार से इतिहास रचा। इसमें १२,००० से भी ज्यादा लोग थे। महाराष्ट्र के कोने-कोने से कार्यकर्ता इसमें भाग लेने के लिए आए हुए थे। सम्मेलन को सफल बनाने के लिए दादा साहेब आपटे ने पूरे महाराष्ट्र का प्रवास किया और कई दिन पहले से ही पंढरपुर में आ पहुँचे थे। दादा साहेब आपटे ने सम्मेलन को संबोधित करते हुए कहा, "हम अपने को हिंदू क्यों कहें, ऐसा सवाल हिंदू ही करता है, जिसे देखकर बड़ा खेद होता है। हिंदुओं में व्याप्त इस संभ्रम को दूर करना चाहिए। ईश्वर के दरबार में जाति, प्रांत, भाषा, पंथ आदि भेदों के लिए कोई स्थान नहीं है। ईश्वर देखता है कि मनुष्य भक्त है या भंजक! ईश्वर ही हिंदू का लक्षण है। फिर उसे कोई महावीर, केशव कहे या शिव। राजनीति से अलिप्त रहकर तथा संप्रदाय, ऊँच-नीच भाव आदि को दूर कर, जो हिंदू है, वह अपना बंधु है, ऐसा मानकर कार्य करने के लिए आगे बढ़ना चाहिए। भारत के निधर्मी जनतंत्र में हिंदू धर्म को उसके रक्षार्थ स्वयं भगवान् के आदेश से ही परिषद् ने जन्म ग्रहण किया है, अवतार लिया है। हम सब हिंदू हैं। न कोई अस्पृश्य है और न आदिवासी। प्रत्येक हिंदू को आदर्श हिंदू बनना आवश्यक है, ताकि हिंदुत्व का प्रचार घर-प्रांगण तक किया जाए।"[३५]

गुजरात सम्मेलन

सन् १९७२ में २१ और २२ अक्तूबर को सिद्धपुर में गुजरात राज्य का प्रथम हिंदू सम्मेलन हुआ, जिसमें लोगों की संख्या १० हजार को भी पार कर गई।

तिरुपति सम्मेलन

गुजरात सम्मेलन के दो वर्ष बाद १९७४ में तिरुपति में हुए आंध्र प्रदेश सम्मेलन ने अपना इतिहास रचा। इसमें ३० हजार से भी ज्यादा उपस्थिति थी। दक्षिणांचल में उडुप्पी से १९६९ में परिषद् की शुरू हुई यात्रा १९७४ तक आंध्र प्रदेश पहुँच चुकी थी।

विश्व हिंदू परिषद् की कार्ययोजना—दादा साहेब आपटे जहाँ विश्व हिंदू परिषद् के लिए वैचारिक धरातल तैयार कर रहे थे, वहीं क्षेत्र में विश्व हिंदू परिषद् को किस प्रकार का कार्य करना है, किस प्रकार के प्रकल्प तैयार करने हैं, कार्य पद्धति किस प्रकार की होनी चाहिए, संगठन का निर्माण किस प्रकार किया जाए इन सभी की चिंता भी उन्हें रहती थी। इन विषयों पर देश भर से कार्यकर्ताओं के पत्र भी आते रहते थे। १९६९ में अपनी पंचवर्षीय रपट में उन्होंने इन समस्त प्रश्नों के मार्गदर्शक उत्तर दिए, जिससे परिषद् के संगठनात्मक स्वरूप एवं कार्यप्रणाली की एक झलक मिलती है, "हमारे कार्यक्रम एवं समर्थकों द्वारा बार-बार यह प्रश्न पूछा जाता है कि वे अपने संबंधित क्षेत्र में किस प्रकार की तत्काल व्यावहारिक गतिविधियों का प्रारंभ करें, सभी राज्यों एवं क्षेत्रों में समान रूप से निर्धारित कार्यक्रमों का ब्योरा प्रस्तुत करना न तो उचित है और न संभव ही, क्योंकि प्रत्येक स्थान की आवश्यकता एक-दूसरे से भिन्न हुआ करती है। तो भी सामान्यत: कार्यकलाप के विषय में सुझाव दिया जा सकता है। जब सक्रिय कार्यक्रम का प्रारंभ किया जाए, तो निम्नांकित सुझावों को ध्यान में रखा जा सकता है—

१. परिषद् को चाहिए कि वह बिना किसी भेदभाव के समस्त संप्रदायों, जातियों एवं वर्गों से संपर्क करके उनके प्रतिनिधियों का सहयोग प्राप्त करे।
२. परिषद् को चाहिए कि वह ऊँच-नीच का विचार किए बिना समस्त रोजगार-धंधों के लोगों के पास जाकर उनसे अपने कार्य में सहयोग प्रदान करने का आग्रह करें।
३. सभी संप्रदायों के तीर्थस्थानों में पहुँचकर उन्हें हमें अपनी गतिविधियों के केंद्र बनाने चाहिए। सभी संप्रदायों के लिए समान श्रद्धा-भाव उत्पन्न करने की सफलता ही हमारी प्रमुख शक्ति होगी।
४. तीर्थ स्थानों, मठ, मंदिरों, आश्रमों, धार्मिक संस्थाओं, हिंदू धर्मादय संस्थानों की बहुत ही सूक्ष्म एवं पूर्ण समीक्षा तत्काल होनी चाहिए। पूछताछ की जानी चाहिए कि किसी भी संस्था को किसी प्रकार की सहायता, सहयोग एवं मार्गदर्शन चाहिए क्या?
५. जिला समिति को ऐसी योजना बनानी चाहिए कि इसके कार्यकर्ताओं का संचार बारी-बारी से संपूर्ण जिले में होता रहे तथा कोई हिंदू निवास स्थान इनके संपर्क से अछूता न रह पाए।
६. प्रत्येक क्षेत्र के सामाजिक एवं वार्षिक त्योहारों एवं मेलों का सर्वेक्षण किया जाना चाहिए तथा स्थानीय समितियों को चाहिए कि वे मेलों एवं

त्योहारों के प्रबंधकों को अपना पूर्ण सहयोग प्रदान करें अथवा आवश्यकतानुसार वे इसका प्रबंध कार्य स्वयं करें।

७. सुधार-गृहों, अनाथालयों, वृद्धों एवं अपंगों के आश्रमों तथा ऐसी समस्त सामाजिक संस्थाओं का समुचित सर्वेक्षण किया जाए। यदि हिंदुओं के लिए कहीं पर कोई देवालय न हो, तो इसकी पूछताछ की जाए तथा इसकी तत्काल व्यवस्था की जाए।

८. प्रत्येक जिले के पिछड़े समुदाय एवं परिगणित जातियों की जनसंख्या, समस्याओं, सुविधाओं एवं आवश्यकताओं का विस्तृत विवरण तैयार करने का कार्य तत्काल प्रारंभ कर दिया जाए तथा इस कार्य को इस वर्ष के अंत तक (१९६९ के अंत तक) पूरा कर लिया जाए।

९. डॉक्टरों, सामाजिक कार्यकर्ताओं तथा सामाजिक उद्धार कार्य में संलग्न धर्मगुरुओं का विस्तृत विवरण तैयार होना चाहिए।

१०. प्रत्येक जिला समिति को चाहिए कि वह समय पर कम-से-कम छह महीनों में एक बार अपने कार्य-विवरण एवं प्रगति का लेखा-जोखा अपने प्रमुख कार्यालय को भेज दिया करे।

परिषद् चाहती है कि हमारा संगठन राजधानी से लेकर छोटे-मोटे स्थानों तक सुदृढ़ बन जाए। हमारे देश के कुल जिलों में २५० जिले ऐसे हैं, जहाँ प्रत्येक स्थान में आगामी दस वर्षों में हमारे केंद्र स्थापित होने चाहिए। ऐसे परिषद् केंद्र में निश्चय ही संचालन संयोजन जिला कार्यकर्ताओं द्वारा किया जाएगा। ऐसे केंद्रों में प्रत्येक स्थान पर कम-से-कम पाँच संगठन कार्यकर्ता होंगे, जो पूरे समय के लिए कार्य कर सकेंगे। जिनमें एक-दो समाज सेविकाएँ, एक पंजीकृत चिकित्सक या एक प्रशिक्षित कंपाउडर होगा, जो औषधालय का प्रबंध कर सके। संबंधित जिले में जहाँ पर्वतीय एवं वनवासी क्षेत्रों के पिछड़े परिवारों के बच्चों के भरण-पोषण के लिए छात्रावास प्रारंभ करना आवश्यक है, वहाँ बच्चों की शिक्षा का समुचित प्रबंध करना होगा। हमारे कार्यकर्ताओं के लिए यह विचार करना कि शिक्षा प्रदान करना तो सरकार का काम एवं उत्तरदायित्व है, ठीक नहीं होगा। परिषद् का विचार है कि पिछड़े हुए बच्चों की सहायता ही सहायक होगी। इन प्रस्तावों के अतिरिक्त यह बहुत आवश्यक है कि हम ऐसे केंद्रों की प्रस्थापना करें, जिनकी सहायता से हमारे पिछड़े बंधुओं के लिए काम-धंधों की सहूलियत हो सके। दरिद्रता एवं असहायता के कारण ही हमारे पिछड़े बंधु हिंदू समाज से विलग हो जाते हैं। भूखे

पेट के कारण लोग कुछ भी करने को उतारू हो जाते हैं। यदि हम काम और रोटी प्रदान कर सकें तो हमारे समाज के लोग अपने धर्म एवं समाज में बने रहेंगे तथा वे कभी भी अपने धर्म परित्याग की बात नहीं सोचेंगे। परिषद् चाहती है कि प्रत्येक क्षेत्र में कार्य-केंद्र की प्रस्थापना की जाए, जहाँ इन भोले-भाले अशिक्षित लोगों को हस्त उद्योगों एवं कुटीर उद्योगों के लिए प्रशिक्षित किया जा सके, ताकि वे अपनी जीवकोपार्जन में समर्थ हो सकें। हम लोगों ने अपने देश में जो थोड़े से प्रयोग किए हैं, उससे हम आत्मविश्वास के साथ कह सकते हैं कि यह युक्ति सफल होगी।

अनाथालयों, उद्धारगृहों, विधवाश्रमों तथा वृद्ध एवं असमर्थ व्यक्तियों के आश्रम केंद्रों की सफलता का आकलन इनकी संख्या द्वारा किया जाता है। लेकिन परिषद् अनुभव करती है कि इस समस्या का समुचित निराकरण यह होना चाहिए कि एक ही स्थान पर भीड़ नहीं लगाई जाए, बल्कि इसके लिए यथोचित घरों की व्यवस्था की जाए। हमारी सफलता इस बात पर निर्भर करती है कि हम कितनी शीघ्रता से इन अनाथ बच्चों और असहाय व्यक्तियों के लिए व्यक्तिगत घरों में इनकी व्यवस्थाएँ कर सकेंगे। हमारे अनाथालय एवं आश्रम तो एक प्रकार से पारगमन शिविर हों, ताकि ये अनाश्रित व्यक्ति पारगमन शिविर से अभिगृहित परिवार में प्रविष्ट कर दिए जाएँ। अतः परिषद् उदार एवं दयालु हिंदुओं से आग्रह करती है कि वे कम-से-कम एक व्यक्ति को अपने-अपने घरों में आश्रय प्रदान करें, ताकि अनाथालयों की समस्या का समुचित समाधान हो सके।[३६]

द्वितीय विश्व हिंदू सम्मेलन

१९६६ में मौनी अमावस्या के अवसर पर महाकुंभ पर प्रथम विश्व हिंदू सम्मेलन हुआ था। अतः जब द्वितीय विश्व हिंदू सम्मेलन करने की योजना बनी तो सभी के मन में इच्छा थी कि १९७८ की मौनी अमावस्या के महाकुंभ के अवसर पर ही द्वितीय विश्व हिंदू सम्मेलन आयोजित किया जाए, लेकिन अनेकानेक कारणों से ऐसा संभव नहीं हो सका। उसके स्थान पर २५-२७ जनवरी, १९७९ को प्रयागराज में द्वितीय विश्व हिंदू सम्मेलन आयोजित किया गया। दादा साहेब आपटे के लिए इस सम्मेलन की महत्ता बहुत ज्यादा थी, क्योंकि ११-१२ जून, १९७७ में हुई विश्व हिंदू परिषद् की केंद्रीय कार्यकारिणी की बैठक में आपटेजी ने अपना कार्यभार राजाभाऊ डिग्वेकरजी को सौंप दिया था और वे पुण्यनगरी पुणे में रहने लगे थे। आज से बारह वर्ष पहले विश्व हिंदू परिषद् के जिस वट-वृक्ष का अंकुर उन्होंने रोपा था, वह बारह वर्षों में पूरा वटवृक्ष बन गया था। यह विश्व हिंदू परिषद् की

एक महाकुंभ से लेकर दूसरे महाकुंभ तक की पावन यात्रा थी, जिसके दादा साहेब आपटे न केवल द्रष्टा थे, बल्कि उस यात्रा के पुरोहित भी थे। इन बारह वर्षों में उन्होंने विश्व हिंदू परिषद् की जो आधारभूत संरचना तैयार की थी, उसके मूर्तिमान प्रासाद स्वरूप को वे स्वयं देख लेना चाहते थे। इस अवसर पर वे केवल द्रष्टा की भूमिका में उपस्थित होनेवाले थे। यह सम्मेलन आपटेजी के अब तक के परिश्रम का यथार्थ स्वरूप था।

विश्व हिंदू परिषद् की स्थापना से ही आपटेजी की पूरी योजना में वैश्विक स्तर पर बौद्ध देशों का महत्त्वपूर्ण स्थान था। इसीलिए वे परिषद् की स्थापना के तुरंत बाद धर्मशाला में तिब्बत के शासक और धर्मगुरु परमपावन दलाईलामा से विश्व हिंदू परिषद् की योजनाओं पर चर्चा करने के लिए मिले थे। आज इस द्वितीय विश्व हिंदू सम्मेलन का उद्घाटन दलाई लामा कर रहे थे।

काशी के पंडितों ने दलाई लामा के काशी पधारने पर उनका भव्य स्वागत किया। इसे इतिहास का संयोग ही कहना चाहिए कि २५०० वर्ष पूर्व जब महात्मा बुद्ध काशी पधारे थे तो काशी के पंडित समाज ने उन्हें प्रवचन के लिए काशी के भीतर घुसने तक नहीं दिया था। यद्यपि बाद में बुद्ध स्वयं ही विष्णु के अवतार मान लिये गए। परंतु सनातन समाज और बौद्ध समाज के भीतर की यह कटुता किसी-न-किसी रूप में विद्यमान ही रही।

आज काशी के पंडित समाज ने बोधिसत्व दलाई लामा का अभिनंदन किया। विश्व हिंदू परिषद् ने इतिहास की इस भूल को सुधारने का ऐतिहासिक उपक्रम कर दिखाया। दूसरे दिन विश्वभर से आए हुए एक लाख प्रतिनिधियों के आगे परमपावन दलाई लामा ने काशी के पंडितों का अभिवादन कर अढाई सहस्राव‍धि के इस दुःखद अध्याय को सदा के लिए दफना दिया। दादा साहेब आपटे की आँखों से अश्रुधारा बह रही थी। ये प्रसन्नता के आँसू थे। उनके जीवन की एक साध पूरी हो गई थी।

दलाई लामाजी ने अपने उद्‌बोधन में कहा, ''हिंदू सम्मेलन में उपस्थित होना असगंत सा प्रतीत हो सकता है, यदि उदार-दृष्टि से देखा जाए तो यह असंगत नहीं है। क्योंकि हिंदू तथा भारतवर्ष में उद्‌भूत सभी धर्मों के अनुयायी इसमें सम्मिलित हुए हैं। तिब्बत में विकसित बौद्ध धर्म मूलतः भगवान् बुद्ध द्वारा प्रवर्तित भारतीय धर्म है, जो अपनी उद्‌गम-भूमि में किन्हीं कारणों से सुरक्षित नहीं रह सका, किंतु जिसे तिब्बत में हमने बड़ी श्रद्धा के साथ अब तक सुरक्षित ही नहीं रखा, अपितु उसे विकसित भी किया है। यहाँ आने के बाद भारतीय विद्वानों से बातचीत करने पर मुझे ऐसा अनुभव हुआ है कि दर्शन और साधना आदि के विषय में उनमें और

हमारे विचारों में कुछ भी भेद नहीं है। इस दिशा में सहस्राब्दियों से संचित हमारी संपूर्ण निधि मूलतः भारत की ही है।

इसके अतिरिक्त इस दृष्टि से भी इसका औचित्य है कि सभी धर्मों का उद्देश्य प्राणिमात्र को दुःखों से मुक्ति दिलाना है। उनके मार्ग भिन्न-भिन्न हो सकते हैं, किंतु लक्ष्य सभी को सुख एवं शांति दिलाना ही है। अतः सभी भारतीय धर्मावलंबी एकत्र होकर संगठित रूप से बहुजन के हित एवं सुख के कार्य में लगें तो यह संगत भी है, और आवश्यक भी। इसीलिए इस सम्मेलन में सम्मिलित होने में मुझे हार्दिक प्रसन्नता का अनुभव हो रहा है।...भगवान् बुद्ध ने सभी संस्कारों को प्रतीत्यसमुत्पन्न, अनित्य एवं परिवर्तनशील कहा है। अतः धर्म के मौलिक सिद्धांतों को सुरक्षित रखते हुए जो संस्थागत अनेक व्यवस्थाएँ बाद में उसमें जुड़ जाती हैं, उसकी समय-समय पर परीक्षा करते रहना चाहिए और अनुपयोगी होने पर उनके स्थान पर नई व्यवस्था देने के लिए हमेशा तैयार रहना चाहिए, अन्यथा वे अपने साथ धर्म के मूल हितकारी तत्त्वों को भी समाप्त कर देंगी।...यह विश्व हिंदू सम्मेलन अपने आप में एक ऐतिहासिक घटना है। इसका महत्त्व तब और भी बढ़ जाएगा, यदि इसके द्वारा समस्त भारतीय धर्मों के व्यवहार में जो असंगतियाँ आ गई हैं, उन्हें दूर करने का साहसपूर्वक कदम उठाया जाए और सभी धर्मावलंबी सद्भाव के आधार पर संगठित होकर संसार में व्याप्त भय, वैषम्य, पराधीनता तथा उत्पीड़न आदि दुःखों को दूर कर सभी प्राणियों के लिए सुख एवं शांति का पथ प्रशस्त करें। इस कार्य में सफलता के लिए मैं त्रिरत्न से प्रार्थना करता हूँ।[३७]

सम्मेलन में लगभग एक लाख से भी ज्यादा प्रतिभागी भारत और विदेशों से भाग ले रहे थे। मॉरिशस के तत्कालीन उद्योग एवं वाणिज्य मंत्री श्री दयानंद बसंत राय ने अत्यंत ही भावपूर्ण शब्दों में वैश्विक संदर्भों में विश्व हिंदू परिषद् की महत्ता को रेखांकित किया—

''वर्तमान परिप्रेक्ष्य में विश्व हिंदू परिषद् की स्थापना और उसके कार्यकाल बहुत ही आवश्यक, उपयोगी एवं सराहनीय हैं।...भारतवासियों को यह गर्व है और होना चाहिए कि यद्यपि यहाँ बहुत पहले से ही शक, हूण, यवन आदि अनेक जातियाँ आक्रमक के रूप में आईं, राजनीतिक दृष्टि से उन्हें कुछ सफलता भी मिली तथापि उनके लाख प्रयत्नों के बावजूद हिंदू जाति की सत्ता, संस्कृति और स्वधर्म प्रियता नहीं मिटी। आक्रमक या तो स्वयं विलीन हो गए या पलायन कर गए। मॉरिशस की स्थिति देखकर अब उन्हें इस पर भी गर्व करने का अवसर आ गया है कि हमारी जाति के जो लोग दीन-हीन दशा में बाहर गए, उन्होंने अधिकाधिक

विषमताओं से घिरे रहने पर भी अपनी जाति, संस्कृति और धर्म को नहीं मिटने दिया, प्रत्युत उसका विकास किया और उनकी संतानों ने राजनीतिक दृष्टि से भी समुन्नत स्थान प्राप्त किया।...हमारे देश के हिंदू अपने को हिंदू कहते हुए सिर ऊँचा रखते हैं। उन्हें कोई संकोच नहीं। हमारे प्रधानमंत्री सनातनी हिंदू हैं और ऐसा कहने में उन्हें कोई हिचक नहीं। वे पूजा-पाठ अपनी प्रथा के अनुसार करते हैं। साथ ही सभी संप्रदायों का पूरा सम्मान करते हैं। स्वराज्य दिवस और जन्मदिवस आदि के अवसर पर पहले मंदिर में जाकर पूजा करते हैं, फिर अन्य धार्मिक संस्थाओं एवं पूजागृहों में जाते हैं। मैं स्वयं सरकार में मंत्री हूँ और हिंदू महासभा का अध्यक्ष तथा सनातन धर्म मंदिर संघ का भी मंत्री हूँ। मुझे इन कार्यों में कोई हिचक नहीं और न कोई इसे बुरा मानता है।...हम अपने पूर्वजों की पुण्यभूमि भारत तथा विश्व हिंदू परिषद् से यह आशा करते हैं कि देश-काल का ध्यान रखते हुए हिंदुत्व के मूल आदर्शों के आधार पर प्राचीन महर्षियों द्वारा निर्दिष्ट व्यापक दृष्टिकोण तथा उच्च आदर्शों के अनुसार ही विश्व के विभिन्न भागों में बसे हुए हिंदुओं का पथ प्रदर्शन हो, सबका समुचित संगठन हो, सब में अपनी संस्कृति की रक्षा की भावना का विकास हो तथा पारंपरकि सहानुभूति एवं एकता सुदृढ़ हो, क्योंकि 'संघे शक्तिः कली युगे।'[३८]

सम्मेलन में कुल मिलकार छह प्रस्ताव पारित किए गए, जिनमें जनजातियों की उन्नति, अस्पृश्यता निवारण, सामाजिक सौहार्द, मठ मंदिरों की सुव्यवस्था, गौवंश की रक्षा तथा संवर्धन, हिंदुओं की अल्पसंख्यावाले क्षेत्रों में उनकी सुरक्षा महत्त्वपूर्ण थे। छब्बीस जनवरी को एक मातृ सम्मेलन का आयोजन भी किया गया, जिसमें नागालैंड की रानी गाईडिल्यु राजमाता विजयाराजे सिंधिया और महादेवी वर्मा भी उपस्थित थीं। इसी प्रकार संत सम्मेलन का आयोजन भी हुआ, जिसका उद्घाटन डॉ. कर्ण सिंह ने किया। विदेशस्थ हिंदुओं का सम्मेलन २७ जनवरी को हुआ, जिसमें विदेशस्थ हिंदुओं की गौरवरक्षा, सुरक्षा व सहयोग, भारत में प्रवासी हिंदू छात्र और बाँग्लादेश में हिंदुओं की स्थिति पर प्रस्ताव पारित किए गए।[३९]

मकर संक्रांति १४ जनवरी से लेकर १ फरवरी, १९८९ तक 'धर्म गंगा प्रर्दशनी' का आयोजन भी किया गया। इस प्रदर्शनी को लाखों लोगों ने देखा। देश-विदेश से आए हुए सांस्कृतिक कर्मियों ने यहाँ अपने-अपने क्षेत्र के सांस्कृतिक कार्यक्रम भी प्रस्तुत किए। विश्व हिंदू परिषद् ने विश्व भर के हिंदुओं के लिए न्यूनतम धर्माचरण की घोषणा की। २७ जनवरी, १९७९ को श्री शांति सोमैया ने इसे विश्व भर के हिंदू समाज के सम्मुख प्रस्तुत किया—

१. सूर्य शाश्वत देवता हैं। उन्हें प्रतिदिन प्रणाम करें।
२. ओ३म् परमात्मा का सर्वमान्य प्रतीक है। अत: सभी हिंदू ओ३म् का चिह्न अपने गले में धारण करें। प्रत्येक कार्य के प्रारंभ में, यथा पुस्तक, कॉपी, डायरी, वाहन आदि पर ओ३म् अंकित करें।
३. श्रीमद्भगद्गीता हिंदू समाज का संप्रदाय-निरपेक्ष धर्म-ग्रंथ है, जिसमें हिंदू जीवन दर्शन का सार संग्रहीत है। अत: प्रत्येक हिंदू परिवार में गीता की पुस्तक अवश्य हो।
४. प्रत्येक हिंदू परिवार अपने घर में इष्टदेव का चित्र या प्रतीक लगाएँ एवं तत्समय यथासंभव प्रतिदिन प्रार्थना अवश्य करें।
५. तुलसी औषधि के रूप में भी सर्वविदित है। अत: प्रतीक रूप में प्रत्येक परिवार में तुलसी का पौधा अवश्य होना चाहिए।
६. अपने-अपने धर्म श्रद्धा केंद्र में यथोत्साह नियमित रूप से प्रार्थना व दर्शन करने अवश्य उपस्थित हों।

दादा साहेब आपटे तृप्त नेत्रों से सबकुछ देखते रहे। अब वे निश्चिंत थे। उनका लगाया वट-वृक्ष निश्चय ही जड़ों से गहराता जाएगा और नई पत्तियों का सृजन भी करेगा। वे मंच पर आए और उनकी गुरु गंभीर वाणी गूँज उठी, "अब परिषद् का कार्य विश्वव्यापी हो गया है। लंदन से लेकर श्रीलंका तक के प्रतिनिधि यहाँ आए हुए हैं। विश्व के ८८ देशों में वेद मंदिर की स्थापना हो चुकी है। ४५ वर्ष पहले एक महापुरुष (श्री गुरुजी) ने जंगल में बिखरा हुआ एक वनफूल उखाड़ दिया और उसे जनता की सेवा में लगा दिया। मुझे वह सौभाग्य भगवान् की पूजा में अग्रसर होने को मिला। हिंदू धर्म को कोई खतरा नहीं है। दूसरे अपने खतरों की चिंता करें।"[४०]

संदर्भ

१. तपोवन प्रसाद, दिसंबर, १९६४, मुंबई, पृ. ११
२. तपोवन प्रसाद, दिसंबर, १९६४, मुंबई, पृ. ११
३. तपोवन प्रसाद, दिसंबर, १९६४, मुंबई, पृ. ११
४. हिंदू विश्व, नवंबर, १९६१, पृ. ३१
५. हिंदू विश्व, नवंबर, १९६१, पृ. ३२
६. 'हिंदू विश्व', नवंबर, १९६१, पृ. ३२
७. 'हिंदू विश्व', नवंबर, १९६१, पृ. ३३-३४

८. ---वही--- पृ. ३५
९. ---वही--- पृ. ४८
१०. ---वही--- पृ. ४९
११. 'हिंदू विश्व', नवंबर, १९६९, पृ. ४०
१२. ---वही--- पृ. ४५
१३. ---वही--- पृ. ३८-३९
१४. 'हिंदू विश्व', नवंबर, १९६९ पृ. ५२
१५. हिंदू विश्व, नवंबर, १९६१, पृ. ५२-५३
१६. 'हिंदू विश्व', नवंबर, १९६९, पृ. ५४
१७. ---वही--- पृ. ५२
१८. 'हिंदू विश्व', नवंबर, १९६९, पृ. ५५
१९. ---वही--- पृ. ४७
२०. हो.वे. शेषाद्रि (संपा.), आर.एस.एस.—'ए विजिन इन एक्शन', पृ. ७४-७५
२१. विश्व हिंदू परिषद्, मेमोरेंडम ऑफ एसोसिएशन, रूल्ज ऐंड रेगुलेशंस, पृ. १
२२. ---वही--- पृ. ५
२३. विद्वत् परिषद् निर्णय, पृ. ३
२४. आचार संहिता के बारे में यह सामग्री मुख्य रूप से विश्व हिंदू परिषद् मुंबई द्वारा प्रकाशित पुस्तिका, विद्वत् परिषद् निर्णय-विश्व हिंदू परिषद् मद्रास १९६७ पर आधारित है। इस पुस्तिका पर प्रकाशन वर्ष का उल्लेख नहीं किया गया है।
२५. 'हिंदू विश्व', नवंबर, १९६९, पृ. ३८-३१
२६. 'हिंदू विश्व', नवंबर, १९६९, पृ. ६३-६४
२७. ---वही--- पृ. ६४-६५
२८. ---वही--- पृ. ६६-६८
२९. 'हिंदू विश्व', मई, १९६७, पेज ४७
३०. 'हिंदू विश्व', जनवरी, १९७९
३१. 'हिंदू विश्व', नवंबर, १९७९, पृ. १०५-१०७
३२. 'हिंदू विश्व', अप्रैल, १९७२, पृ. १
३३. श्रीकांत जोशी, असम में विश्व हिंदू परिषद् के बढ़ते चरण, ''हिंदू विश्व'', सितंबर १९८६, पृ. ८१-१२
३४. रघुनंदन प्रसाद शर्मा, 'प्रेरणा के अमर स्वर', पृ. १४७-१४८
३५. 'हिंदू विश्व', जनवरी, ५-६, १९७१
३६. 'हिंदू विश्व', नवंबर, १९६९, पृ. ९०-९१
३७. 'हिंदू विश्व', चैत्र-वैशाख, १९०१ शके, पृ. २७-२८
३८. 'हिंदू विश्व', चैत्र वैशाख, १९०१ शके, पृ. ३४-३५
३९. ---वही--- पृ. ८१
४०. ---वही--- पृ. ३१

□

सप्तम अध्याय

विदेशों में विश्व हिंदू परिषद्

विदेश यात्रा या सागर पार यात्रा की हिंदू के लिए शास्त्रीय विधान में मनाही है। कहा जाता है कि उससे हिंदू पतित हो जाता है (बाद में परिषद् ने "न हिंदू पतितो भवेत्" का सूत्र दिया) यह उस हिंदू समाज में कहा जाता है, जिसने कभी सातों सागरों को पारकर दिग-दिगंत तक अपनी विजय पताका फहराई थी। बाद में अनेकानेक कारणों से हिंदू समाज सिमटता गया। यहाँ तक कि लोकमान्य तिलक और मदन मोहन मालवीय जैसे महापुरुषों को भी सागर पार करने का प्रायश्चित करना पड़ा। महात्मा गांधी ने भी लिखा है कि जब उनकी माँ ने उनकी इंग्लैंड जाने की बात सुनी, तो सागर पार जाने की बात सुनकर विचलित हो गईं। विश्व हिंदू परिषद् को तो इन्हीं सागर पार हिंदुओं के बीच कार्य करना था। यह विरोधाभास दादा साहेब आपटे को उद्वेलित कर रहा था। वे इस प्रकार के शास्त्रीय विधानों के औचित्य को प्रश्नित करने की बजाय केवल उनकी वर्तमान काल में प्रासंगिता को लेकर चिंतन-मनन कर रहे थे। वे १९७१ में विश्व हिंदू परिषद् के कार्य के लिए विदेश जाने से पहले भी अनेक बार हिंदुस्थान समाचार के प्रतिनिधि के तौर पर विदेशों का प्रवास कर चुके थे। १९७७ में विश्व हिंदू परिषद् के कार्यभार से मुक्त हो जाने के उपरांत भी यह प्रश्न उनके मन में उमड़ता-घुमड़ता रहता था। इसका एक स्पष्ट आभास सितंबर, १९७९ में आपटेजी और कांचीकामकोटी मठ के जगद्गुरु शंकराचार्य चंद्रशेखरेंद्र सरस्वती के बीच हुए एक संवाद से मिलता है। शंकराचार्यजी बेलगाँव में चार्तुमास के लिए ठहरे हुए थे। आपटेजी उनके साथ दो दिन रहे। आपटेजी के ही अनुसार, "मैंने आचार्यजी से पूछा कि कलियुग की आचार संहिता कही जानेवाली 'पाराशर स्मृति' में पाँच कृत्यों का 'पाप' कहकर कलिकाल में निषेध किया गया है। परंतु अब तक इन निषेधों की

संख्या बढ़कर पचपन हो गई है, जिसमें सागर पार को भी पाप घोषित किया कर दिया गया है। सागर पार करनेवाले क्या सभी हिंदू पापी हो गए हैं? क्या वे हिंदू समाज से पतित होकर वृषल हो गए हैं? एक ओर तो यह कहा गया है कि जहाँ मार्गदर्शन के लिए ब्राह्मण न हों, वहाँ के लोग वृषल अर्थात् जातिच्युत हो जाते हैं। परंतु इसके साथ ही हम सागर पार का भी निषेध करते हैं। यह कैसा विरोधाभास है? यहाँ तक की तिलक और मालवीय जैसे सम्मानित और पावन महापुरुषों को भी सागर पार करने की पाप मुक्ति के लिए प्रायश्चित करने के लिए कहा गया। क्या हमें सागर यात्रा पर लगे इस प्रतिबंध को हटा नहीं देना चाहिए? यह प्रतिबंध ११९२ ई. सन् में तराई में हिंदुस्थान की विनाशकारी पराजय के बाद ऐतिहासिक कारणों से लागू किया गया था। धर्मांध गुंडों द्वारा सरस्वती, ब्रह्मा, विष्णु, शिव और यहाँ तक की महात्मा बुद्ध की सुंदर मूर्तियों को तोड़ा गया और उन्होंने हमारा दक्षिण-पूर्व एशिया तक पीछा किया। न हम सागर युद्ध में हारे, न हम रणस्थलों में हारे, लेकिन यह हमें स्वीकारना पड़ेगा कि इस बार जिस बर्बर जाति और असहिष्णु विदेशी संप्रदाय से हमारा वास्ता पड़ा था, उनके मन में नारीत्व के लिए कोई सम्मान नहीं था। मुसलमानों ने अंगकोर, बोरोबुदुर, परमबनम में कलात्मक मंदिरों को मिट्टी में मिला दिया, परंतु उनका नारियों के प्रति व्यवहार इससे भी ज्यादा लज्जास्पद था। इस अनजान और अजीब शत्रु से कैसे निपटा जाए, यह पता नहीं चल रहा था। हमारे पूर्वजों ने देखा, देव मूर्तियाँ टूट रही हैं, नारियों का अपमान हो रहा है। उन्होंने धर्म की रक्षा के लिए हिंदुस्थान में ही सिमटने का निर्णय लिया। इसलिए उन्होंने सागर पार गमन पर प्रतिबंध लगा दिया। कोई यह न सोचे कि उन विपरीत परिस्थितियों में ऐसा निर्णय लेनेवाले हमारे पूर्वज मूर्ख थे। मेरा प्रति प्रश्न है कि १९४७ के विभाजन के दौरान हिंदुओं ने विशेषकर पंजाबियों, सिक्खों और बंगालियों ने क्या किया? उन्होंने ऐसा क्यों किया? उन्होंने ऐसा अपनी संपत्ति की रक्षा के लिए नहीं, बल्कि नारी-सम्मान और धर्म की रक्षा के लिए किया। इससे पता चलता है कि ११वीं और १२वीं शताब्दी में सागर पार गमन क्यों प्रतिबंधित किया गया था![१] दादा साहेब आपटे ने 'पाराशर स्मृति' का उद्धरण देकर जो बहुत प्रासंगिक प्रश्न उठाया था, उसका तार्किक उत्तर भी उन्होंने स्वयं ही दिया। यह उत्तर आपटेजी के सकारात्मक दृष्टिकोण को इंगित करता है। पुरानी स्मृतियों के विधान के औचित्य को उसी काल की परिस्थितियों में देखना चाहिए, न कि वर्तमान काल की परिस्थितियों में। परंतु आपटेजी यह प्रश्न जगद्‍गुरु शंकराचार्यजी से कर रहे थे और उन्हें उन्हीं के उत्तर की जरूरत थी, क्योंकि नवशास्त्रीय विधान

की रचना भी धर्माचार्य और धर्मगुरु ही कर सकते हैं। यद्यपि हजारों-लाखों हिंदू सागर पार जा ही रहे हैं। लेकिन क्या यह शास्त्रीय विधान का उल्लंघन है? क्या इससे अपराधबोध उपजता है? लाखों हिंदू इस अपराधबोध से अपना जीवन क्यों जीएँ? इसलिए दादासाहेब आपटे को जगद्‌गुरु शंकराचार्य के उत्तर की आवश्यकता थी। आपटेजी ने आगे चलकर शंकराचार्य द्वारा निर्धारित नए विधान को उद्धृत करते हुए लिखा, मेरा प्रश्न सुनकर आचार्यजी मुसकराए और कहा, "यदि ब्राह्मण सागर पार जाता है तो वह स्वयं ही वृषल बन जाता है।" आचार्यजी फिर थोड़ी देर के लिए मुसकराए, उन्होंने कहा, "क्षत्रिय, वैश्य और शूद्रों के सागर पार जाने पर कोई आपत्ति नहीं है।"[२]

आपटेजी अंधविश्वासों और रूढ़ियों के विरोधी थे, जो नियम और विधि-विधान प्रगति के रास्ते में बाधा पहुँचाते हैं, उनको ढोते रहने का कोई लाभ नहीं है। परंतु वे समाज के प्रतिष्ठित संस्थानों और परंपरागत संस्थाओं के खिलाफ विद्रोह के समर्थक नहीं थे। इस क्षेत्र में रेवूल्यूशन के पक्षधर थे। धर्माचार्य स्वयं ही कालक्रम के अनुसार सामाजिक विधि-विधानों में परिवर्तन करते रहे, ताकि मृतप्राय: रूढ़ियों के भार से समाज मुक्त हो सके। इसी मानसिकता से दादा साहेब आपटे विश्व हिंदू परिषद् का पताका लेकर विश्व-यात्रा पर निकले।

परिषद् का संदेश पहुँचा सात समुद्र पार—विश्व हिंदू परिषद् की स्थापना से ही दादा साहेब आपटे ने विदेशों के प्रमुख हिंदुओं और हिंदू संस्थानों के पदाधिकारियों से पत्र-व्यवहार करना प्रारंभ कर दिया था। विदेशों में विश्व हिंदू परिषद् की स्थापना को लेकर अत्यंत उत्साह भी था और इस नए प्रयास के प्रति अभिनंदन भाव भी। यह दादा साहेब आपटे के पत्रव्यवहार और प्रयासों का ही सुफल था कि १९६६ में प्रयागराज में हुए प्रथम विश्व हिंदू सम्मेलन में विदेशों से भी प्रतिनिधि शामिल हुए थे। आपटेजी के इन्हीं प्रयासों से विदेशों में कहीं-कहीं परिषद् की शाखाएँ स्थापित होने लगीं और अन्य स्थानों पर उसके लिए वातावरण का निर्माण होने लगा। १९६९ में उन्होंने परिषद् की पंचवर्षीय प्रगति की जो रपट प्रस्तुत की उसमें इन प्रयासों का संकेत मिलता है, "भारत के बाहर विदेशों में, जहाँ हिंदुओं की संख्या अधिकाधिक है, वहाँ ये प्रयास किए जा रहे हैं कि परिषद् की स्वतंत्र इकाइयों का गठन किया जाए। त्रिनिदाद में विश्व हिंदू परिषद् का गठन किया गया है, जिसकी विधिवत् स्वीकृति तत्संबंधी संसदीय कानून के अंतर्गत सुलभ हो चुकी है। विकट परिस्थितियों के कारण कुछ देशों में समुचित प्रगति नहीं हो पाई है।

प्रयाग सम्मेलन के उपरांत विदेशी हिंदू बंधुओं का आग्रह बढ़ता जा रहा था कि विश्व हिंदू परिषद् के प्रतिनिधि उनके देशों में आकर वहाँ परिषद् और इस नए आंदोलन के बारे में जानकारी दें। दादा साहेब आपटे ने १९७१ में इसी उद्‌देश्य की पूर्ति के लिए लगभग ९ महीने की विदेश यात्रा की। इसमें उन्होंने लगभग ३० देशों को छुआ। आपटेजी इस यात्रा में ११७ नगरों में गए और उन्होंने इसमें १४० सभाओं को संबोधित किया। वे दिल्ली से २४ मार्च, १९७१ को विदेश-यात्रा के लिए निकले थे और १५ अक्तूबर, १९७१ को वापिस भारत पहुँचे।

इंग्लैंड में आपटे

इंग्लैंड में हिंदुओं की कुल संख्या २० लाख के लगभग आँकी जाती है। इनमें भारत के लगभग सभी प्रांतों और सभी संप्रदायों के लोग शामिल हैं परंतु मुख्य तौर पर इनमें पंजाब, गुजरात और उत्तर प्रदेश के लोगों का बाहुल्य है। अनेक आधारों पर अलग-अलग हिंदू संस्थाओं का गठन भी इंग्लैंड में हुआ है। एक मोटे अनुभव के अनुसार इंग्लैंड में हिंदुओं की लगभग २५०-३०० संस्थाएँ कार्यरत हैं। अनेक संस्थाए तो विभिन्न मंदिरों और गुरुद्वारों से संबंध रखती हैं। परंतु प्रकारांतर से सभी संस्थाएँ वहाँ के हिंदुओं की सामाजिक, सांस्कृतिक गतिविधियों की केंद्र हैं। वैसे तो जब भारत में अंग्रजों का आना शुरू हुआ, भारतीयों या हिंदुओं का इंग्लैंड में जाना भी उसी समय शुरू हो गया था। १७वीं शताब्दी के उत्तरार्द्ध में बंगाल से अनेक हिंदू अध्ययन के लिए ब्रिटेन में आए या फिर वे लंदन या अन्य स्थानों पर भारतीय रियासतों का प्रतिनिधित्व करने आए। स्वाभाविक ही ये भारतीय या इनके बाद आनेवाले अन्य भारतीय अपनी परंपराएँ और धार्मिक विश्वास भी अपने साथ ही इंग्लैंड में लेकर आए। दस्तावेजों से पुष्टि होती है कि ब्रिटेन में दशहरा और दुर्गापूजा शताब्दियों पहले मनाए जाते रहे हैं।

स्वतंत्रता के प्रथम संग्राम के बाद जब भारत की राजसत्ता सीधे-सीधे इंग्लैंड सरकार के हाथों में चली गई, तब बहुत बड़ी संख्या में भारतीय या हिंदू ब्रिटेन में थे। उनमें से कुछ लोग विभिन्न व्यवसायों या व्यापार में लग गए और स्थायी रूप से वहाँ रहने लगे। प्रारंभिक काल में ब्रिटेन में बसनेवाले भारतीय व्यवसायियों में मारवाड़ियों का नाम प्रमुख है। यद्यपि भारत की स्वतंत्रता से पूर्व ही हजारों-हजारों हिंदू ब्रिटेन में बस गए थे। बहुत बड़ी संख्या में हिंदुओं का अप्रवास १९५० के बाद ही शुरू हुआ। परंतु ये हिंदू केवल भारत से ही नहीं आए, बल्कि नेपाल, पाकिस्तान (जिसमें आज का बांग्लादेश भी शामिल है), श्रीलंका, बर्मा, हांगकांग, सिंगापुर,

मलेशिया, फिजी, मॉरिशस, पूर्व मध्य और दक्षिणी अफ्रीका, सूडान, इथोपिया, अदन (जॉर्डन), मध्य पूर्व, गुयाना, त्रिनिदाद और वेस्टइंडीज के अनेक देशों में से आए।[४]

दादा साहेब आपटे का इंग्लैंड में प्रमुख कार्य इन सभी संस्थाओं में समन्वय स्थापित कर विश्व हिंदू परिषद् को समन्वय केंद्र के तौर पर प्रतिष्ठापित करना था। यहाँ की प्रमुख हिंदू संस्थाओं और समाजसेवियों से वे पिछले कुछ सालों से निरंतर संपर्क में थे ही। हिंदू स्वयंसेवक संघ का कार्य किसी सीमा तक इंग्लैंड के कुछ मुख्य नगरों में आकार ले चुका था। आपटेजी ने इंग्लैंड में लगभग अपने एक मास के प्रवास में विश्व हिंदू परिषद् के लिए इन सभी संभावनाओं को तलाशा।

४ अप्रैल, १९७१ को रामनवमी के शुभ दिवस पर उन्होंने लीड्स में हिंदू चैरीटेबल ट्रस्ट द्वारा स्थापित कृष्ण मंदिर को विश्व हिंदू परिषद् की ओर से भगवान् कृष्ण की मूर्ति भेंट की और उसकी समस्त विधि-विधानों से प्राण-प्रतिष्ठा की। इस अवसर पर लगभग २०,००० का विशाल जन-समुदाय एकत्रित था। आपटेजी ने विश्व हिंदू परिषद् के उद्देश्यों और आवश्यकता पर प्रकाश डाला। उन्होंने कहा—"कृष्ण विष्णु के, राम की परंपरा में आठवें अवतार थे। विश्व में शांति के लिए धर्म की जय होना आवश्यक है। धर्म शाश्वत है, सनातन है, इसलिए हिंदुस्थान में धर्म को सनातन धर्म भी कहते हैं। यही सनातन धर्म मानव धर्म है। कृष्ण, धर्म और सत्य के पक्षधर थे तथा विश्व को सबसे ज्यादा जरूरत ऐसे पक्षधरों की ही है।" न्यास के अध्यक्ष डॉ. के.पी. हरदास, जो आजकल नागपुर में रहते हैं, आज भी जब उस भव्य दृश्य और ऋषि तुल्य संबोधन का स्मरण करते हैं तो भाव-विभोर हो जाते हैं।[५]

१९७५ में आपटेजी एक बार फिर इंग्लैंड पहुँचे। अब तक विश्व हिंदू परिषद् का काम इंग्लैंड में काफी गहराई से स्थापित हो चुका था। उन्होंने अनेक स्थानों पर हिंदुत्व की परिभाषा, हिंदू जीवन पद्धति, हिंदू जीवन मूल्य इत्यादि बातों पर अत्यंत विचारोतेजक भाषण दिए। स्वामी सत्यमित्रानंद गिरिजी ऐसी ही एक सभा का स्मरण करते हैं, "आंग्ल भाषा में दिया हुआ (आपटेजी) का भाषण लंदन में अत्यंत प्रभावी रहा था और सैकड़ों लोग हिंदुत्व की विचारधारा को समझ सके थे।"[६]

दादा साहेब आपटे फिजी में—वर्ष १९७१ के सितंबर मास में प्रथम दो सप्ताह वे फिजी में रहे। फिजी में हिंदुओं का बहुमत है। वहाँ के हिंदुओं ने बहुत समय तक भाषा, संस्कृति और संस्कारों को बचाए रखा है। फिजी में अनेक हिंदू

संस्थाएँ यथा आर्यसमाज, सनातन धर्म सभा और सिक्ख समाज इत्यादि कार्यरत हैं। आपटेजी ने इन सभी से संपर्क किया और फिजी के लिए विश्व हिंदू परिषद् की एक तदर्थ समिति की घोषणा कर दी। गीता आश्रम के स्वामी भास्करारण्य अध्यक्ष एवं हिंदी के प्रसिद्ध विद्वान् और साहित्यकार डॉ. विवेकानंद शर्मा संयोजक मनोनीत किए गए। स्वामी भास्करारण्य का पूर्व नाम श्री भास्कर अय्यर था, जो काफी लंबे अरसे से फिजी में सांस्कृतिक जागरण का कार्य कर रहे थे। उन्होंने २ सितंबर, १९७१ को संन्यास ग्रहण कर लिया और अपने निवास को भी गीता आश्रम में परिवर्तित कर दिया। दादा साहेब आपटे ने पाँच सितंबर को इस गीता आश्रम में उपनिषद् और गीता की कक्षाओं का उद्घाटन भी किया। उन्होंने हिंदू जीवन पद्धति में संन्यास की महत्ता को रेखांकित करते हुए कहा, ''संन्यासाश्रम हिंदू जीवनधारा का एक विशेष अंग होता है। इन आश्रमों में ही अनादिकाल से हमारे महान् द्रष्टाओं ने हिंदू जीवनधारा के स्वरूप, सिद्धांतों और व्यावहारिक पक्ष को सुविकसित किया। आश्रम सर्वसाधारण के दैनिक जीवन के नियमों तथा सामाजिक एवं धार्मिक व्यवहार में उनका मार्गदर्शन करने और पवित्र विचारों का सृजन करने के मानो पावन स्रोत हैं। फिजी द्वीप में आत्मा को जानने तथा मानव जीवन के सार को समझाने के लिए यह संस्था एक और सक्रिय कड़ी का काम देगी।''[७]

आपटेजी अमेरिका में

अमेरिका में विश्व हिंदू परिषद् की स्थापना १९७० में हो चुकी थी। न्यूयॉर्क में कुछ स्वयंसेवकों ने एकत्रित होकर विश्व हिंदू परिषद् की विधिवत् स्थापना की और बाद में ओहियो राज्य में प्रथम सम्मेलन भी आयोजित किया। इस सम्मेलन में पैंतीस प्रतिनिधियों ने भाग लिया था।[८] आपटेजी अपने प्रवासों के दौरान अनेक बार अमेरिका गए। वहाँ उन्होंने प्रमुख भारतीयों से संपर्क स्थापित करके विश्व हिंदू परिषद् के लिए एक सक्रिय 'कोर ग्रुप' का गठन कर दिया था। उन्होंने इस काम में विश्वविद्यालयों में पढ़नेवाले छात्रों को विशेष रूप से जोड़ा। इसी आधार भूमि के कारण १९८४ में अमेरिका में सफल विश्व हिंदू सम्मेलन का आयोजन हो सका।

आपटेजी कैरेबियाई देशों में

आपटेजी ने अपने प्रवास में कैरिबियाई देशों में बसे हिंदुओं से गहन संपर्क किया। इस प्रवास से पहले भी वे इन देशों के प्रमुख लोगों से संवाद स्थापित कर चुके थे। १९७१ के प्रवास में वे १७ मई से २० मई तक त्रिनिदाद में रहे और २३

मई से ३० मई तक सूरीनाम में रहे। जून के प्रथम सप्ताह में वे गुआना में रहे और उसके बाद लगभग पूरा जून त्रिनिदाद में ही रहे। यात्रा के उपरांत कैरिबियन देशों में अपने अनुभवों को लिपिबद्ध करते हुए दादा साहेब आपटे ने लिखा, "कैरेबियन टापुओं में हिंदू पिछली शताब्दी से ठेके पर मजदूरी करते रहे हैं। बड़े हर्ष की बात है कि उन्होंने हिंदू धर्म को सुरक्षित रखा है। उन्हें ऐसे रीति-रिवाजों का ज्ञान नहीं रहा है, जिन्हें हम भारत में अपना रहे हैं। त्रिनिदाद में हिंदू ४५ प्रतिशत हैं और शेष अफ्रीकी तथा अन्य छोटे-छोटे समूह हैं। सूरीनाम, जो हॉलैंड सरकार के अधीन है, में हिंदुओं की आबादी लगभग ५५ प्रतिशत है और शेष इंडोनेशियाई, अफ्रीकी एवं रेड इंडियन हैं। गुआना की आबादी में हिंदू ६५ प्रतिशत हैं। बार्बेडोज में केवल २२ सिंधी परिवार रहते हैं। मुझे बताया गया है कि बार्बेडोज, ग्रेनेडा में लगभग दस हजार ऐसे हिंदू रहते हैं, जिन्हें हिंदू की विशेषताओं की विस्मृति हो गई है और वे यह भी भूल गए हैं कि उनके पूर्वज हिंदू थे। त्रिनिदाद, सूरीनाम और गुआना के प्राय: प्रत्येक ग्राम में भगवान् श्रीराम तथा श्रीकृष्ण के मंदिर हैं, वे उन्हें गिरजाघरों के नाम से पुकारते हैं।...यह बात बड़ी विचित्र है कि त्रिनिदाद तथा गुआना के हिंदू हिंदी भाषा न जानकर अंग्रेजी में ही बातचीत करते हैं। हिंदू वेशभूषा भी देखने में नहीं मिलती। हिंदू महिलाएँ स्कर्ट पहनती हैं और सिंदूर अथवा कुमकुम का प्रयोग नहीं करतीं, प्रार्थना भी अंग्रेजी या डचभाषा में की जाती है। प्राय: सभी मंदिरों में तुलसीकृत 'रामायण' का पाठ होता है, लेकिन पंडित तथा महाराज व्याख्या अंग्रेजी में ही करते हैं। बड़े आश्चर्य की बात है कि पंडित तथा महाराज संस्कृत श्लोकों एवं प्रार्थनाओं के पाठ में मूल हिंदी अथवा संस्कृत के श्लोकों को रोमन भाषा में उद्धृत करते हैं। उन्होंने हमसे रोमन उद्धरणोंवाली तथा अनुदित सामग्री भेजने को कहा है।

सूरीनाम, जिसकी प्रशासनिक भाषा डच है, में हिंदुओं ने हिंदी भाषा को अक्षुण्ण रखा है और इसके फलस्वरूप वहाँ के अफ्रीकी एवं अन्य वर्गों के व्यक्ति भी हिंदी बोलते तथा समझते हैं। हिंदू भी डच भाषा बोलते हैं और डच भाषा ही वहाँ की शिक्षा का माध्यम है। इन तीनों टापुओं में पंडित सभाएँ हैं— त्रिनिदाद में २२०, सूरीनाम में लगभग ६० और गुआना में ४० पंडित रहते हैं। परंतु वे कहते हैं कि हमने अपने पूर्वजों से हिंदी तथा संस्कृत का जो ज्ञान प्राप्त किया है और धर्मानुष्ठानों के विषय में जो सीखा है, वह अपनी संतान को नहीं सिखाई जा सकती। इन व्यक्तियों की सहायतार्थ परिषद् को महान् कार्य करना है, जो हिंदी एवं संस्कृत की शिक्षा के साथ-साथ रीति-रिवाजों के विधान से संबंधित है। जेमेका में जहाँ चालीस हजार हिंदू रहते हैं, वहाँ एक मंदिर का

निर्माण करने की योजना तैयार की है और वहाँ की सरकार से एक भूमि-खंड भी प्राप्त कर लिया है।[९]

कैरेबियाई देशों में हिंदू गिरमिटिया के तहत गए थे। वहाँ के देशों में उन्होंने अपना खून पसीना बहाया और फसलें लहलहाईं। जहाँ एक ओर उन्होंने साम्राज्यवादी शासकों के अत्याचार सहे, वहीं संकट की उन घड़ियों में भी उन्होंने अपनी भाषा और संस्कृति को बचाए रखा। तुलसीदास का 'रामचरितमानस' और उनकी अपनी भोजपुरी भाषा, अत्याचारों के उन मरूस्थलों में कहीं-कहीं प्राणदायी जल का कार्य करती थी। अब ये हिंदू एक प्रकार से इन देशों में भूमि-पुत्र ही हो गए थे। वे वहाँ की सत्ता में भागीदार भी थे और वहाँ की संस्कृति के संवाहक भी। अपने इस विदेश प्रवास में दादा साहेब आपटे ने इन्हीं कैरेबियाई हिंदुओं की समस्याओं और उनके मनोविज्ञान को समझा और परखा, ताकि विश्व हिंदू परिषद् उनका सही अर्थों में प्रतिनिधित्व कर सके।

आपटेजी अन्य देशों में—त्रिनिदाद से वे अमेरिका पहुँचे। उसके बाद इंडोनेशिया चले गए। इंडोनेशिया में लगभग एक सप्ताह रहने के बाद २५ सितंबर को वे सिंगापुर आ गए। सिंगापुर, मलेशिया और थाईलैंड में तीन-चार दिन रहने के उपरांत अक्तूबर के प्रथम सप्ताह वे हांगकांग में रहे। हांगकांग से वापिस ९ अक्तूबर को थाईलैंड पहुँच गए और थाईलैंड से वापिस दिल्ली पहुँचे। इस प्रकार लगभग उन्होंने तीन-चौथाई वर्ष विदेशों में विश्व हिंदू परिषद् की जानकारी देते हुए और उसकी शाखाएँ स्थापित करते हुए बिताया।

आपटेजी मॉरिशस में—अपनी इस लंबी विदेश यात्रा में आपटेजी अफ्रीका के देशों में नहीं जा पाए थे। अफ्रीका के अनेक देशों में भी हिंदुओं की काफी संख्या है और वहाँ के जन-जीवन में उनका महत्त्वपूर्ण स्थान है। अफ्रीका के अनेक देशों में भव्य मंदिर बने हुए हैं और भारतीय भाषाओं का प्रचलन भी है। ऐसे देशों में मॉरिशस का नाम तो प्रथम स्थान पर आता है, क्योंकि मॉरिशस में हिंदू केवल बहुमत में ही नहीं हैं, बल्कि वहाँ की शासन व्यवस्था भी हिंदुओं के हाथ में ही है। मॉरिशस से आपटेजी को निरंतर निमंत्रण मिल रहे थे। इसलिए वे मॉरिशस और अफ्रीका के देशों में रह रहे हिंदुओं की स्थिति का निरीक्षण एवं अध्ययन करने के लिए १५ नवंबर, १९७२ की रात्रि में वायुयान द्वारा मॉरिशस के लिए रवाना हो गए।[१०]

मॉरिशस में आपटेजी ने अनेक हिंदू संगठनों से संपर्क किया और वहाँ विश्व

हिंदू परिषद् की स्थापना की। आपटेजी का प्रयास था कि मॉरिशस के विभिन्न हिंदू संप्रदायों की सभी संस्थाओं का आपस में सक्रिय तालमेल हो, ताकि वहाँ हिंदू प्रभाव और सत्ता को उखाड़ने के लिए षड्यंत्र कर रही पश्चिमी साम्राज्यवादी शक्तियों को असफल किया जा सके। इसके लिए उन्होंने अनेक संस्थाओं की बैठकें बुलाईं और भविष्य के इन संकटों के प्रति उनको आगाह किया। अक्तूबर १९७७ को आपटेजी एक बार फिर मॉरिशस पहुँचे। पोर्टलुई में 'महात्मा गांधी संस्थान' ने भारतीय भाषाओं यथा हिंदी, मराठी, तमिल और तेलगु के अध्यापकों की एक कार्यशाला आहूत की थी। आपटेजी वहाँ महत्त्वपूर्ण भूमिका में उपस्थित थे। मराठी साहित्य परिषद् मॉरिशस के शिवाजी जयंती के कार्यक्रम का स्मरण करते हुए डॉ. श्यामला अरुण भंडारकर लिखती हैं, "दादा साहेब ने अपने भाषण में छत्रपति शिवाजी के जीवन के महत्त्वपूर्ण प्रसंगों का विवरण दिया और हिंदुत्व का संवर्धन करने के लिए हिंदू संगठन की आवश्यकता का प्रतिपादन किया।" इसके आगे वे लिखती हैं, "उनके ज्ञान का कोई अंत नहीं था। भारतीय इतिहास की उनकी व्याख्या तो अद्भुत थी।"

प्रयासों का स्वमूल्यांकन—दादा साहेब आपटेजी ने अपने इस विदेश प्रवास के उपरांत उन देशों में विश्व हिंदू परिषद् की स्थापना को लेकर लेखा-जोखा प्रस्तुत किया और साथ ही विदेशों में बसे हुए हिंदुओं की सांस्कृतिक एवं सामाजिक समस्याओं की ओर इंगित किया—

"ग्रेट ब्रिटेन, संयुक्त राज्य अमेरिका, कनाडा, फिजी, त्रिनिदाद, सूरीनाम, गुआना और सिंगापुर में विश्व हिंदू परिषद् की इकाइयाँ स्थापित की गई हैं। जिन-जिन स्थानों पर हिंदुओं के संस्थान एवं संगठन पहले से कार्य करते आ रहे हैं, वहाँ उनका अपनी सहायक संस्थाओं के रूप में संयोजन करने का निर्णय किया गया। अफगानिस्तान, इंडोनेशिया, मलेशिया, थाईलैंड, हांगकांग और अन्य देशों तथा टापुओं में कार्यरत संगठनों के अध्ययनों ने परिषद् की सभी योजनाओं, परियोजनाओं आदि में सहयोग प्रदान करने का आश्वासन दिया।...ग्रेट ब्रिटेन, संयुक्त राज्य अमेरिका और कनाडा में हिंदू बालक-बालिकाओं की शिक्षा के संबंध में बहुत सी समस्याएँ हैं। युवा पीढ़ी को हिंदी पढ़ाने की स्थिति तो और भी खराब है। हमारे प्राचीन इतिहास, धर्म तथा सांस्कृतिक पृष्ठभूमि, कथानक, पुराण, ग्रंथ, महापुरूषों की जीवनी और अपने हिंदू धर्म के मूलभूत सिद्धांतों के अध्ययन के लिए उनके पास साधन उपलब्ध नहीं हैं। इन देशों में वेशभूषा, भोजन, रीति-रिवाज और अनुष्ठान आदि समस्याओं से हिंदुओं को जूझना पड़ता है। पश्चिमी विचार तथा जीवन-यापन

के ढंग का विकट संपर्क हिंदू विचारधारा तथा आचरण से संबंधित जन्मजात भावनाओं एवं आदर्शों को शनैः शनैः भूल रहा है। हमें इन समस्याओं पर गंभीरता से विचार करके हिंदू बालक-बालिकाओं के हृदयपटल पर समृद्ध हिंदू परंपराओं के लिए निष्ठा तथा प्रेम की छाप अंकित करने के लिए उचित पग उठाने होंगे। आठ तथा पंद्रह वर्ष तक की आयु के बहुत से बालक-बालिकाओं से बातचीत करने के बाद मुझे पता चला कि उन्हें भगवान् श्रीराम तथा श्रीकृष्ण के जन्म स्थानों आदि का भी ज्ञान नहीं है। इसमें उनका दोष नहीं है। वरन् वहाँ की ईसाई सरकार द्वारा उनके देश में रह रहे अल्पसंख्यकों को उनकी भाषा तथा धर्म से संबंधित शिक्षा देने की कोई व्यवस्था नहीं है।...यह जानकर हर्ष और आश्चर्य हुआ कि हिंदू संस्थाएँ अपने कार्यक्रम संपन्न करने के लिए किराए पर लिये गिरजाघरों का उपयोग करती हैं। टोरेंटो में मैंने भगवान् कृष्ण की जीवनी पर वहाँ एक भाषण गिरजाघर में दिया। वहाँ भगवान् कृष्ण का चित्र मंच पर क्रॉस तथा मरियम की प्रतिमा के सामने रखा हुआ था। संयुक्त अमेरिका तथा कनाडा में लगभग २० स्थान हैं, जहाँ हिंदू काफी संख्या में रह रहे हैं। उनके लिए मंदिरों एवं श्मशान घाटों की आवश्यकता है और इनके साथ ही धर्मानुष्ठानों में मार्गदर्शन करने के लिए पुरोहितों तथा प्रचारकों का होना भी आवश्यक है। कनाडा में विश्व हिंदू परिषद् भी सक्रिय है और वहाँ भी संविधान लागू करने के साथ-साथ 'विश्व हिंदू' नाम की पत्रिका भी प्रकाशित हो रही है।[१२]

विश्व में वेद की स्थापना (१९७४-७५)—दादा साहेब आपटेजी का विश्वभर में वेदों की स्थापना करने में योगदान अतुलनीय और अविस्मरणीय रहेगा।

स्वामी गंगेश्वरानंदजी प्रज्ञाचक्षु थे और उदासी संप्रदाय के प्रमुख संतों में थे। उन्होंने देशभर में अनेक आश्रमों की स्थापना की थी। उन्होंने चारों वेदों को एक ही खंड में प्रकाशित करवाया। उनकी इच्छा विश्वभर में वेद को पहुँचाने की थी, ताकि सप्तद्वीप नवखंड में वेदों का अध्ययन हो। परंतु उनकी यह साध कैसे पूरी हो? इस कार्य में विश्व हिंदू परिषद् आगे आई। दादा साहेब आपटे ने १९७४-७५ में स्वामी गंगेश्वरानंदजी के साथ विश्व के अधिकांश देशों का भ्रमण कर धार्मिक स्थानों, विश्वविद्यालयों, पुस्तकालयों में वेद की स्थापना की। दादा साहेब आपटे तीन साल पहले ही १९७१ में विश्व हिंदू परिषद् की विभिन्न देशों में स्थापना के निमित्त पूरा वर्ष भर लगमग तीस देशों की यात्रा कर चुके थे। वेद भवन को साथ लेकर आपटे और स्वामी गंगेश्वरानंदजी की इस यात्रा ने विश्व के अधिकांश देशों में स्थापित विश्व हिंदू परिषद् अथवा अन्य हिंदू संस्थानों में परस्पर समन्वय और सामंजस्य बिठाने का कार्य किया।

दादा साहेब आपटे इस प्रवास में स्थान-स्थान पर भारतीय संस्कृति और वेदों की महत्ता पर प्रकाश डालते थे। इस विदेश यात्रा में उन्होंने थाईलैंड, फिलीपींस, सिंगापुर, मलेशिया, इंडोनेशिया, मॉरिशस, इंग्लैंड, स्विटजरलैंड, इटली, अमेरिका, कनाडा, सूरीनाम, गुआना, त्रिनिदाद देशों की यात्रा की। यात्रा में कुल मिलाकर छोटे-छोटे ८८ स्थानों पर वेद की स्थापना की गई।

प्राचीन काल में महर्षि वेद व्यास ने वेद-निधि का संकलन एवं संपादन किया था। कलियुग में यही कार्य स्वामी गंगेश्वरानंद कर रहे थे, आपटेजी का यह मानना था। जब भारत का पश्चिमी जातियों से संपर्क हुआ तो यूरोपीय जातियों को वेद की ज्ञानराशि का पता चला। यूरोप की कुछ भाषाओं में वेद के कुछ अंशों के अनुवाद भी हुए परंतु एक आंदोलन के रूप में वेद की चर्चा शायद पहली बार विश्वभर में हो रही थी। दादा साहेब आपटे और स्वामी गंगेश्वरानंद इसके संवाहक थे। आपटेजी ने स्वामी गंगेश्वरानंद की तुलना कई स्थानों पर महर्षि वेद व्यास से ही की—

"महर्षि व्यास ने चारों वेदों का संकलन कर अपने चारों शिष्यों को इस पवित्र और प्राचीन विद्या का अध्ययन कर उसका प्रचार पीढ़ी-दर-पीढ़ी करने का आदेश दिया। इसी रीति से आज तक हमारी पवित्र धरोहर की रक्षा हो सकी है··· ब्राह्मणों की अप्रतिम ज्ञानशक्ति तथा अतुलनीय प्रयासों के परिणामस्वरूप बीस हजार से अधिक मंत्रों के आठ-पाठांतरों वाले सस्वर पाठ की पद्धति के कारण ही आज हमें वेदों का मूल-पाठ अपने निर्दोष मूल रूप में उपलब्ध है, उसी रूप में, जिसमें उसका गान चार सौ से अधिक कृषि और २७ महिलाएँ, बिना किसी अंतर्वेशन के करते थे। यह प्राचीन पद्धति किसी भी आधुनिक कंप्यूटर-यंत्र से कहीं अधिक विश्वसनीय और परिशुद्ध सिद्ध हुई है। इस पद्धति से हमें जो मूल पाठ प्राप्त हुआ, उसकी नकल की गई और उस पर यास्क तथा सायण जैसे महान् कोशकारों ने टिप्पणियाँ कीं। जब यूरोप और विशेष रूप से जर्मनी, फ्रांस तथा इंग्लैंड के विद्वानों को संस्कृत तथा उनकी बोली जानेवाली भाषाओं के अविवाद्य संबंध का पता चला, तो उनकी उत्सुकता जाग्रत् हुई और उन्होंने संस्कृत भाषा का अध्ययन आरंभ किया। स्वामीजी वैदिक विद्वता के क्षेत्र में यूरोप के वैदिक विद्वानों द्वारा किए गए अथक तथा अतुलनीय प्रयासों के महान् प्रशंसक रहे हैं, पर स्वामीजी का कहना है कि इन विद्वानों के वैदिक परंपराओं तथा भाष्यों के प्रति अज्ञान तथा भाषाशास्त्रीय समानताओं पर अधिक बल देने तथा हिंदू-इतिहास की पुरातनता के प्रति पूर्व निर्धारित और पूर्वाग्रही पहुँच तथा हमारे वैदिक विद्वानों और पंडितों के

असहयोगपूर्ण रूख के कारण, उनके संकलनों तथा निष्कर्षों में अनेक त्रुटियाँ और खामियाँ रह गई हैं। वेदों का मुद्रण अनेक ग्रंथों के रूप में हुआ। एस.पी. पंडित, तेलंग, महर्षि दयानंद तथा तिलक जैसे महानतम वैदिक विद्वानों ने वेदों संबंधी असंगतियों, संदेहों तथा भ्रांत व्याख्याओं को दूर करने एवं वैदिक संस्कृति और दर्शन के प्रचार-प्रसार में महत्त्वपूर्ण योगदान प्रदान किया। हमें इस बात का बड़ा गर्व है कि हमारी सदियों पुरानी दासता तथा अनिर्वचनीय कठिनाइयों के दिनों में भी हमारे विद्वानों ने वेदों के अध्ययन तथा उनके बारे में अपनी विद्वत्तापूर्ण टिप्पणियाँ लिपिबद्ध करने की प्राचीन परंपरा को अक्षुण्ण रखा। जब से भारत में मुद्रण कला का जन्म हुआ, तब से देश की प्राय: सभी भाषाओं में, सभी राज्यों में वेदों के विभिन्न पहलुओं पर असंख्य प्रकाशन सामने आए, पर एक बात स्पष्ट थी कि चारों पवित्र वेदों का संयुक्त प्रकाशन एक ग्रंथ के रूप में कभी नहीं हुआ। इस विराट् कार्य को शानदार ढंग से संपन्न करने का श्रेय स्वामीजी को ही प्राप्त है। इसी कारण मैं गुरुदेव गंगेश्वरानंदजी को 'आधुनिक युग का वेदव्यास' मानता हूँ, जो पाँच हजार वर्ष पूर्व कृष्ण दैपायन ने कर दिखाया था, यह स्वामीजी ने आज करने का प्रयास किया है।[१३]

भारतीय इतिहास के सात महापुरुषों के बारे में ऐसा माना जाता है कि वे अमर हो गए हैं, उनकी मृत्यु नहीं हुई, वे अभी भी जीवित हैं। अश्वत्थामा, बली, हनुमान, विभीषण, कृपाचार्य, परशुराम आदि के क्रम में महर्षि व्यास का नाम आता है। आपटेजी ने अपने विदेश प्रवास में जगह-जगह स्वामी गंगेश्वरानंदजी को व्यास आसन पर प्रतिष्ठापित किया। एक दृष्टि से उनकी यह तुलना ठीक भी थी। हजारों वर्षों की गुलामी के कारण हिंदू अपने खोल के भीतर दुबक गया था। महापंडित राहुल सांकृत्यायन ने तो हिंदू की इस प्रवृत्ति को देखते हुए इसे 'कछुआ धर्म' की संज्ञा ही दे डाली थी।

भारत जो कभी विश्वगुरु था, वह अब क्लांत, श्रांत और हताश हो रहा था। उसका आत्मविश्वास भी डगमगाने लगा था। गंगेश्वरानंदजी एक नए भारत के सांस्कृतिक आंदोलन के अगुआ के रूप में विश्वभर में वेद की चर्चा कर रहे थे। यह एक प्रकार से महर्षि व्यास की ही पुन: प्रतिष्ठा थी। महर्षि व्यास तो भारतीय स्मृति परंपरा में अमर ही हैं। आपटेजी इंडोनेशिया और मॉरिशस में इसी की व्याख्या कर रहे थे। भारत में विश्व हिंदू परिषद् की स्थापना के शीघ्र पश्चात् ही, दादा साहेब आपटे ने बाली के नेताओं से पत्राचार चलाए रखा था, जिसके फलस्वरूप इंडोनेशिया में एक सुदृढ़ हिंदू संगठन स्थापित हो गया था और उसे 'परिषद् हिंदू

धर्म' का नाम दिया गया था। इसके उद्देश्य वे ही थे, जो भारतीय विश्व हिंदू परिषद् के थे। यह इंडोनेशिया परिषद् हिंदू विश्व के नमूने पर ही 'मासिक हिंदू धर्म' भी प्रकाशित कर रही थी। इंडोनेशिया में उस समय इसकी लगभग पचास शाखाएँ थीं। आपटेजी ने महर्षि व्यास और वेद की भावभूमि स्थान-स्थान पर स्पष्ट की और स्वामी गंगेश्वरानंदजी के कार्य की महत्ता भी, "हमारे पारंपरिक विश्वास में सात चिरंजीवी हैं, जिनमें से महर्षि व्यास एक हैं। यह विश्वास शत-प्रतिशत यथार्थ है कि हमारे सामने व्यासतुल्य वेद पुरुष विराजमान हैं, जो चारों वेदों को संयोजित करके पहले पूर्व को तथा बाद में पश्चिम को उन्हें प्रदान करने के लिए यहाँ पधारे हैं। हिंदू श्री व्यास को उन सात महानतम व्यक्तियों में से एक मानते हैं, जिनकी कीर्ति सदा-अमर रहेगी। महर्षि व्यास पहले ऋषि थे, जिन्होंने पाँच हजार वर्ष पूर्व, वेदों की रचनाओं का चयन और संकलन किया था। बाद में उन्होंने अपने चार शिष्यों को आदेश दिया कि वे एक प्राचीन धरोहर के रूप में उसकी रक्षा करें, उनके उपदेशों को अपने जीवन में उतारने का प्रयास करें। स्वामी गंगेश्वरानंद उन अमर ऋषियों के आधुनिक अवतार हैं।

नैरोबी में हिंदुओं के आकर बसने की गाथा काफी पुरानी है। उन्होंने इस धरती के लिए अपना खून-पसीना बहाया और भारतीयों के परिश्रम एवं श्रम साधना से ही यह धरती लहलहाने लगी। यहाँ के हिंदुओं ने अपने संस्कारों और परंपराओं को नहीं छोड़ा तथा अपनी हिंदू पहचान को किसी-न-किसी रूप में बनाए और बचाए रखा। दादा साहेब आपटे और गंगेश्वरानंद यहाँ भी वेद की स्थापना के निमित्त पधारे। अनेक हिंदू संस्थाओं ने उनका सम्मान किया और अपनी एकजुटता प्रदर्शित की। उनका मानना था कि इस प्रकार के संपर्कों से विदेश के हिंदुओं का आत्मबल बढ़ता है। अनेक सभाओं में हिंदू समाज के भीतर के रोगों की चर्चा उठी। आपटेजी ने उन सब स्थितियों की तर्क सम्मत व्याख्या की, जिनके कारण हिंदू समाज में शिथिलता आई। आज हम जिसे हिंदू समाज कहते हैं, वह कभी एकजातीय समाज था। कभी उसे वैदिक और आर्य समाज कहा जाता था तथा कभी भारतीय या सनातन। वैदिक ऋषियों ने जिस जीवन-पद्धति, जिस सभ्यता और जिस संस्कृति को जन्म दिया था, वह आज तक विभिन्न धर्मों, जातियों, रंगों और पंथों के समाज के सामने अनुपम अनुकरणीय आदर्श बने हुए हैं। वैदिक ऋषियों को हजारों वर्ष पूर्व ही ब्रह्मांड के आदि-कारण, मूलभूत तत्त्वों, मानव तथा पशु-जगत्, सृष्टि के नियमों, ब्रह्मांड के अस्तित्व और चिरस्थायीपन का भी ज्ञान था। विश्वामित्र, जो सप्त वैदिक ऋषियों में से एक थे, ने यह आविष्कार किया कि

सूर्य सृष्टि का केंद्र है और सौर मंडल का स्रोत है तथा जिसके लिए उन्होंने गायत्री मंत्र की रचना की थी। पश्चिमी वैज्ञानिकों को इन सच्चाइयों का पता ईसा के जन्म के कई सदियों बाद चला।...कालांतर में एकजातीय हिंदू समाज अनेक पंथों और वर्गों, दर्शनों और आचार रीतियों तथा परंपराओं में विभाजित हो गया और इन विभाजनों ने हिंदू धर्म की एकता भंग की। पर, विभिन्न सदियों में भारतीय क्षितिज पर अनेक महान् विभूतियों ने अवतरित होकर हिंदू धर्म को बार-बार स्थायित्व प्रदान किया। इसके बाद में इसलामी और ईसाई देशों ने भारत पर आक्रमण किया तथा भारत बारह सौ वर्षों तक गुलाम बना रहा। पर, महान् भारतीय नेताओं के भगीरथ प्रयत्नों के फलस्वरूप, भारत को आजादी मिली। दासता की इस लंबी अवधि में बृहत्तर भारत के अनेक भाग उससे पृथक हो गए और हमारे अपने भाई-बहन विधर्मी एवं विदेशी हो गए।[१५]

मॉरिशस ऐसा देश है, जो अपनी भावगंध में एक प्रकार से भारतीय संस्कृति का ही प्रतीक हो गया है। वहाँ की पावन भूमि पर अनेक तीर्थ क्षेत्र विकसित हो गए हैं। मॉरिशस में भारतीय गुलामों के रूप में गए थे, परंतु उन्होंने 'यह पृथ्वी है और मैं इसका पुत्र हूँ' इस भाव से ही धरती माँ की, पुण्य सलिलाओं की, वनस्पितयों की आराधना की और अपनी भावभूमि में धरती को धरती माँ बना दिया। दादा साहेब आपटे उसी मॉरिशस में वेद की स्थापना करने के लिए पधारे थे। उन्होंने अपने साथ गए स्वामी गंगेश्वरानंद को ऋषि व्यास के रूप में ही देखा, "(मॉरिशस के) लोग सचमुच सौभाग्यशाली हैं कि (उन्हें) वेद दर्शनाचार्य, जो आपकी जन्मभूमि में पधारे हैं, के कर-कमलों से यह वेद संकलन भेंट स्वरूप प्राप्त हुआ। पूज्य स्वामीजी को अमर कवि ऋषि व्यास का आधुनिक अवतार माना जा सकता है। आपने तरुणावस्था में ही मानवता की मूल्यवान धरोहर वेद को समस्त मानव जाति को, बिना किसी भेदभाव के भेंट देने का निश्चय कर लिया था। इसी उद्देश्य से उन्होंने चारों वेदों को एक ग्रंथ के रूप में संकलित और प्रकाशित कराया।"[१६]

सूरीनाम में दादा साहेब आपटेजी को वहाँ के दूरदर्शन ने वेद के महत्त्व पर वार्त्ता के लिए निमंत्रण किया। सूरीनाम की गणना उन देशों में होती है, जहाँ सैकड़ों वर्ष पहले गिरमिटिया के अंतर्गत भारत के लोगों को लाकर बसाया था। सूरीनाम पर उस वक्त शासन कर रही साम्राज्यवादी ताकतों ने उनके साथ पशुवत् व्यवहार किया था। उनका दैहिक और मानसिक शोषण किया गया। इतना सबकुछ सहते हुए भी यहाँ के हिंदू अपनी जड़ों से जुड़े रहे। अब स्वामी गंगेश्वरानंदजी और दादा साहेब आपटे स्वयं साक्षात् वेद भगवान् लेकर उनके पास पहुँचे थे।

सूरीनाम के सारे हिंदू वेद वाणी सुनने के लिए उत्सुक थे, इसके लिए दूरदर्शन से उत्तम माध्यम भला और क्या हो सकता था? आपटे दूरदर्शन पर वेदों के मंत्र पढ़ते जाते थे और साथ ही उनकी व्याख्या करते जाते। देश के कोने-कोने में फैले हुए हिंदू उनका श्रवण कर तृप्त हो रहे थे। आपटेजी ने बताया, "वेद मानव इतिहास के प्राचीनतम अभिलेख, सर्वव्यापक ज्ञान राशि, बुद्धिमत्ता, विज्ञान एवं कला के स्रोत हैं।"[१७]

अमेरिका और कनाडा ऐसे देश हैं, जो महाद्वीपीय भूगोल की दृष्टि से तो बहुत अलग हैं, परंतु सांस्कृतिक और सामाजिक दृष्टि से अनेक सूत्रों से बँधे हुए हैं। इंग्लैंड में एंग्लो सेक्सन लोग ही कालांतर में अमेरिका और कनाडा में जाकर बसे। उन्होंने वहाँ के मूल निवासियों 'रेड इंडियंस' को अत्यंत निर्ममतापूर्वक लगभग समाप्त ही कर दिया। इसे काल-चक्र का संयोग ही कहना चाहिए कि कुछ शताब्दी बाद ही इन तीनों देशों में भारत के इंडियन फिर पहुँच गए। उनकी संख्या लाखों तक पहुँची और धीरे-धीरे इन सभी देशों में हिंदू पहचान और संस्कृति को मान्यता प्राप्त हुई। जब भारत में राष्ट्रीय स्वयंसेवक संघ की स्थापना हुई और कालांतर में जब अंग्रेजी शासक यहाँ से चले गए तो इन तीनों देशों में पहुँचे स्वयंसेवकों ने भी स्वयं को संगठित करते हुए हिंदू स्वयंसेवक संघ या अन्य-अन्य नामों से संघ की स्थापना की। इन तीनों देशों में विश्व हिंदू परिषद् का बीजारोपण दादा साहेब आपटे अपनी १९७१ की यात्रा में ही कर गए थे। इस बार स्वामी गंगेश्वरानंदजी के साथ जब वे इन देशों में वेद भगवान् की स्थापना के लिए पहुँचे तो स्थान-स्थान पर परिषद् ने अनेक गोष्ठियों का आयोजन किया। इंग्लैंड में अनेक मंदिरों, विश्वविद्यालयों और पुस्तकालयों में वेद की स्थापना की गई।

(आपटेजी ने) चार वेदों, उनके ऋषियों, वैदिक साहित्य का विस्तार, उनका काल तथा उनमें निहित विचारों के विषय में जानकारी दी। उन्होंने वेदों की शिक्षा की चिरंतनता का प्रतिपादन करते हुए कहा कि वेदों की शिक्षा मनुष्य को मनुष्य के नाते संबोधित करती हुई मानव मात्र एक है, की भावना का सृजन करती है।[१८]

इसके उपरांत वेद की यात्रा अमेरिका और कनाडा में पहुँची। विश्व हिंदू अमेरिका और कनाडा में पंजीकृत संस्था है। इस संस्था का कार्य अमेरिका में यद्यपि सर्वत्र दूर तक फैला हुआ नहीं, तथापि कुछ महत्त्व के राज्यों और शहरों में काफी बढ़ा है। टोरंटो और वैंकूवर शहरों में विश्व हिंदू परिषद् का कार्य एवं संगठन अच्छा होने से वहाँ परिषद् ने मंदिर बनवाए हैं। वैंकूवर के विश्व हिंदू परिषद् के श्रीकृष्ण मंदिर में भी वेद भगवान् की प्रतिष्ठापना की। परिषद् ने यह मंदिर १०० सहस्त्र डॉलर खर्च करके बनवाया है।[१९]

वेस्टइंडीज में जब अपनी पिछली यात्रा में दादा साहेब आपटे आए थे तो उन्हें यहाँ मंदिर की कमी बहुत खली थी। उस समय यहाँ के प्रबुद्ध हिंदू समुदाय को एकत्रित करके उन्होंने एक मंदिर बनाने का आग्रह किया था। विश्व हिंदू परिषद् की एक तदर्थ समिति का गठन भी इस कार्य के लिए किया गया था। इस बार जब आपटेजी वेद को लेकर १२ जुलाई, १९७५ को वेस्टइंडीज पहुँचे तो यह अत्यंत आनंददायक समाचार है कि वह मंदिर लगभग बन चुका है।[२०]

२५ जुलाई को दादा साहेब आपटे त्रिनिदाद पहुँचे। त्रिनिदाद में वे पहले भी आ चुके थे और वहाँ के प्रबुद्ध हिंदुओं एवं संस्थाओं से उनका व्यापक संपर्क था। त्रिनिदाद में विधिपूर्वक वेद भगवान् की स्थापना की गई। परंतु वहाँ की पंडित सभा में एक विवाद का प्रश्न उत्पन्न हो गया। क्या हिंदू संहिताएँ परिवर्तित हो सकती हैं? उनमें परिवर्तन कौन कर सकता है? उनको रद्द कौन कर सकता है? संहिता की प्रासंगिकता कालक्रमानुसार है? इसमें विश्व हिंदू परिषद् की भूमिका क्या हो सकती है? ऐसे प्रश्न अपनी प्रकृति में अत्यंत महत्त्वपूर्ण और प्रासंगिक थे। इस विषय पर चर्चा के लिए पंडित सभा की बैठक बुलाई गई और दादा साहेब आपटे को मार्गदर्शन के लिए निमंत्रित किया गया। ५० से अधिक विद्वान् पंडित इस सभा में उपस्थित थे। ये सभी पंडित सनातन धर्म सभा के निष्ठावान कार्यकर्ता थे। आपटेजी धाराप्रवाह बोले। कभी-कभी तो ऐसा लगता था कि मानो वे पंडितों को संबोधन नहीं कर रहे हों, बल्कि स्वयं ही अपने भीतर के प्रश्नों का उत्तर दे रहे हों—

''हिंदुओं के आचार-विचार और संस्कार में उचित सुधारों का निर्माण ही परिषद् का मुख्य उद्देश्य है। हमारा समाज पुस्तकाधीन नहीं है, देश, काल, परिस्थिति के अनुसार हमारे पूर्वजों ने वैदिक काल से ही अनेक बार सामाजिक एवं धार्मिक रीतियों में सुधार किए हैं। मनु वास्तव में मानव मात्र के प्रथम विधि निर्माता थे और उनके धर्म शास्त्र का नाम हिंदू धर्मशास्त्र नहीं है, अपितु मानव जाति के लिए घोषित आचार-संहिता है। आदर्श संहिता हिंदुओं के सामाजिक ढाँचे का आधार है। किंतु इनमें भी समय-समय पर नियमों तथा रीतियों में युगानुरूप परिवर्तन आवश्यक समझे गए, जिससे कि सामाजिक व्यवहार युगानुरूप हो। इसीलिए भगवान् मनु के विधि नियमों के पश्चात् भी ७० स्मृतियों का आविर्भाव हुआ, जिनके द्वारा परिवर्तनशील युगों की आवश्यकताओं तथा चुनौतियों का सामना करना पड़ा। किंतु जब हिंदुस्थान परतंत्र हो गया और सभी विचारक, सैनिक, योद्धा तथा सामाजिक नेता १२०० वर्षों के दीर्घकालीन स्वातंत्र्य समर में जुटे रहे तब वह प्रक्रिया बंद हो गई। अब हिंदुस्थान स्वतंत्र हो गया है तो हमारा यह दायित्व है कि

हम सामाजिक आचार और धार्मिक व्यवहार को इस प्रकार सुधार लें कि वे वर्तमान युग के अनुकूल हों।"[२१]

आपटेजी ने यहाँ उस विधान का भी जिक्र किया, जिसके अंतर्गत हिंदू के लिए सागर पार करना वर्जित है। उन्होंने कहा, "कलिवर्ज्य अध्याय में समुद्र को पार करना पाप कहा गया है। लोकमान्य तिलक एवं श्री मालवीयजी को इंग्लैंड से वापिस घर पहुँचकर प्रायश्चित्त करना पड़ा। क्या आप सब पापी हैं? क्या हम आपको हिंदू न समझें? यह कहाँ तक युक्तिसंगत है? आप यहाँ पर बस गए हैं तथा इस स्थान को भी आपने हिंदुस्थान बनाया है, आपको पापी कौन कहेगा? आपका तो महान् पुण्यपुरुषों की भाँति सम्मान एवं अभिनंदन होना चाहिए। मैं आपको ऐसा ही समझता हूँ कि आपके दर्शन से हम पवित्र हो जाते हैं। एक महान् विचारक ने हमारी आचार संहिता के विषय में ऐसा ही कहा है, अर्थात् जहाँ पर आर्य अपना शासन एवं सामाजिक आचार पद्धति स्थापित कर लेते हैं, वह स्थान भी पावन हो जाता है।"'केवल भगवान् वेद ही सातों समुद्र पारकर इस विष्णु मंदिर में स्थापित नहीं हुए हैं, अपितु समुद्र पार करने अथवा इसी प्रकार के अन्य कलिवर्ज्य के आदेश भी अर्थहीन हो गए हैं और अब उन्हें रद्द कर देना चाहिए।"[२२]

इसके बाद आपटेजी ने पूरे अधिकारपूर्ण शब्दों में कहा, "विश्व हिंदू परिषद् आपसे ऐसा करने की अपेक्षा करती है। अब भारतीय सारे विश्व में फैल गए हैं। इसीलिए हमारे गुरुदेव ने इस वृद्ध आयु में भी सारे ज़गत् की यात्रा करके सब स्थानों पर वेद की स्थापना के लिए इतना कष्ट उठाया है।"[२३]

पहली बार दादा साहेब आपटे ने घोषणा की कि विश्व हिंदू परिषद् नई संहिताओं का निर्माण करेगी और जो काल के प्रवाह में अप्रासंगिक हो चुकी हैं, उनको रद्द करेगी। एक प्रकार से वेद भगवान् की यह विश्व-यात्रा इसी संकल्प का द्योतक थी।

अपनी इस विदेश यात्रा में आपटेजी ने अनेक स्थानों पर स्पष्ट किया, "विश्व हिंदू परिषद् की स्थापना हुई, समाज की बिखरी हुई तथा छिन्न-भिन्न शक्तियों को एक नए सूत्र में गूँथकर उन्हें अपनी विरासत की रक्षा करने और अपनी आचार नीतियों को युगानुकूल नया रूप प्रदान करने और पाँचों महाद्वीपों में रहनेवाले भारतीयों का मार्गदर्शन करने के उद्देश्यों से श्री आपटे ने उन सब संस्थाओं की प्रशंसा की, जिन्होंने भारत से दूर रहकर भी हिंदू धर्म से अपनी अभिन्नता को कायम रखा है। उन्होंने सभी को आश्वासन दिया, "विश्व हिंदू परिषद् उनकी हर प्रकार से सहायता करती रहेगी तथा उन्हें मार्गदर्शन प्रदान करती रहेगी।"[२४]

विश्व हिंदू परिषद् के प्रारंभिक वर्षों में ही दादा साहेब आपटे ने सही अर्थों में परिषद् को उसका अंतरराष्ट्रीय स्वरूप प्रदान किया। उसके लिए वे एक यायावर के रूप में निरंतर गतिशील रहे। अनजान देशों में, अनजान लोगों में किसी सिद्ध तपस्वी की तरह हिंदुत्व का शंखनाद करते रहे। इस काम में उन्होंने विदेशों में कार्य कर रहे अनेक आधुनिक हिंदू गुरुओं को एक श्रृंखला में पिरोया। इस दृष्टि से वे ज्ञान और भक्ति मार्ग के बीच संतुलन की स्थापना कर रहे थे। एक ओर तो वे मंदिरों में श्रद्धावनत हिंदू की भाव तरंगों से प्रवाहित हो रहे थे और दूसरी ओर वे विदेशों के विश्वविद्यालयों में तर्क की धार से हिंदुत्व की धाक बिठा रहे थे। आज विश्व भर में विश्व हिंदू परिषद् का जो प्रभाव फैला दिखाई दे रहा है, उसके पीछे दादा साहेब आपटेजी की मौन तपस्या है।

संदर्भ

१. एस.एस. आपटे, पूज्यपाद जगद्गुरु श्री चंद्रशेखरेंद्र सरस्वती, आचार्य ऑफ काँचीकामकोटि पीठ, 'विश्वसंपर्क सेतु—दादा साहेब आपटे', में संकलित, पृ. ६५
२. एस.एस. आपटे, पूज्यपाद जगद्गुरु श्री चंद्रशेखरेंद्र सरस्वती, आचार्य ऑफ काँचीकामकोटि पीठ, 'विश्वसंपर्क सेतु—दादा साहेब आपटे' में संकलित, पृ. ६५
३. 'हिंदू विश्व', नवंबर १९६९, पृ. ९१
४. सी.बी. पटेल, 'हिंदुज इन ब्रिटेन—एन एक्सरसाइज इन हारमोनी', 'विराट हिंदू सम्मेलन', हिंदू जगे विश्व जगे स्मारिका, में संकलित, पृ. १५३
५. लेखक की डॉ. के.पी. हरदास के साथ नागपुर में हुई बातचीत के आधार पर
६. स्वामी सत्यमित्रानंद गिरीजी द्वारा ३० अक्तूबर, २००५ को लेखक को लिखे एक पत्र के अनुसार
७. 'हिंदू विश्व', फरवरी १९७२, पृ. ४१-४२
८. वाल्टर के.एंड्रसन और श्रीधर दामले, 'द ब्रदरहुड इन सेफरन', पृ. १३६
९. 'हिंदू विश्व', जनवरी १९७२, पृ. ७३-७४
१०. 'हिंदू विश्व', दिसंबर १९७२, पृ. ४८
११. डॉ. श्यामला अरुण भंडारकर, 'दादा साहेब आपटे का पुण्य स्मरण', 'विश्व संपर्क सेतु—दादा साहेब आपटे', में संकलित, पृ. ३१
१२. 'हिंदू विश्व', जनवरी १९७२, पृ. ७२-७३
१३. 'हिंदू विश्व', नवंबर-दिसंबर, १९७६, पृ. ३५-३६
१४. 'हिंदू विश्व', नवंबर-दिसंबर १९७६, पृ. ४२, ४६
१५. 'हिंदू विश्व', नवंबर-दिसंबर १९७६, पृ. ५१-५२
१६. 'हिंदू विश्व', नवंबर-दिसंबर १९७६, पृ. ४६
१७. 'हिंदू विश्व', नवंबर-दिसंबर १९७६, पृ. ६१

१८. 'हिंदू विश्व', नवंबर-दिसंबर १९७६, पृ. ५५
१९. 'हिंदू विश्व', नवंबर-दिसंबर १९७६, पृ. ५६-५७
२०. 'हिंदू विश्व', नवंबर-दिसंबर १९७६, पृ. ६०
२१. 'हिंदू विश्व', नवंबर-दिसंबर १९७६, पृ. ६२-६३
२२. 'हिंदू विश्व', नवंबर-दिसंबर १९७६, पृ. ६२-६३
२३. 'हिंदू विश्व', नवंबर-दिसंबर १९७६, पृ. ६२-६३
२४. 'हिंदू विश्व', नवंबर-दिसंबर १९७६, पृ. ५२

□

अष्टम अध्याय

अंतर्मुखी दादा साहेब आपटे निकले अंतिम यात्रा पर

पुणे में वापसी—११ अक्तूबर, १९७७ को मुंबई में विश्व हिंदू परिषद् की केंद्रीय कार्यकारिणी की बैठक में आपटेजी ने अपना कार्यभार अपने सहयोगी राजाभाऊ डिगवेकरजी को सौंप दिया। उन्होंने अपने जीवन के ७२ वसंत देख लिये थे। १९६४ से विश्व हिंदू परिषद् की स्थापना से ही वे उसके महामंत्री का दायित्व सँभाले हुए थे। हिंदू शास्त्रों की मान्यता के अनुसार ही अब उनके संन्यास लेने का समय आ गया था। इसके लिए उन्होंने तैयारी भी पूरी कर ली थी। देश और विदेश में विश्व हिंदू परिषद् का आंदोलन फैल चुका था। यह दादा साहेब आपटे का ही कमाल था कि परिषद् वास्तव में परंपरागत अर्थों में संगठन के रूप में विकसित ही नहीं हुई, बल्कि यह बीसवीं शताब्दी के हिंदू पुनर्जागरण आंदोलन का आकार ग्रहण कर रही थी। परिषद् किसी राजनैतिक दल विशेष का पुछल्ला नहीं थी, बल्कि विश्वभर के सभी हिंदुओं का प्रतिनिधि स्वर थी। आपटेजी ने पूरे मनोयोग से परिषद् के इस स्वरूप को विकसित किया था और संस्कृत के प्रकांड पंडित राजाभाऊ डिग्वेकर को इस आंदोलन का अगुआ बनाकर वे चुपचाप वापिस पूना नगरी में आ गए थे।

पुणे में उन्होंने घर बाँध लिया था। पर्वती की तलहटी में जहाँ एक ओर गणेशजी का मंदिर है और दूसरी ओर अरण्येश्वर का वन। उन दोनों के बीच उन्होंने अपना 'कौशिक निवास' बनाया था। पवती गाँव कभी पुणे से बाहर उजाड़ क्षेत्र था। लेकिन गणेशजी के मंदिर की मान्यता तब भी दूर-दूर तक फैली हुई थी। पेशवाओं ने गणपति का यह मंदिर सैकड़ों वर्ष पहले बड़ी श्रद्धा से बनाया था। एक

विशाल तालाब खुदवाया गया और उस तालाब में गणपति का यह मंदिर बना। पुणे में किसी से भी पूछो तो वह अत्यंत श्रद्धा से सिर झुकाकर तालाबवाले गणेशजी के मंदिर की ओर संकेत कर देगा। अब तालाब तो नहीं है, परंतु गणेशजी की प्रसिद्धि तालाब के नाम से ही दूर-दूर तक फैली हुई है। मंदिर से खड़े होकर सामने पर्वती का ऊँचा मृग दिखाई देता है। यहाँ कभी पेशवाओं का निवास रहा। पेशवाओं ने इस पर्वती पर गणेश, कार्तिकेय और दुर्गा के मंदिर बनवाए। पेशवा इस पर्वती पर रहते भी रहे। इसी पर्वती से थोड़ा और आगे जाने पर सिंहगढ़ का वह दुर्ग है, जिसने महाराष्ट्र के ही नहीं, पूरे भारत के इतिहास को बदल दिया। हिंदू पद पदशाही के अंकुर कभी इसी सिंहगढ़ के दुर्ग में फूटे थे। इस क्षेत्र के चप्पे-चप्पे में इतिहास सोया है। पुणे में कभी मुगलों ने गधों के हल चलवा दिए थे और पुणे को उजाड़ दिया था। शिवाजी की माँ जीजाबाई ने इस पुणे को पुन: बसाया और बालक शिवाजी के हाथों वहाँ सोने का हल चलवाया। पुणे एक बार पुन: आबाद हुआ। शिवाजी ने किशोरावस्था के महत्त्वपूर्ण वर्ष इसी पुण्यनगरी में बिताए थे। दादा साहेब आपटे की आँखों में पुणे समाया हुआ था। हृदय में शिवाजी का शौर्य बसता था और मस्तिष्क में समर्थ रामदास हिलोरें ले रहा था। समर्थ रामदास ने शिवाजी का निर्माण किया था, उसी प्रकार जैसे कभी चाणक्य ने चंद्रगुप्त का निर्माण किया था। शायद इसीलिए आपटेजी ने अपने जीवन की चौथ के लिए पुणे नगरी को चुना था और पुणे में भी उस पर्वती को, यहाँ से सिंहगढ़ की प्रत्येक पदचाप सुनाई देती है। जब पर्वती पुण्य नगरी का अंश बनने की ओर अग्रसर थी, तभी आपटेजी ने वहाँ एक भूमि खंड क्रय कर लिया था।

जिन दिनों आपटेजी हिंदुस्थान समाचार और विश्व हिंदू परिषद् में सक्रिय थे, उन दिनों प्राय: अपने अंतरंग मित्रों से कहा करते थे कि मैं अपने जीवन के अंतिम वर्ष पुणे में रहकर अध्ययन में लगाना चाहता हूँ। ज्ञान का इतना भंडार भरा पड़ा है कि उसका मनन करते-करते जीवन रीत जाता है। ज्ञान का अंत नहीं होता। अब 'कौशिक निवास' में उनकी यही कल्पना साकार हो रही थी। ऊपर के तल्ले में एक बहुत बड़ा ग्रंथालय आकार ले चुका था। आपटेजी विश्वभर में घूमे थे। देश का चप्पा-चप्पा उन्होंने छान मारा था। उनके जीवन की कुल संचित निधि यही ग्रंथ थे। वे इन्हीं के पारायण में डूबे रहते। कई बार अपने भानजे गणेश को कहते कि ज्ञान का भंडार अनंत है, कभी चुकता नहीं। जीवन रीत जाता है, लेकिन ज्ञान बढ़ता जाता है। वे स्वामी गंगेश्वरानंदजी के साथ विश्वभर में वेद की स्थापना कर आए थे। उसी पावन वेद की एक प्रति उन्होंने अपने ग्रंथालय में भी रखी थी।

कभी-कभी प्रात: काल उठकर वेद का पाठ करते। सस्वर वेद की ऋचाएँ 'कौशिक निवास' में गूँज उठतीं।

करंदीकर का कर्ज—लेकिन उन्हें पुणे में आकर अपने मित्र करंदीकर का ऋण अभी चुकाना था। श्री ए.जे. करंदीकर संस्कृत एवं ज्योतिष शास्त्र के प्रकांड पंडित थे। पुणे में सदाशिव पेठ में रहते थे। सदाशिव पेठ को पुणे का 'ब्राह्मण बाड़ा' भी कहा जा सकता है। करंदीकर के शोध पत्रों की देश-विदेश में चर्चा रहती थी। वे लंबे अरसे से आपटेजी के मित्र थे। आपटे जब कभी पुणे आते तो करंदीकर से अनेक विषयों पर लंबी चर्चाएँ होती थीं। करंदीकर के बारे में आपटेजी के ही शब्दों में, "करंदीकर विख्यात वैदिक विद्वान् थे और अनेक भारतीय और पाश्चात्य भाषाओं के ज्ञाता थे। वे अन्य प्राचीन देशों यथा सुमेर, खालदिया, यूनान, मिस्र इत्यादि के पौराणिक इतिहास के भी विद्वान् थे।" उनका ग्रंथ "वैदिक आर्यां चे ज्योतिर्विज्ञान आणि वैदिक देचतांचे पुनर्दर्शन" शक संवत् १८८४ में प्रकाशित हुआ था। करंदीकरजी की इच्छा थी कि उनका यह ग्रंथ अंग्रेजी व हिंदी भाषा में भी प्रकाशित हो। इसके लिए वे आपटेजी से कई वर्षों से आग्रह करते आ रहे थे। ३० जुलाई, १९७६ को उन्होंने "इस पुस्तक के अंग्रेजी व हिंदी भाषा के सभी अधिकार अपने मित्र दादा साहेब आपटेजी को दे दिए हैं।" (आपटेजी ने पुस्तक के अंग्रेजी संस्करण में यह पत्र प्रकाशित किया है।) पुणे आने पर आपटेजी ने सबसे पहले इसी ग्रंथ के अंग्रेजी अनुवाद का बीड़ा उठाया। उन्हें मित्र के ऋण से उऋण होना था। करंदीकरजी भी आपटेजी की तरह अविवाहित थे और सारी आयु सरस्वती देवी की आराधना में अर्पित की थी।

अंग्रेजी अनुवाद में आपटेजी को बहुत परिश्रम करना पड़ा। १९७८ में यह अनुवाद प्रकाशित हो गया। परंतु करंदीकरजी इसे देखने के लिए नहीं रहे। वे अपनी इस साध को लेकर ही संसार सागर पार कर गए। आपटेजी को यह घटना सालती रही। परंतु इस ग्रंथ के प्रकाशित होते ही ज्योतिष विधा के विद्वानों में तहलका मच गया। आपटे और करंदीकर दोनों को ही इसने यश दिया। परंतु इस पुस्तक के अनुवाद के साथ ही उन्होंने अपनी भविष्य की लेखन योजना की रूपरेखा भी बना डाली।

आपटेजी अपने जीवन भर के अनुभवों की संचित निधि को पुस्तकों में सुरक्षित करने की योजना बना रहे थे। इसलिए उन्होंने इसी पुस्तक में आगामी तीन ग्रंथों—

1. Hindu—Mission and destination.

2. Holy Men and Holy Places—Their Functions and Obligations.
3. What every Hindu ought to do?

की घोषणा भी कर दी। वे सचमुच उत्साह में थे।

प्रकृति से तारतम्य—'कौशिक निवास' में उन्होंने एक अच्छा-खासा वनस्पति उद्यान विकसित कर लिया था। पेड़-पौधों से आपटेजी को बचपन से ही लगाव था। एक गहरी आत्मीयता पौधों में और आपटेजी में अदृश्य रूप से विद्यमान रहती थी। देश में भी और विदेश में भी, जहाँ भी जाते, वहाँ के पेड़-पौधों के बारे में पूछताछ करते और अपने उद्यान में लगाने के लिए विभिन्न प्रकार की वनस्पितयों के पौधे अथवा बीज ले आते, उन्हें अपने उद्यान में बोते और उनके अंकुरित होने की अत्यंत व्याकुलता से प्रतीक्षा करते। प्रात:काल उठकर सीधे बगीचे की ओर भागते। यदि कोई बीज अंकुरित हुआ होता तो हर्ष से अपने भानजे नारायण को बुलाकर बाल सुलभ प्रसन्नता से बताते, "अरे गणेश! इस बीज के भी अंकुर निकल आए हैं!" अनेक बार दूरस्थ क्षेत्रों के अपने परिचितों को पत्र लिखकर किसी विशेष पौधे के बीज भेजने के लिए आग्रह करते। परंतु उनके प्रवास इतने लंबे होते थे कि उद्यान की ओर वे चाहकर भी कितना ध्यान दे सकते थे? पौधों से उनकी ममता दूर देशों में भी बनी रहती। कभी-कभी विदेश से भी आपटेजी का गणेश को फोन आता तो घर का हालचाल कम, उद्यान के पेड़-पौधों का हाल-चाल ज्यादा पूछते। परंतु अब उनके पास अपनी इस ममता को पालने का समय भी था और अवसर भी। घर में उन्होंने भाँति-भाँति के फूल और अनेक प्रजातियों के पौधे लगाए हुए थे। कई घंटे वे इन्हीं पौधों की देखभाल में व्यतीत करते, पत्तों पर हाथ फेरते, कभी उन्हें पानी से नहलाते और कभी उन्हें प्रसन्न भाव से निहारते रहते। आम के गाछ थे और नारियल के लंबे पेड़! दादा साहेब के नारियल के पेड़ों के साथ एक और कथा भी जुड़ी हुई थी। कई साल पहले पुणे से नागपुर गए आबा अभ्यंकरजी ने आकर दादा साहेब को बताया, "दादा साहेब, नागपुर में रेशम बाग स्थित परम् पू डॉ. हेडगेवारजी की समाधि के आसपास कोई वृक्ष नहीं है। चिलचिलाती धूप में यह देखकर कष्ट होता है।" दादा साहेब ने अपने बगीचे के नारियल के अनेक गाछ नागपुर पहुँचाए और समाधि पर उनको रोपा गया। अपने नारियल के पौधों को देखते हुए कभी-कभी दादा साहेब का मन नागपुर पहुँच जाता और वे अपनी पुरानी स्मृतियों में खो जाते।

'कौशिक आश्रम' की स्थापना—पुणे में सर्वश्री अच्युतराव कोल्हटकर, चिंतोपंत सोमण, डॉ. वि.दा. किराड़ और विश्वनाथ राव गवंडी एक ऐसे आश्रम

की स्थापना की योजना बना रहे थे, जिसमें राष्ट्रीय स्वयंसेवक संघ जैसे सामाजिक क्षेत्रों में कार्य करनेवाले प्रचारक बुढ़ापे में रह सकें। इसी योजना की दिशा में १५ अप्रैल, १९७८ को 'अक्षय सेवा संशोधन प्रतिष्ठान' की स्थापना की गई। लेकिन इधर आपटेजी भी धीरे-धीरे अपना सांसारिक कर्म समेट रहे थे। इन सभी मित्रों ने आपटेजी से अपनी इस योजना की चर्चा की। आपटेजी ने क्षण भर की देर किए बिना उनकी इस योजना में अपना सर्वस्व अर्पित कर दिया। उन्होंने १ जनवरी, १९७९ को 'कौशिक निवास' को 'कौशिक आश्रम' में बदल दिया। न्यास पत्र में उन्होंने लिखा, ''मैं पिछले पचास वर्षों से अपनी रुचि और योग्यता के अनुसार समाज हित का कार्य कर रहा हूँ। स्वयं को समाज हित में समर्पित करने से पूर्व मैं मुंबई में वकालत करता था। (लेकिन सबकुछ छोड़-छाड़कर मैं सामाजिक कार्यों में लग गया।) मैं अविवाहित हूँ। मेरा कोई वारिस नहीं है। मेरे बाद मेरी सारी संपत्ति का उपयोग, मेरे जैसे सामाजिक कार्यकर्ताओं के काम आ सके, इसलिए मैं 'कौशिक आश्रम' नाम से सार्वजनिक धर्मदाय न्यास स्थापित कर रहा हूँ।''

आपटेजी सारी आयु राष्ट्रीय स्वयंसेवक संघ के प्रचारक रहे थे। ऐसे ही हजारों सेवावृतियों ने सांसारिक सुखों को त्यागकर अपना सर्वस्व राष्ट्र कार्य में अर्पित किया। बुढ़ापे में भी उनकी यह साधना साकारात्मक रूप में चिंतन और मनन के क्षेत्र में चलती रहे, इसके लिए आवश्यक था कि उन्हें उसी प्रकार का वातावरण उपलब्ध हो। आपटे 'कौशिक आश्रम' के माध्यम से यही प्रयास कर रहे थे। लेकिन आपटेजी ने इसके लिए केवल अपना घर ही अर्पित नहीं किया, बल्कि उनके पास अचल संपत्ति के अतिरिक्त जो चल संपत्ति थी, वह भी समर्पित कर दी। घोषणा पत्र में उन्होंने लिखा, ''वकालत के दौरान जो पैसा मैंने कमाया, मैंने बारह ग्रंथों की रचना की, उससे जो धन प्राप्त हुआ (वह न्यास को समर्पित है।)'' 'कौशिक आश्रम' उनके जीवन का सपना बन गया था। बाद में इसकी आर्थिक स्थिति सुदृढ़ करने के लिए उन्होंने अपने मित्रों से सहायता भी ली। उस समय के भारतीय जनसंघ के राज्य सभा सदस्य और प्रचारक श्री जगदीश प्रसाद माथुर को उन्होंने लिखा, ''यह आश्रम उन सभी समाजवर्तियों के जीवन के सांध्य काल की साधना स्थली है, जिन्होंने सारा जीवन समाज हेतु होमकर दिया।''

श्री माथुर ने तो आपटे के अक्षय कोष में योगदान दिया ही, साथ ही उन्होंने एक सूची भी भेजी, ''आपके सूची के सभी लोगों से संबंध हैं, ये सभी प्रचारक रह चुके हैं। इनसे भी माँगिए न!'' साथ ही लिखा, ''बुढ़ापा जितनी अनुमति देता है, उतनी तो आपकी सेहत ठीक ही होगी।'' माथुरजी की सूची में थे, सर्वश्री सुंदर

सिंह भंडारी, रामभाऊ म्हालगी, अटल बिहारी वाजपेयी, एन.के. शेजवल्कर, प्यारे लाल खंडेलवाल, अश्विनी कुमार और श्रीमती राजमाता सिंधियाजी।

'कौशिक आश्रम' में सभी ने सहयोग दिया, लेकिन जिसने उसकी आत्मा को अभिसिंचित किया, वह था उनकी 'मातोश्री उमाबाई' का योगदान। आपटेजी ने न्यास की घोषणा में लिखा, "आश्रम के लिए मेरी माँ ने भी अपनी संपत्ति दे दी है।"

उमाबाई के पास भला कौन सी संपत्ति बची होगी, जो उन्होंने अंत में अपने बेटे के आश्रम को दान कर दी? शायद किसी साध में शिवराम के विवाह का स्वप्न देखा होगा! अपनी बहू को पहनाने के लिए वंश परंपरा का कोई स्वर्ण आभूषण इतने वर्षों से सँभालकर रखा होगा! माँ अंत तक उसे सँभाले रही और अंत में उसे शिवराम के ही हवाले कर दिया। परंतु शिवराम तो पहले ही लिख चुके थे, "मेरा कोई वारिस नहीं है।" अब यह आश्रम ही 'कौशिक वंश' का वारिस था। माँ की संपत्ति उसी को अर्पित हो गई।

आपटेजी ने 'कौशिक आश्रम' बनाने के लिए अपने अंतरंग मित्रों सर्वश्री मोरोपंत पिंगले, अच्युत कृष्ण कोल्हाटकर, दामोदर माधव दाते, बलवंत मोरेश्वर पुरंदरे से भी परामर्श किया था। १५ मई, १९८० को पुणे में श्री बाला साहेब देवरस ने लिखा, "मैंने 'कौशिक आश्रम' के प्रकल्प को पढ़ा है। यह प्रकल्प उन वृद्ध एवं अक्षम कार्यकर्ताओं को, जिन्होंने अपना जीवन समाज सेवा में लगा दिया, सहायता प्रदान करेगा।"[१०] इसे इतिहास का संयोग ही कहना चाहिए कि तृतीय सरसंघचालक श्री बाला साहेब देवरस और चतुर्थ सरसंघचालक प्रो. राजेंद्र सिंह ने अपनी इह लीला इसी आश्रम में पूरी की।

माँ का देहावसान—आज मंगलवार पौष शुद्ध द्वादशी शके १९०० दिनांक 9 जनवरी १९७१ मी शिवराम शंकर आपटे'' । इसके बाद न्यास के नियमों, उपनियमों और उद्‌देश्यों की घोषणा थी। कानूनी जरूरतों को पूरा करता-करता जब यह दस्तावेज विधि की दृष्टि में 'कौशिक आश्रम न्यास' बन गया तो आपटे ने यह पुरजा माँ के चरणों में रख दिया। माँ और बेटे ने एक बार एक-दूसरे की ओर देखा। दोनों सांसारिक दायित्वों से मुक्त हो रहे थे। उमाबाई महाकाल के पिछले पन्नों में जा चुकी थी। आज पौष कृष्ण त्रयोदशी शके १८२६ उसने एक पुत्र को जन्म दिया था। शंकर और उमाबाई दोनों ने एक साथ शिशु को देखा। दोनों के नेत्रों में चमक आई थी। माँ महाकाल के अतीत पर्व से वापिस आ रही थी, सामने दादा साहेब आपटे बैठे थे, 'कौशिक आश्रम' का दस्तावेज लिये। माँ उसमें उसी शिशु

को तलाश रही थी, जिसको उसने अपने पति शंकर के साथ देखा था। न जाने क्यों आज बार-बार उसे शंकर आपटे स्मरण हो रहे थे! इधर दादा आपटे अपनी माँ की आँखों में अपनी पूरी जीवन-यात्रा पढ़ रहे थे। वृद्ध शरीर। आँखों से भी कम दिखाई देने लगा था। आपटेजी उनकी चिंता में खोए रहते, उनके लिए स्वयं भोजन बनाते। बार-बार खाने में उनकी रुचि को पूछते। माँ को लेकर आपटेजी के मन में एक बेचैनी सदा बनी रहती। माँ के प्रति उनका लगाव अभी भी शिशुवत् ही था। एक दिन आपटेजी ने अपनी पहचान के ज्योतिषी को घर बुलाया। आपटेजी के परिचित जानते थे कि वे शायद फलित ज्योतिष में विश्वास नहीं रखते। लेकिन आपटेजी चुपचाप 'कौशिक निवास' के एक कोने में उस ज्योतिषी से आई की जन्म कुंडली दिखा रहे थे। आपटेजी ने भरे मन से बहुत धीमे स्वर में उस ज्योतिषी से पूछा, "क्या मेरी माँ के भाग्य में पुत्र-वियोग लिखा है?" यह पूछकर आपटेजी मौन हो गए। कुछ देर ग्रह-नक्षत्रों को देखने के बाद उस ज्योतिषी ने उनसे भी धीमे स्वर में कहा, "नहीं।" आपटेजी ने एक लंबा श्वास छोड़ा, मानो सिर से बहुत बड़ा बोझ उतर गया हो! आपटेजी के संस्कार निर्माण में माँ का ही ज्यादा योगदान था। माँ ने ही उन्हें समर्थ रामदास के श्लोक सुनाए थे और माँ ने ही संत ज्ञानेश्वर के अभंग गाए थे। माँ ने ही उनके भीतर समर्थ रामदास का निर्माण किया था। जीवन भर की इस साधना के पीछे कहीं-न-कहीं माँ का ही हाथ था। दादा साहेब आपटे संसार से यदि किसी एक सूत्र से दृढ़ता से बँधे रहे तो वह उनकी माँ ही थी। माँ को लेकर उनके भीतर का एक कोना सदा आर्द हो जाता। माँ ने जीवन में कौन सा सुख देखा था? जीवन भर वैधव्य का दु:ख भोगा। पुत्र-सुख भी उन्हें कहाँ नसीब हो पाया! अभाव ही उनका जीवन बन गया था। दादा साहेब के भीतर एक प्रश्न सदा कौंधता रहता कि वे माँ के प्रति न्याय नहीं कर पाए थे। वे जीवन में उन्हें कोई सुख नहीं दे सके। माँ उनकी प्रतीक्षा में आँखें गड़ाए रहती, लेकिन वे अपनी लंबी प्रवास यात्राओं से घर कहाँ आ पाते थे। माँ की आँखें उनकी प्रतीक्षा में पथरा जातीं। लेकिन आपटेजी एक लंबे प्रवास के बाद दूसरे प्रवास पर निकल जाते। माँ की कितनी इच्छा थी कि अपनी पुत्रवधू को घर ले आतीं! उसके शगुन करतीं। अनंत आपटे का कुल भी आगे बढ़ता। परंतु शिवराम माँ की यह इच्छा कहाँ पूरी कर पाए थे? माँ सगे-संबंधियों से अपने बेटे के विवाह की बात चलातीं। माँ के कहने पर वे लड़की को देखने के लिए भी जाते। आपटे जानते थे कि यह रास्ता उनके लिए नहीं है। परंतु माँ को क्षणिक सुख देने के लिए वे यह सारा स्वाँग करते रहते। माँ का यह क्षणिक सुख ही बाद में आपटेजी की जीवन पूँजी बन गया था।

कई बार माँ ने कहा भी, ''बाल तुम यदि किसी अपनी मनपसंद की लड़की से विवाह करना चाहते हो, तो उसी से क्यों नहीं कर लेते?'' बाल भला इसका क्या उत्तर देता? उसने तो अपने हाथ से गृहस्थ आश्रम की रेखाओं को बलपूर्वक मिटा दिया था। अब वे माँ की चिंता से मुक्त थे। अब वे सचमुच वक्त के बादशाह थे। न जाने क्यों उनका मन पढ़ने-लिखने में फिर से लगने लगा। उस दिन २५ अक्तूबर, १९७९ को उन्होंने रात्रि को अपनी डायरी में लिखा, ''प्रात: साढ़े पाँच बजे उठा, माँ की तबीयत ठीक नहीं है। माँ के पास बैठा। लगता है अंतिम समय आ पहुँचा है। मन व्याकुल हो रहा है। आठ बजे ज्ञानेश्वरी का पाठ प्रारंभ ही किया था कि माँ ने प्राण छोड़ दिए। उनका शरीर भूमि पर रखा। माँ का चेहरा एकदम शांत है। अंत में कुछ बोलना चाह रही थीं, लेकिन कुछ बोल न सकी।

नींद नहीं आ रही है। अभी से क्या सोचना! अस्थि विसर्जन के बाद भविष्य की राह के बारे में सोचूँगा। माँ की मृत्यु से संसार से बँधे रहने का मेरा अंतिम सूत्र भी टूट गया। क्या मैं संन्यासी हो जाऊँ?[११] क्या आपटेजी अब भी किसी संन्यासी से कम थे? आपटेजी की 'आई' का देहांत २५ अक्तूबर, १९७९ को हुआ था। 'कौशिक आश्रम' बन जाने के बाद उमाबाई ज्यादा देर जिंदा नहीं रहीं। आश्रम ही उनका मुक्ति पर्व बना।

जैसे उड़ि जहाज का पंछी पुनि जहाज पै आवे :—दादा साहेब आपटे ने अपना संपूर्ण जीवन हिंदुओं की अवनति का निदान खोजने में ही लगाया था। वे विश्व हिंदू परिषद् की स्थापना से पूर्व और उसकी स्थापना के बाद भारतवर्ष के साधु-संतों, विभिन्न संप्रदायों और अखाड़ों के संपर्क में आए थे। उन्होंने हिंदुओं के रोग को केवल पुस्तकीय ज्ञान से ही नहीं जाना था, बल्कि उसको अनुभव के स्तर पर जिया था। विश्व हिंदू परिषद् के उनके जीवनकाल में साधु-संत और अखाड़े ही उनके जीवन की प्रयोगशाला बन चुके थे। एक बार उन्होंने अपने दु:ख को प्रकट करते हुए कहा था, ''साधु-संतों और अखाड़ों की संस्थाओं ने कभी संकटकाल में हिंदू समाज की रक्षा की थी। परंतु आज यही संस्थाएँ अंदर से जर्जर हो गई हैं। इनके जर्जर होने से ही हिंदू समाज रोगग्रस्त है।''[१२] इसका सामाधान क्या हो? यह प्रश्न पुणे के 'कौशिक निवास' में भी उनका पीछा नहीं छोड़ रहा था। उन्होंने 'कौशिक निवास' को 'कौशिक आश्रम' बना दिया था। अपने आपको सांसारिकता से तोड़ लिया था। बंधनों से मुक्ति का पर्व चल रहा था। परंतु यह यक्ष प्रश्न उनका पीछा नहीं छोड़ रहा था। इसी पुणे में कभी शिवाजी ने इसका उत्तर दिया था। इसी पुणे में यह प्रश्न 'कौशिक आश्रम' के गाछों में छिपा यक्ष बार-बार

दादा साहेब आपटे से कर रहा था। वे पिछले चालीस वर्षों से इसी प्रश्न का उत्तर दे रहे थे। हिंदुस्थान समाचार इसी प्रश्न का उत्तर था। विश्व हिंदू परिषद् इसी प्रश्न का उत्तर था। लेकिन यह प्रश्न शांत कहाँ हो पाया था? जब तक यह प्रश्न शांत नहीं होता तो दादा साहेब आपटे शांत कैसे हो सकते थे? वे भागना चाहते थे। परंतु भागकर कहाँ जा सकते थे? सूरदास ने लिखा है, ''जैसे उड़ि जहाज का पंछी पुनि जहाज पै आवै।'' आपटे इसी का उत्तर देते-देते लिखने में व्यस्त हो जाते। १९७९ में उन्होंने महापुरुष शंकरदेव और १९८२ में महापुरुष ज्ञानेश्वर की जीवनियाँ लिखीं। वे एक बार फिर मध्यकालीन भक्ति आंदोलन से आधुनिक हिंदू समाज के भीतर की दरारों को पाटना चाहते थे। इसके लिए शंकरदेव और संत ज्ञानेश्वर से ज्यादा उपयुक्त कौन हो सकता था? आपटे ने पूर्वोत्तर भारत में गहन प्रवास किए थे। सुदूर अरुणाचल प्रदेश में जर्जर हो चुके 'परशुराम कुंड' का नवनिर्माण करवाया था। वहाँ भगवान् परशुराम की भव्य मूर्ति की प्राण-प्रतिष्ठा की थी। 'परशुराम कुंड' भारत के सीमांत पर नया तीर्थ-क्षेत्र है, ऐसा वे प्राय: कहा करते थे। यह नया तीर्थ-क्षेत्र केरल और अरुणाचल प्रदेश को जोड़ता है, प्रकारांतर से सारे भारतवर्ष को एक सूत्र में बाँधता है। केरल भगवान् परशुराम की धरती मानी जाती है और अरुणाचल प्रदेश परशुराम की प्रायश्चित भूमि। ऐसा दादा साहेब आपटे प्राय: कहा करते थे। मध्यकाल में इसी पूर्वोत्तर भारत में महापुरुष शंकरदेव ने संपूर्ण क्षेत्र में भक्तिरस प्रवाहित किया था, जिससे यह संपूर्ण क्षेत्र राष्ट्रभावना से सराबोर हो उठा था। कालांतर में शंकर देव की परंपरा अवरुद्ध हो गई, जिससे उत्तर-पूर्व में अलगाववादी और विघटनात्मक तत्त्वों का बोलबाला होने लगा। दादा साहेब आपटे पुणे में बैठकर उत्तर-पूर्व के लिए एक नए शंकरदेव की तलाश कर रहे थे। इस हेतु वे शंकर देव की कृति को संपूर्ण देश में प्रचारित कर रहे थे। ऐसे ही महापुरुष संत ज्ञानेश्वर थे, जिसकी चर्चा करते हुए वे रोने लगते। वाणी अवरुद्ध हो जाती और अश्रुधारा बहने लगती। संत ज्ञानेश्वर के श्लोक गाते भी जाते और रोते भी जाते। मानो भारत माता को अर्घ्य चढ़ा रहे हों।[१३] आपटेजी का मानना था कि भारत को आज आवश्यकता उस नेतृत्व की है जो बाहर और भीतर से एक जैसा हो। वचन और कर्म में एकदम अद्वैतवादी इसके लिए संत ज्ञानेश्वर से बड़ी प्रेरणा और कहाँ से मिल सकती है? ज्ञान का अर्थ केवल मात्र शब्दों का अर्थ और उसकी व्याख्या समझ लेने में ही नहीं है। शब्दों को अर्थ सहित जाना जा सकता है, उनकी व्याख्या का कौशल भी प्राप्त किया जा सकता है। परंतु ऐसा पुरुष व्याख्याता तो हो सकता है, ज्ञानी नहीं। ज्ञानी तो वह है जिसका चिंतन, कर्म और वाणी एक

ही हैं। उनमें कोई विभेद नहीं है। क्या आप विश्व के ज्ञान इतिहास में ऐसे किसी महापुरुष का स्मरण कर सकते हैं? सातों वैदिक कृषि, योहोवा, जरथुष्ट्र, महावीर, गौतम, ईसा मसीह, हजरत मुहम्मद तथा ऐसे ही अनेकों और भी महापुरुष हुए। परंतु उन्हें ज्ञानी नहीं कहा जा सकता, स्वामी की तो बात ही अलग है; क्योंकि किसी-न-किसी क्षेत्र में उनमें भी कोई कमी रही। ज्ञात इतिहास में केवल एक ही व्यक्ति ऐसा है, जिसे मैं ज्ञानी कहूँगा और वह है ज्ञानेश्वर! महापुरुष ज्ञानेश्वर!!"[१४]

उनकी यह रचना १२ अगस्त, १९८२ को प्रकाशित हुई। पुणे के ही अमरेंद्र गाडगिल उनके मित्र थे। हस्तलिपि भी शायद अभी अधूरी थी। लेकिन आपटेजी इसे कृष्ण अष्टमी के दिन ही प्रकाशित देखना चाहते थे। क्योंकि कृष्ण अष्टमी ही योगी ज्ञानेश्वरजी का जन्मदिन है। अमरेंद्रजी ने उनकी इच्छा पूर्ण की। परंतु यह रचना अधूरी कैसे थी? आपटेजी ने संकेत तो दे ही दिया था। "मन, वचन और कर्म की एकता ही ज्ञान का द्वार है।" परंतु वाणी इस एकता को भंग करती है। आपटेजी की वाणी १९८२ में चली गई तो उन्होंने उसे वापिस लाने से इनकार कर दिया। 'ज्ञानेश्वर' में एक स्थान पर ज्ञानेश्वर ही कहते हैं, "अब शरीर धारण किए रहने से क्या फायदा?"[१५] क्या दादा साहेब आपटे संत ज्ञानेश्वर के बहाने यह प्रश्न अपने आप से कर रहे थे? क्या उन्होंने भी अपने जीवन का ध्येय पूरा कर लिया था? उन्होंने तो सारी आयु राष्ट्रदेव को अर्पित कर दी थी। यहाँ तक कि अपनी माँ के सपने भी उन्होंने राष्ट्रदेव को भेंट चढ़ा दिए थे।

परंतु संत ज्ञानेश्वर का एक कार्य अभी भी अधूरा था। वह था भारतवर्ष की परिक्रमा। बिना भारत की पदयात्रा के भारत माता की आराधना कैसे हो सकती है? इसकी व्याख्या दादा आपटे ने पुस्तक में कथा-प्रवाह को तोड़कर भी की, "भारतवर्ष में महापुरुष होने के लिए पावन भारतीय धरा की परिक्रमा अनिवार्य है। उत्तर में हिमालय से, जिसे भगवान् शंकर और अन्य देवताओं की स्थली कहा गया है, जो ब्रह्मपुत्र और व्यास जैसी पावन नदियों का स्रोत है, सुदूर दक्षिण तक जहाँ शिव, गणपति और कार्तिकेय की माँ के साथ खड़े हैं।"

मुक्ति पर्व की तैयारी—दादा साहेब आपटे अपने खोल में सिमट रहे थे। विश्व भर से आपटेजी के पास अनेक पत्र आते रहते। किसी में हिंदुत्व के बारे में पूछा गया होता तो किसी में शंका निवारण की प्रार्थना होती। किसी में उनकी किसी पुस्तक के बारे में जिज्ञासा होती तो किसी में पुराने अंतरंग क्षणों का जिक्र। आपटेजी यथासंभव सभी पत्रों का उत्तर स्वयं देते, परंतु लिखने में वही कठिनाई उपस्थित थी। लिखते समय हाथ हिलने लगते थे। कभी विदेश से एक डिक्टा फोन

ले आए थे। वे पत्रों के उत्तर बोलते जाते और डिक्टा फोन में सबकुछ रिकॉर्ड हो जाता। उनका सहायक आकर डिक्टा फोन को चलाता और उत्तरों को टाइप करके आपटेजी के हस्ताक्षर ले लेता। इसी प्रकार आपटेजी कई बार किसी विषय पर धाराप्रवाह बोलते जाते और सबकुछ डिक्टा फोन में कैद होता जाता। बाद में उनका वही सहायक उनके इस लेखन को आकार देता। लेकिन यह उनके पुणे निवास के प्रारंभिक दिनों की गाथा है। बाद में बहुत कुछ बदल गया। धीरे-धीरे वे उत्तर देने की भावना से भी मुक्त होने लगे थे।

उनकी रुचि अब उनका उत्तर देने में नहीं होती थी। पत्रों को पढ़ते और अनासक्त भाव से रख देते। पैरिस से उन्हें जीन रेमी ने लिखा, "क्या आप कृपया बताएँगे कि आर्यों की पवित्र पुस्तकें कहाँ से प्राप्त कर सकती हूँ? यदि मुझे वेदांग ज्योतिष और वैदिक ज्योतिष तथा वैदिक कैलेंडर, जिसमें महत्त्वपूर्ण तिथियों एवं उत्सवों की व्याख्या हो, मिल सकें तो मुझे सुविधा होगी।" रेमी ने लिखा था, "लोकमान्य तिलक के ध्रुवीय आर्कटिक सिद्धांत से कैल्टिक कैलेंडर की आर्कटिक संरचना समझने में सहायता मिलती है। इस कैलेंडर की एक प्रति उन्नीसवीं शताब्दी में फ्रांस में खुदाई के दौरान प्राप्त हुई थी, जिसकी अभी तक व्याख्या नहीं हुई है। आपटेजी ने रेमी को 'वैदिक एस्ट्रोनेमी ऐंड माइथॉलोजी' की एक प्रति भेजी थी।

वी.वी. गद्रे कई दिन पूछते रहे, "दादा साहेब, रेमी को क्या उत्तर लिखें?" दादा साहेब की अब इन प्रश्नों के उत्तर देने में कोई रुचि नहीं थी। उनके भीतर तो पहले ही अपने प्रश्नों को लेकर द्वंद्व चल रहा था। एक दिन वे दहाड़े, "अब किसी को कोई उत्तर नहीं। क्या मैं सारी आयु उत्तर ही देता रहूँगा? अब तो मैं स्वयं उत्तर खोज रहा हूँ।" गद्रे आश्चर्यचकित थे। वे कुछ समझ नहीं पाए। उन्होंने रेमी को स्वयं ही उत्तर दे दिया, "आपटेजी बीमार हैं, अब वे लिखते-पढ़ते नहीं और न ही पत्रोत्तर देते हैं। ठीक होने पर आपसे संपर्क करेंगे।"[१८]

आपटेजी के लिए विदेशों से सभी प्रकार के पत्र आते थे। व्यक्तिगत भी, सामाजिक भी और दर्शन की गुत्थियाँ सुलझानेवाले भी। त्रिनिदाद के किसी युवक ने लिखा, "मैंने पिछले दिनों अपना चौबीसवाँ जन्मदिन मनाया। मेरे माता-पिता एवं दादी का स्वास्थ्य ठीक है। परिवार में केवल दादी ही हैं, जो थोड़ी बहुत हिंदी बोल या समझ सकती हैं।" आगे उसने लिखा, "एक लंबे अरसे से मैंने आपको पत्र नहीं लिखा है, परंतु मैं प्रतिदिन आपका स्मरण करता हूँ। मुझे अभी भी याद है, जब आप उद्बोधन के लिए शिवालय में आए थे। तिलकधारीजी मेरी माँ को और मुझे आपके पास लेकर आए थे। आपने मुझे आशीर्वाद दिया था और प्रसाद में एक

आम भी। आप कभी तो पुनः हमारे देश में आएँगे ही? मेरा विश्वास है कि मैं कभी भारत आकर आपके दर्शन करूँगा।"[१९]

१९८० के सितंबर में उड़ीसा के गंजम जिले के किसी गाँव आसका से मनोरंजन पांडा ने पत्र लिखकर आपटेजी से पूछा, "यह ब्रह्मांड क्या है? इसका नियंता कौन है? मरकर आदमी कहाँ जाता है?" इस बार आपटेजी ने उत्तर दिया, "आपटे नहीं जानता इन सब प्रश्नों के उत्तर। वह तो स्वयं जिज्ञासु है।" पांडा ने १० नवंबर को फिर लिखा, "पिछले पैंसठ वर्षों से आप अध्ययन में लगे हैं। फिर भी कह रहे हैं कि इन प्रश्नों के उत्तर मुझे नहीं मालूम! सचमुच ही आप निस्पृह और निराभिमानी हैं।"[२०] निराभिमानी होना तो साधना की अंतिम सीढ़ी है। आपटे हँसे। उस सीढ़ी पर चढ़ने का ही तो प्रयास कर रहा हूँ।

दादा साहेब आपटे ने भारत माँ की साधना की थी। उन्होंने न जाने कितनी बार उसकी परिक्रमा की थी। वे अब अपने बचे-खुचे कार्य निपटा रहे थे। अपने आप को भी समेट रहे थे और अपने व्यापक प्रसार को भी। शरीर भी जर्जर हो रहा था। एक दिन उन्होंने अपने भानजे गणेश को बुलाकर कहा—

वासांसि जीर्णानि यथा विहाय, नवानि गृह्णाति नरोपराणि।
तथा शरीराणि विहाय जीर्णान्य, न्यानि संयाति नवानि देही॥[२१]

परंतु गणेश को उसका अर्थ नहीं बताया। गणेश ने पूछा, "मामा, इसका अर्थ क्या है?" आपटे हँसने लगे, "अरे गणेश! तू इसका अर्थ नहीं जानता! तूने ही तो यह कहा था।" गणेश कुछ समझ नहीं पाया। आपटे फिर हँसने लगे। कैसी अजीब हँसी थी! वे हँस रहे थे या रो रहे थे? गणेश समझ नहीं पाया। वे भीतर से हँस रहे थे, बाहर से रो रहे थे। किसी को समझ नहीं आ रहा था। "दादा साहेब आपटे को क्या हो गया है?" जाननेवाले पूछते। परंतु आपटे अबूझ होते जा रहे थे। अकेले तो हो ही चुके थे। यह आपटेजी के भीतर का द्वंद्व था। वे अपने आपसे लड़ रहे थे। परंतु इस लड़ाई में वे धीरे-धीरे सांसारिक एषणाओं से भी मुक्त होते जा रहे थे।

यात्रा के मील पत्थर—आपटे अपने जीवन में अनुभवों के एक लंबे दौर से गुजरे थे। गुरु गोलवलकर और बाला साहेब देवरस के साथ अनेक लंबी यात्राओं के सहयात्री रहे थे। गांधी हत्याकांड के बाद का युग भी उन्होंने देखा था और १९७५ में तत्कालीन प्रधानमंत्री श्रीमती इंदिरा गांधी द्वारा लगाई गई आपात स्थिति की तपिश को भी उन्होंने नजदीक से अनुभव किया था। देश-विदेश की यात्राओं में हजारों लोगों के संपर्क में आए थे, जिनमें राजा से लेकर रंक तक सभी श्रेणी के

लोग थे। वेदांत और संस्कृत के वे प्रकांड पंडित थे। इसलिए महाकाल के बीत चुके सर्गों से जुड़े हुए थे। वर्तमान की पथरीली और कंटकमयी पगडंडियों के तो वे स्वयं ही यात्री थे। उनके भीतर एक पूरा भारत उमड़-घुमड़ रहा था। उसे कागज पर उतारना था। दादा साहेब इसके लिए प्रयास भी करते रहते थे। उन्होंने कुछ लिखा भी, लेकिन मन बार-बार भागता था। वे जीवन की समस्त वर्जनाओं को तोड़ रहे थे। वे धीरे-धीरे सामान्य से असामान्य धरातल पर अवस्थित होते जा रहे थे। सभी प्रकार के बंधनों से मुक्ति का यह महापर्व था। दादा साहेब आपटे को जाननेवाले लोग चौंकते। वे बाहर से टूट रहे थे, लेकिन अंदर से जुड़ रहे थे। इतने दशकों तक उन्होंने बहिर्मुखी यात्राएँ की थीं। अब वे अपनी अंतर्मुखी यात्रा पर निकले थे। सबसे बेपरवाह! सबसे बेखबर! पूरा जीवन आपटेजी के आगे चित्रपट की रील की तरह घूम रहा था। वे पुरातन का स्मरण कर रहे थे, ''समर्थ रामदास मेरे जीवन में प्रेरणा के स्रोत थे। मुझे स्मरण है कि शैशवकाल में ही उनके अविस्मरणीय श्लोक हमें घर में पढ़ाए जाते थे। हमारे घर में सायं को परिवार का कोई ज्येष्ठ सदस्य समर्थ रामदास के श्लोक बोलता जाता था और हमें उन्हें दोहराने के लिए कहा जाता था। प्राथमिक पाठशाला में प्रवेश लेने के पूर्व ही मुझे संस्कृत और मराठी काव्य की अनेक पंक्तियाँ स्मरण हो गई थीं। यह अलग बात है, उस आयु में संस्कृत काव्य का अर्थ समझना मेरे सामर्थ्य से बाहर था। परंतु समर्थ रामदास के श्लोकों के बारे में ऐसा नहीं था। ये इतनी सरल भाषा में थे कि हम उन्हें दोहराते-दोहराते अर्थ भी आत्मसात् कर लेते। इसका मुझ पर विलक्षण प्रभाव पड़ा। मुझे यह कहने में संकोच नहीं है कि समर्थ रामदास जैसे महामानव की शिक्षा के कारण ही मैं अनेक बार कुपथगामी होने से बचा। उनकी शिक्षा निरंतर मेरा मार्गदर्शन करती रही और मैं अपने अध्ययन में एवं जीवन-लक्ष्य की प्राप्ति में उनकी शिक्षा के प्रभाव को महत्त्वपूर्ण मानता हूँ। अब भी जब कभी ऐसा अवसर उपस्थित होता है, जिसमें झूठ बोलने से बचा नहीं जा सकता, तभी मुझे समर्थ रामदास की शिक्षा याद आ जाती है, ''सत्य बोलो, सद्व्यवहारी बनो, तभी लोग आपका सम्मान करेंगे।'' ऐसा नहीं कि मैंने जीवन में कोई गलत काम न किया हो, परंतु फिर भी मैं बहुत बड़ी गलतियों से बचा रहा हूँ तो उसका कारण रामदास ही हैं। बचपन में मैंने रामदास बनने का ही निर्णय किया था और इसकी मैंने अनेक अवसरों पर घोषणा भी कर दी थी। मुझे कहने की जरूरत नहीं है कि एक फक्कड़ अविवाहित रहने के सिवा मैं अपने स्वप्न में असफल ही हुआ। अपने उन अनेक मित्रों की तरह, जिन्हें गौतम बुद्ध ,ज्ञानेश्वर, तुकाराम, शिवाजी, नेपोलियन और पता नहीं क्या-क्या

बनना था! परंतु समर्थ रामदास सदा ही मेरे आदर्श रहे। मेरे जीवन पर उनका इतना प्रभाव था।[२२] अब तो माँ भी नहीं रही थीं। माँ की जीवन-यात्रा भी पूरी हो गई थी। आपटेजी क्या मुक्ति का एहसास कर रहे थे? या उनका यह सांसारिक जीवन से मुक्तिपर्व था? क्या दादा साहेब आपटे कभी कायदे से संसार से बँध भी पाए थे? आपटेजी के भीतर माँ के जाने पर एक शून्य व्याप्त हो गया था। शोकाकुल लोग आपटेजी को सांत्वना देने के लिए आते। उनकी माँ के बारे में कितना कुछ अच्छा-अच्छा कहते। आपटेजी सुनते रहते। एक लंबा मौन और फिर निःश्वास। स्वयंसेवक चिंतातुर हो रहे थे। आपटेजी मौन होते जा रहे थे। क्या वे सचमुच वाणी से तंग हो रहे थे?

उनकी बातों के अर्थ जान पाना मुश्किल होता जा रहा था। कबीर भी अपने वक्त में गाते थे—"नाव में नदिया डूबी जाए।" उनकी इन उलटबांसियों के अर्थ भी कौन समझ पाता था? दादा साहेब आपटे के अंतरमन तक कोई पहुँच पाए, तभी तो शब्द का अर्थ पकड़ पाए। तभी तो संवाद रचना हो। परंतु यह क्या इतना सहज था? इधर-उधर चर्चा होती। दादा नंग-धड़ंग अपने कमरे में अर्ध विक्षिप्त की तरह डोलते हैं। कुछ दिन रहने के लिए संघ कार्यालय चले गए। वहाँ शांत रहे। लेकिन घर में आकर फिर वही व्यग्रता, वही बैचेनी, वही उन्माद। माँ की मृत्यु के कुछ समय बाद उन्होंने दैनंदिनी लिखना भी बंद कर दिया था, जो वे १९४२ से निरंतर लिखते आए थे। एकांतिक और वैयक्तिक अभिव्यक्ति अवरुद्ध हो जाने से बेचैनी भी बढ़ी। मन और शरीर के इस युद्ध में शरीर धीरे-धीरे पराजित होता जा रहा था।

दादा आपटे भीतरी संसार में सिमट रहे थे। पुराने परिचितों को उनका आचार-व्यवहार पकड़ से परे लगता। परिचित घबराए रहते। दादा आपटे कब क्या कर बैठें, कुछ भरोसा नहीं था। मराठी वाङ्मय में भी एक सूर्यकांत त्रिपाठी निराला बनने की राह पर अग्रसर था। हिंदी साहित्य के उद्‌भट विद्वान् निराला जीवन के अंतिम दिनों में अपने इसी भीतरी द्वंद्व से जूझते थे। किसी का पत्र मिलने के लिए आता तो उत्तर देते, "पहले गामा पहलवान से कुश्ती लड़कर आओ। उसके बाद ही मुझसे मिलने की बात सोचना।" (सूर्यकांत त्रिपाठी निराला की जीवनी रामविलास शर्मा ने लिखी है) वे अपने भीतर की कुश्तियाँ लड़ने में मशगूल थे। मराठी में "जाणाता राजा" नाट्य दल की ख्यातिवाले बाबा साहेब पुरंदरे आपटेजी का भी एक ऐसा ही प्रसंग याद करते हैं—

"आपटेजी को अनेक बार विस्मरण होने लगा था। इसलिए 'कौशिक आश्रम'

के लोग यह ध्यान रखते थे कि वे अकेले कहीं बाहर न जाएँ। मेरा घर उनके घर के पास ही था। एक दिन आपटेजी अकेले ही मेरे घर आ गए। मैं घबराया, लेकिन तुरंत उन्हें बिठाया, कहने लगे कि मुझे बाबा साहेब पुरंदरेजी से मिलना है। मैंने कहा कि मैं ही तो पुरंदरे हूँ, तो कहने लगे कि तुम्हीं हो? तुमने मेरी पुस्तक 'स्टीन स्टार्स' अभी पढ़ी नहीं है। वही तुम्हें देने के लिए आया हूँ। यह कहकर उन्होंने मुझे एक पांडुलिपि दी। वे कुछ घबराए हुए थे। फिर कहने लगे मुझे पता है कि तुम पुरंदरे को यह पुस्तक नहीं दोगे। और यह कहकर उन्होंने वह हस्तलिखित पांडुलिपि मुझसे वापिस ले ली। मुझे स्मरण है कि वे विस्मृति में भी हिंदू धर्म और हिंदू कार्य, संघ कार्य और विश्व हिंदू परिषद् की चर्चा कर रहे थे। वह विलक्षण व्यक्तित्व था।''[२३]

परंतु हा हत भाग्य! एक बार सिर के पिछले भाग में चोट लगने से वाणी के स्नायु तंत्र दब गए। वाणी अवरुद्ध हो गई। बोल नहीं सकते थे। बोलने के प्रयास में विभिन्न प्रकार की ध्वनियाँ निकलतीं। चिकित्सकों की सलाह थी कि पंद्रह दिन के अंदर-अंदर ऑपरेशन करवा लेने से वाणी लौट सकती है। लेकिन दादा साहेब नहीं माने। वे तो स्वयं ही लौटने के सभी रास्ते धीरे-धीरे बंद कर रहे थे। यहीं से उनकी मौन-यात्रा शुरू हुई। इस यात्रा में केवल ध्वनि थी, उसका अर्थ नहीं था। लेकिन क्या सचमुच दादा आपटे अर्थहीन हो गए थे? ऊपर से देखने पर ऐसा ही दिखाई देता था। लेकिन भीतर वे कहीं गहरे अर्थों से जुड़ रहे थे। निरर्थक ध्वनियों के बीच में भी एक सार्थकता बनी हुई थी। अब वे अपने पेड़-पौधों से घंटों बातें कर सकते थे। यह उनकी चेतना का एक प्रकार से व्यापक प्रसार था। उनके भीतर एक संवाद स्थापित हो रहा था और बाहर मौन का सन्नाटा था। यह संवाद वे अपने आप से ही कर रहे थे। वाणी मिलने से भी क्या हो जाएगा? अब वे किससे बात करेंगे? कौन उनकी सुनेगा? कौन उनको समझेगा? और अब उन्हें सुनाना ही क्या है? सुनने और सुनाने के बीच जो एक तरलता होती है, वह सूख रही थी। इसलिए उन्होंने प्रकृति की तरलता को अपने भीतर समेट लिया था। इस धरातल पर उपनिषद् की प्रकृति और पुरुष ही विद्यमान थे। अन्य सबकुछ गौण हो चुका था। यह हिंदुत्व का दार्शनिक पक्ष था। जीवन भर वे हिंदू समाज को नई ऊर्जा देने के लिए स्मृतियों के पथ पर चलते रहे। नई स्मृतियों की रचना के लिए उद्यम करते रहे। असम के सत्राधिकार से लेकर कामकोटि के शंकराचार्य तक, ब्रह्मपुत्र से लेकर गंगा तक, गोदावरी से लेकर यमुना तक की उनकी सभी यात्राएँ हिंदू समाज के सांसारिक पक्ष की संवर्धन यात्राएँ थीं। अब वे श्रुति पथ के पथिक थे। वहाँ न वाणी की आवश्यकता

है, न श्रवण की। यह उनका भीतर का नाद था, जिसका रसास्वादन वे भीतर-ही-भीतर होकर गुड़ के समान कर रहे थे। ऑपरेशन करवाकर पुन: वाणी प्राप्त करके आपटे भला इस रसास्वादन से वंचित क्यों होते? 'कौशिक आश्रम' की स्थापना करने के उपरांत दादा साहेब आपटे एक प्रकार से वीतरागी हो गए। उड़िसा से पंडित मनोरंजन मोहंती ने आपटेजी को पत्र लिखा कि आप देश की युवा पीढ़ी का मार्गदर्शन कीजिए। आपटेजी ने उत्तर में लिखा, "युवकों का मार्गदर्शन करने के लिए योग्यतम लोग बैठे हैं। मैंने अपने आप को सांसारिक कार्यों से समेट लिया है।"[२४]

अंतिम यात्रा

और एक दिन यह यात्री अचानक चलता-चलता रुक गया। २० सितंबर को वे गिर पड़े थे। रक्तस्राव से उनका तन शिथिल होने लगा। उनका भानजा गणेश भट उनके पास ही था। बवनराव पेठकर भी आश्रम में ही थे। उन्होंने तुरंत एक स्वयंसेवक डॉक्टर को फोन करके बुलाया। स्वयंसेवक डॉक्टर उस समय खुद बुखार से पीड़ित थे। लेकिन दादा साहेब आपटे के घायल होने का समाचार सुनकर तुरंत भागे आए। काफी खून बह गया था। उन्होंने प्राथमिक चिकित्सा के उपरांत किसी अस्पताल में ले जाने की सलाह दी। 'कौशिक आश्रम' के पास ही मित्रमंडल कॉलोनी में एक नर्सिंग होम है। आपटेजी को वहीं ले जाया गया।

कुछ दिन उसी चिकित्सालय में उपचार होता रहा। परंतु आपटेजी की तबीयत बिगड़ती ही गई। तब सभी ने उन्हें पुणे के प्रसिद्ध 'रुबी हॉल नर्सिंग होम' में ले जाने की सलाह दी। १ अक्तूबर को प्रात:काल ही उन्हें रुबी चिकित्सालय ले जाया गया। डॉ. ग्रांट की देख-रेख में उनका इलाज चलने लगा। लेकिन यह उनकी इहलीला का अंतिम पड़ाव था। उनकी आँखें मुँदी हुई थीं। कभी-कभी होंठ हिलते, लेकिन अस्पष्ट ध्वनियों का कोई अर्थ नहीं था। शायद आपटेजी के भीतर एक नया मार्ग खुल रहा था। वे यमराज से साक्षात्कार कर रहे थे। यमराज, जिससे कभी नचिकेता ने साक्षात्कार किया था। बंद आँखों के आगे शिवाजी पार्क में संघ की शाखा, उसमें लहराता भगवा ध्वज! 'परम वैभवम् नेतुमेतद् स्वराष्ट्रम्' का संकल्प! बापूराव लेले ही उन्हें इस संकल्प तक ले गए थे। आपटेजी की बंद आँखों की कोर से एक आँसू लुढ़का। श्रीगुरुजी से उनकी भेंट और घर के सभी बंधनों को तोड़ते हुए संघ के प्रचारक के रूप में त्रिचनापल्ली तक की यात्रा! भारतमाता का खंडित स्वरूप! आपटेजी के मन में एक हूक उठती। दीन-हीन

भारतजन! पेट में अन्न जाएगा तो धर्म की बात भी होगी। भूखे का कैसा धर्म? ईसाई मिशनरियाँ उनको अन्न दे रहीं हैं और उनका धर्म ले रही हैं। अचानक भारत माता क्लांत होती दिखाई दे रही है। क्या धर्म क्रय-विक्रय की वस्तु हो गया है? क्या भारत फिर जगेगा? क्या भारत का धर्म फिर जगेगा? क्योंकि यही तो मानव धर्म है। सुख का मूलाधार! आपटेजी ने श्रीगुरुजी के साथ घंटों इन प्रश्नों पर चर्चा की है। सिर पर वेद रखकर सातों समुद्रों के पार घूम आए हैं। आपटेजी के आगे अचानक उनकी माँ साक्षात् खड़ी दिखाई देती हैं। कभी श्री गुरुजी ने कहा था, "आपटेजी, भारत माता भी तो आपकी माता ही है।" आपटेजी दोनों माताओं के ऋण से उऋण हो चुके थे। माँ भी नहीं रही। श्रीगुरुजी भी नहीं रहे। शरीर भी शिथिल हो गया है। कभी आपटेजी ने स्वयंसेवकों को संबोधित करते हुए कहा था, "मेरा बार-बार जन्म इसी भारत भूमि में हो, ताकि अधूरे कार्य को पूरा करने के लिए मैं हर बार अपना शरीर खपाता रहूँ।" उनकी बंद आँखों की कोर से एक और आँसू लुढ़का। वे स्वयं यमराज का स्वागत करने के लिए उठे। शरीर शांत था, चेतना उर्ध्वमुखी थी। १९८५ की १० अक्तूबर की रात्रि का ८.४० का समय। डॉ. ग्रांट दादा साहेब को देखकर गए थे। गणेश ने ग्रांट से पूछा भी था, "अब हालत कैसी है?" उन्होंने उत्तर दिया, "हालत में सुधार हो रहा है।" आपटेजी अपने भानजे और डॉक्टर के संवाद को सुन रहे थे या नहीं, कौन जाने! वे तो यमराज के स्वागत-सत्कार में तल्लीन थे। डॉ. ग्रांट को गए कुछ क्षण ही बीते होंगे, गणेश को लगा कि मामा की साँस उखड़ रही है। वे घबराहट में डॉ. ग्रांट के पीछे भागे। डॉ. ग्राट उलटे पाँव जल्दी-जल्दी वापस आए, परंतु तब तक आपटे शांत मुद्रा में निश्चल हो चुके थे। उनकी हृदय गति रुक चुकी थी। गणेश का मामा नहीं रहा था और देश ने दादा आपटे को खो दिया था। गणेश ने सामने दीवार पर टँगी घड़ी देखी। आठ बजकर पैंतालीस मिनट हुए थे। विनायक मंदिर में सन्नाटा था। दूर सिंहगढ़ मौन था। एक बार फिर सिंह चला गया था। लेकिन अबकी बार वह अपने पीछे विश्व हिंदू परिषद् का मजबूत गढ़ छोड़कर गया था।

दादा आपटे के शरीर को रात्रि को ही उनके पर्वती स्थित 'कौशिक आश्रम' में लाकर रखा गया। जैसे-जैसे कार्यकर्ताओं को उनके देहावसान का समाचार मिलता गया, वे वहाँ एकत्रित होने लगे। दूसरे दिन प्रात: दस बजे शवयात्रा चली। बैकुंठ श्मशान घाट पर बने विद्युत् शवदाह गृह में दादा साहेब आपटे का शरीर पंचतत्व में ही विलीन हो गया। प्रतापराव नवले ने लिखा, "दादा साहेब आपटे का पुण्य नगरी में निधन हो गया। उनके निधन से सारा हिंदू समाज शोक में डूबा है।

स्वामी विवेकानंद ने हिंदू धर्म की पताका अमेरिका में विश्व की सर्वधर्म परिषद् में लहराई थी। वीर सावरकर ने अपनी दूर दृष्टि और व्यावहारिक दृष्टि से हिंदू समाज को भविष्य का राजमार्ग दिखाया। पू.डॉ. हेडगेवार ने १९२५ में राष्ट्रीय स्वयंसेवक संघ की स्थापना करके आधुनिक हिंदुस्थान की जड़ें मजबूत कीं। मा. एकनाथ रानाडे ने कन्याकुमारी में स्वामी विवेकानंद का भव्य स्मारक निर्माण कर समाज में नवचेतना का प्रसार किया। दादा साहेब आपटे ने विश्व के हिंदुओं को एक सूत्र में पिरोने के लिए और विश्व भर में हिंदुस्थान की मेधा एवं समृद्धि का ध्वज लहराने के लिए विश्व हिंदू परिषद् की स्थापना की। स्वामी विवेकानंद, वीर सावरकर, डॉ. हेडगेवार, एकनाथजी रानाडे और दादा साहेब आपटे, आधुनिक भारत के इन पाँच पांडवों का नाम तब तक अमर रहेगा, जब तक सूर्य और चाँद रहेंगे। उन्होंने अपने कर्मों से हिंदू समाज को भविष्य का राजमार्ग दिखाया। मगर दुर्दैव से आज कुछ जातीय संगठन १९४५ जैसी विस्फोटक परिस्थितियों का निर्माण कर रहे हैं। इन भीषण परिस्थितियों पर नियंत्रण पाने के लिए हिंदुओं को इन पाँच पांडवों से स्फूर्ति लेकर आगे बढ़ना जरूरी है।"[२५] लोगों को एक साथ करने की विलक्षण कला दादा आपटे के पास थी। वे कभी भी गुस्से से बात नहीं करते थे, यह उनके साथ रहनेवालों का अनुभव है। दादा साहेब आपटे के पास प्रत्येक व्यक्ति को उसके गुणों के अनुसार कार्य देने और उसे पूरा करवाने की कला थी। यही कारण था कि उनके साथ काम करनेवाले सभी लोगों को उनमें पूर्ण विश्वास रहता था और वे श्रद्धा से काम करते थे। ऐसा समर्पित व्यक्तित्व अब काल के परदे के पीछे हो गया है, मगर उनके महान् कृतित्व की सुगंधी दीर्घकाल तक प्रसन्नता और प्रेरणा का निर्माण करती रहेगी।

विश्व हिंदू परिषद् के महाराष्ट्र के तत्कालीन संगठन मंत्री श्री शिवराय तेलंग के अनुसार, आपटेजी कार्यक्रमों में स्वयं परदे के पीछे रहना ही पसंद करते थे। मुंबई में सांदीपनी आश्रम में उन्होंने विश्व हिंदू परिषद् की स्थापना के लिए कितना बड़ा आयोजन किया, यह सब उन्हीं का परिश्रम था। परंतु वे इस पूरे आयोजन में प्रयास पूर्वक अदृश्य ही बने रहे।[२६] क्षेत्रीय संगठन मंत्री श्री यशवंत भाई भट ने आपटेजी के एक और पक्ष का उद्घाटन किया। उन्होंने बताया कि १९७५ में जब इंदिरा गांधी ने आपात् स्थिति लागू कर दी थी तो सभी शंकराचार्यों को आपात स्थिति के विरोध में खड़े करने का कार्य आपटेजी ही कर पाए थे।[२७] मराठी साप्ताहिक 'विवेक' के संपादक रहे श्री ब.ना. जोग ने आपटेजी की तर्क-क्षमता का उल्लेख करते हुए बताया कि महाराष्ट्र के कट्टर तर्कवादी श्री पु.गो. सहस्रबुद्धे

विश्व हिंदू परिषद् के पक्ष में नहीं थे। वे उसके उद्देश्यों से भी सहमत नहीं थे। आपटेजी उन्हें बार-बार अपने पक्ष में करने का प्रयास कर रहे थे। अंत में आपटेजी ने सहस्रबुद्धे को बताया कि परिषद् के न्यासियों में से पंजाब के प्रसिद्ध स्वतंत्रता सेनानी मास्टर तारा सिंह भी हैं। सहस्रबुद्धे विश्व हिंदू परिषद् के पक्ष में हो गए।[२८]

किसी ने टिप्पणी की कि दादा साहेब आपटे अपने घर में प्रत्येक अतिथि का प्रसन्न मन से सत्कार करते थे। जब यमराज भी उनके घर पहुँचे तो उन्होंने उसी खुले हृदय से उनका भी स्वागत किया और अबकी बार उन्हीं के साथ चल दिए। बाबा साहेब पुरंदरे आज भी दादा साहेब आपटे को स्मरण करते हैं, "जीवन के अंतिम दिनों में विभ्रम की स्थिति में भी उनके स्मरण में केवल एक बात रहती थी वह थी, हिंदू धर्म और हिंदू कार्य। इन्हीं दो ध्रुवों में उनका चिंतन-मनन और लेखन आ जाता है और इन्हीं में संघ और विश्व हिंदू परिषद् समा जाता है। मेरा सौभाग्य है कि ऐसे विलक्षण व्यक्तित्व को मैंने बहुत समीप से देखा है।" पुरंदरे क्षण भर के लिए फिर अपनी ही स्मृतियों में खो जाते हैं, "आपटे का यदि किसी ने उनके अंतिम काल में साथ दिया तो वे थे कैलाशवासी अच्युत कोल्हाटकर। वे उनको उस तरह सँभालते थे, जिस तरह पुत्र पिता को सँभालता है।"[२९] एक स्वयंसेवक श्रद्धांजलि देने के लिए उठे और रूँधे गले से इतना ही कह पाए, "दादा साहेब गेले।" इसके बाद वे बोल नहीं पाए। शून्य की ओर देखने लगे। सभी की आँखें भर आईं, और चारों ओर एक सन्नाटा पसर गया। एक ही शब्द बार-बार ध्वनित हो रहा था। "दादा साहेब गेले, दादा साहेब गेले, दादा साहेब गेले।" बहुत सालों बाद उनके पुराने मित्र श्री मोरोपंत पेंगलेजी उनके संजोए ग्रंथ भी नागपुर के संघ कार्यालय में ले गए और वे ग्रंथ एक समग्र इतिहास का हिस्सा बन गए। संघ की मिट्टी संघ को अर्पित हो गई। आपटे का शरीर अदृश्य हो गया और शेष बची उनकी कीर्ति।

संदर्भ

१. एस.एस. आपटे, 'वैदिक एस्ट्रोनोमी एवं एस्ट्रोलोजी', भूमिका पृ. १२।

२. आपटेजी का यह पत्र 'वैदिक एस्ट्रोनोमी ऐंड एस्ट्रोलोजी' पुस्तक में प्रकाशित है।

३. श्री आबा अभ्यंकरजी ने यह प्रसंग लेखक को पुणे में सुनाया था।

४. बाबा साहेब पुरंदरे, 'एक मनस्वी-शिवराम शंकर', 'विश्व संपर्क सेतु दादा साहेब आपटे' में संकलित, पृ. ७६।

५. न्यास के पंजीयन दस्तावेज में से।

६. न्यास के पंजीयन दस्तावेज में से।

७. न्यास के पंजीयन दस्तावेज में से। लेखक के पास इस दस्तावेज की प्रति सुरक्षित है।

८. जगदीश प्रसाद माथुरजी का आपटे के नाम ३/२/१९८१ का पत्र।

९. न्यास के पंजीयन दस्तावेज में से।

१०. श्री बाला साहेब देवरसजी द्वारा जारी सार्वजनिक अपील के अंश।

११. आपटेजी की १९७९ की अप्रकाशित डायरी नागपुर संघ कार्यालय में सुरक्षित है।

१२. राष्ट्रीय स्वयंसेवक संघ की केंद्रीय कार्यकारिणी के सदस्य श्री श्रीपति शास्त्रीजी से पुणे में लेखक की बातचीत के आधार पर।

१३. सितंबर २००५ को मुंबई में दादा साहेब आपटेजी पर आयोजित एक कार्यकम में आचार्य किशोर व्यासजी द्वारा सुनाए गए संस्मरण के आधार पर।

१४. एस.एस.आपटे, 'ज्ञानेश्वर-दी सुपर मैन', पृ. ५

१५. ---वही--- पृ. ३७

१६. ---वही--- पृ. ३८

१७. पेरिस से जीन रेमी का आपटेजी को १७/११/१९८० को लिखा पत्र।

१८. वी.वी. गद्रे का जीन रेमी को २७/१/१९८१ को लिखा पत्र।

१९. त्रिनिदाद से ८ नवंबर, १९८० को आपटेजी के नाम लिखा पत्र।

२०. मनोरंजन पांडा को १०/११/१९८० को आपटेजी द्वारा लिखा पत्र। (१७ से २० तक में इंगित पत्र लेखक के पास सुरक्षित है)

२१. श्रीमद्भगवद्गीता २/२३

२२. कुलदीप चंद अग्निहोत्री, 'दादा साहेब आपटे', पृ. २८ से उद्धृत

२३. बाबा साहेब पुरंदरे, 'एक मनस्वी-शिवराम शंकर', 'विश्व संपर्क सेतु दादा साहेब आपटे' में संकलित, पृ. ७५-७६

२४. मनोरंजन पांडा को १०/११/१९८० को आपटेजी का लिखा पत्र।

२५. 'तरुण भारत', मराठी दैनिक, नागपुर।

२६-२८ 'ऑर्गेनाइजर' दिल्ली, ३/११/१९८५

२९. बाबा साहेब पुरंदरे, 'एक मनस्वी-शिवराम शंकर', 'विश्व संपर्क सेतु दादा साहेब आपटे' में संकलित, पृ. ७६

□

परिशिष्ट

[विश्व हिंदू परिषद् के अध्यक्ष, मैसूर महाराजा श्री जयचामराज वाडियार का २६-२८ मार्च, १९६७ को चेन्नई में आयोजित विद्वत् परिषद् के अवसर पर उद्‌घाटन भाषण।]

मूलभूत एकता वास्तविक आवश्यकता

विद्वत् परिषद् के उन सदस्यों से मिलकर मुझे अपार हर्ष होता है कि वे हिंदू धर्म संबंधी विषयों पर विचार-विमर्श करने के लिए यहाँ एकत्र हुए हैं। विद्वत् सभा का उत्तरदायित्व वह महत्त्वपूर्ण कार्य करना है, जिससे भारत एवं विदेश स्थित समस्त हिंदुओं के मार्गदर्शन के लिए विश्व हिंदू परिषद् द्वारा सर्वमान्य न्यूनतम आचार एवं संस्कृति संहिता संकलित करने में सहयोग प्राप्त हो सके। विद्वत सभा के सदस्यों की हिंदू धर्म के प्रति महान् सेवा होगी, जिससे वे इस महत्त्वपूर्ण विषय पर अपना समग्र विचार प्रकट कर सकें।

हिंदू धर्म की गुत्थियाँ यहाँ तथा विदेश के प्रत्येक व्यक्ति के मन में खटकती हैं। हिंदू समाज में अनेकानेक जातियाँ एवं उप-जातियाँ तथा विविध आचार-विचार विद्यमान हैं। इसके अतिरिक्त इसमें अनेक मत-मतांतर हैं, जिनकी आराधना पद्धतियाँ भिन्न-भिन्न हैं। हिंदू दर्शन की विभिन्न पद्धतियों द्वारा केवल गुत्थियाँ बढ़ती जाती हैं और अनेक मतांतरगत आस्थाएँ एवं अंधविश्वास हिंदू धर्म में फैलकर इसके वर्तमान एकता-सूत्र को दुर्बल बनाता रहा है। अतः अब वास्तविक आवश्यकता इस बात की है कि हिंदू धर्म के परम हितैषियों का ध्यान अपने धर्म के अत्यावश्यक अंगों की ओर आकृष्ट करना है तथा उन्हें बताना है कि हिंदू धर्म के अंतर्गत अचंभित करनेवाला जो वैभिन्न्य है, उसी में इसका मूलभूत ऐक्य अंतर्निहित है।

इसमें कोई शंका नहीं कि निकट भूत में हिंदू धर्म के आवश्यक तत्त्वों पर प्रकाश डालने का प्रयास हुआ है, इन प्रयासों के स्वरूप सुधारात्मक होते हुए भी कुछ भ्रांतियाँ आ ही गईं। फलतः हिंदू धर्म का वास्तविक चित्र उभर नहीं पाया। कुछ तो अपने सद्प्रयास के होते हुए भी हिंदू की अपेक्षा ईसाई प्रतीत होने लगे।

अन्यान्य लोगों ने हिंदू धर्म के औपनिषदिक आधार की अवहेलना की। फलतः इसका सही-सही प्रस्तुतीकरण नहीं हो पाया, यद्यपि वे हिंदू समाज के समस्त समुदायों को संगठित तथा अपने मूलभूत धर्मग्रंथ-वेद की ओर ध्यान आकृष्ट करने में सफल अवश्य रहे। अन्य कुछ लोगों ने थियोसोफी के सिद्धांतों द्वारा इसे अतिरंजित करने का प्रयास किया, जिससे हिंदू धर्म का विकृत प्रारूप ही हमारे समक्ष उपस्थित होने लगा। इस प्रकार इनसे स्पष्ट ज्ञात होता है कि हमारे सुधारात्मक प्रयासों में भी खतरे की संभावना रही है। अतः हमें अपने इस पुरातन धर्म के आवश्यक अंगों के केवल भावात्मक प्रारूप का ही प्रस्तुतीकरण करना है। यही एक रास्ता है, जिसके द्वारा हिंदू धर्म और इसके आकार-प्रकार को ठोस तथा स्वरूप को सार्थक बनाया जा सकता है।

हिंदू धर्म का त्रिमूर्ति स्वरूप
कर्म, पुरुषार्थ एवं अवतार।

हिंदू धर्म का सही चित्रण प्रस्तुत करते समय इसके मूलभूत स्वरूपों का प्रस्तुतीकरण होना आवश्यक है। इसके विभिन्न स्वरूपों में से तीन विशेष रूप से उल्लेखनीय हैं। पहला है—कर्म एवं पुनर्जन्म, जिसके अनुसार प्रत्येक हिंदू यह मानता है कि उसका अपना वर्तमान स्वरूप तथा सामाजिक स्थिति उसके गत जीवन का ही प्रतिफल है और उसका आगामी जीवन उसके वर्तमान जीवन के कर्मों पर निर्धारित होगा; दूसरा है—पुरुषार्थ का सिद्धांत, अर्थात् जीवनगत मूल्य, जिसके द्वारा धर्म-प्राप्ति अर्थात् धर्म का अनुसरण किसी भी हिंदू का उद्देश्य होना चाहिए; अर्थ अर्थात् धनार्जन, काम अर्थात् सांसारिक सुख की प्राप्ति तथा मोक्ष अर्थात् परमानंद का साक्षात्कार करना। अंत में अवतार का वह सिद्धांत है, जिससे किसी ऐसे पुरुष का अवतरण होता है, जिसके द्वारा समाज की बुराइयों को दूर करके धर्म को यथोचित रूप में प्रस्थापित किया जाता है। जैसा कि भगवान् कृष्ण ने गीता में कहा—

यदा यदा हि धर्मस्य ग्लानिर्भवति भारत।
अभ्युत्थानमधर्मस्य तदाऽऽत्मानं सृजाम्यहम॥

और यही हिंदू धर्म का महत्त्वपूर्ण आदर्श नीतिवाक्य है, जिससे आशा एवं विश्वास की झलक मिलती है।

हमारी एकता का सूत्र—सर्वमान्य धर्मग्रंथ

पुनः कुछ ऐसे तत्त्वों पर निश्चित रूप से बल देना है, जिनके द्वारा हिंदू धार्मिक पद्धति में ऐक्य लाया जा सके। ऐसी प्रक्रिया में सर्वप्रथम ये सर्वमान्य धर्मग्रंथ उल्लेखनीय हैं, जिनके द्वारा हिंदू शासित होता है, जैसे वेद (ऋक्, यजु, साम, अथर्व) एवं उपनिषद्; महाकाव्य—रामायण एवं महाभारत; भगवद् गीता; पुराण; भागवत सहित स्मृतियाँ—मनु एवं याज्ञवलक्य। यथार्थतः ये वे धर्मग्रंथ हैं, जिनके द्वारा हिंदू धर्म के स्वरूप का निश्चित रूप से निर्धारण किया गया है तथा इन्हीं के द्वारा हिंदू समाज में ऐक्य भावना की अभिवृद्धि हुई है। सर्वमान्य देवताओं के प्रति जो आस्था है, यह दूसरा सूत्र है, जो हिंदू समाज को एकता प्रदान करता है। समस्त हिंदू त्रिदेवों—ब्रह्मा, विष्णु एवं महेश में विश्वास रखता है। हाँ, यदि अन्यान्य देवी-देवताओं की आराधना की जाती है, तो भी ये सभी प्रमुख देवताओं के ही विभिन्न रूप हैं। पुनः सर्वमान्य आचार-विचार, कर्मकांड एवं त्योहार हिंदुओं में प्रचलित हैं। सभी हिंदू मंदिरों एवं तीर्थस्थानों की यात्राओं में विश्वास करते हैं तथा ध्यान-पूजन के महत्त्व में आस्था रखते हैं। इनके विश्वास एक से हैं, जैसे वर्णाश्रम में वर्ण अर्थात् जाति। वेद के प्रति उनकी जो भी प्रतिक्रियाएँ हों, लेकिन आश्रम (ब्रह्मचर्य, गृहस्थ, वानप्रस्थ एवं संन्यास) के प्रति बड़ी आस्था है।

हिंदू धर्म के अंतर्गत यह माना जाता है कि आत्मसाक्षात्कार के लिए ज्ञान-भक्ति या कर्म आवश्यक है तथा इस आस्था द्वारा भी हिंदू समाज में अधिकाधिक एकता की भावना में अभिवृद्धि होती रही है। सर्वोपरि, इस संदर्भ में आध्यात्मिक विकास-विधि पर बल देना आवश्यक है, जिसमें हिंदू धर्म के समस्त सुपुत्र पूर्ण रूप से विश्वास करते हैं। किसी भी मत-मतांतर के हिंदू के लिए सत्य एवं अहिंसा तथा आध्यात्मिक मूल्यों का सर्वप्रथम महत्त्व माना गया है। शारीरिक शक्ति एवं स्फूर्ति तथा संपत्ति व सुख जैसे भौतिक मूल्यों के महत्त्व को गौण मानकर केवल द्वितीय स्थान दिया गया है।

आपके समक्ष समग्र हिंदू समाज के हित के लिए ये सभी पहलू प्रस्तुत किए गए हैं, ताकि आप इन पर सहृदयतापूर्वक विचार-विमर्श कर सकें। क्योंकि यथोचित विचारण द्वारा ही कोई भी अन्वेषक सत्य की ओर अग्रसर हो सकता है। महान् दार्शनिक श्री विद्यारण्यस्वामी ने ठीक ही कहा है—

इति श्रुतिविचरत् प्राग्यथा भासते
विचारेण विपर्येति ततस्तच्चिंत्यताम् वियत्।

आपकी कार्यवाही सफल हो तथा विश्वास है कि आप समस्त हिंदुओं के मार्गदर्शन के लिए सर्वमान्य आचार एवं संस्कृति संहिता प्रस्तुत करने में 'विश्व हिंदू परिषद्' को यथासंभव सहायता प्रदान करेंगे।

ॐ शांति। शांति॥ शांति॥

(यह भाषण उनकी अनुपस्थिति में प्रो. गुरुराज राव द्वारा पढ़ा गया।)

संदर्भ ग्रंथ सूची

अंग्रेजी

An Analyast	Hindustan Samachar : News Media Mask of RSS, New Delhi, A.L.S.V. Committee, 1976
Bal Shastri Hardas S.S. Apte (tran)	Glimpses of the Vedic Nation, Madras, Sri Kamakoti Publishing House, 1967
Christophe Jaffrelot	The Hindu Nationalist Movement and Indian Politics, New Delhi, Penguin Books, India, 1999
D.P. Patodia (Ed),	The Hindu Awakening-Retrospect & Pomise, New Delhi, Vishva Hindu Parishad, First Ed.
Govt. of India	Report of the Second Press Commis sion, Vol-1&2, Delhi, Controller of Publication, 1982
K.M. Shrivastava	News Agencies four pigeon to intanet, New Delhi, New Daura Press, 2007
Manjari Katju	Vishva Hindu Parishad and Indian Politics, Orient Black Swan, 2003, Delhi.
Narayan Rao Tarte	World Hindu Conference Souvenir Mumbai, 1979
S.S. Apte	1. Dnyaneshwar : The Super Man, Pune, Gopal Masik prakashan, 1982 2. Shakari Vikramaditya : The Epoch Maker, Nagpur, Bharat Prakashan, 1946 3. Samarth Ramdas- Life and Mission,

Mumbai, Vora & co. publishers, 1965
4. Vedic Astronomy and Mythology, Pune, Gokul Masik Prakashan, 1978
5. 1857 to 1947- Armed Struggle for Freedom.

Vishva Hindu Parishad — 1. Memorandam of Association Rule & Regulations
2. An Introduction To Vishva Hindu Parishad, New Delhi, First ed.
3. Objects and Achivements, New Delhi.
4. Virat Hindu Sammelan Souvenir Milton Keynes, U.K., Milton Keynes Bowl, 1989.

Walter K Andersen, Shridhar D Damle — The Brotherhood in Saffron, New Delhi, Vistar Publications, 1987.

हिंदी

अंजनी कुमार झा (संपा) — युगद्रष्टा व महान् समन्वयक शिवराम शंकर आपटे, 'भोपाल दादा साहेब आपटे जन्मशताब्दी समारोह समिति', २००६

कुलदीप चंद अग्निहोत्री (संपादक) — १. दादा साहेब आपटे : यात्रा के मील पत्थर, नई दिल्ली, दादा साहेब आपटे जन्म शताब्दी समारोह समिति, २००५
२. दादा साहेब आपटे, नई दिल्ली, दादा साहेब आपटे जन्म शताब्दी समारोह समिति, २००५
३. विश्व संपर्क सेतु : दादा साहेब आपटे, मुंबई, दादा साहेब आपटे जन्म शताब्दी समारोह समिति, २००५
४. मीडिया एवं भावी भारत, दिल्ली, हिंदुस्थान समाचार, २००५

कृष्ण कुमार बवेजा — श्रीगुरुजी—व्यक्तित्व एवं कृतित्व, नई दिल्ली, सुरुचि प्रकाशन, २००४

नारायण राव तर्टे (संपा) — विश्व हिंदू सम्मेलन, १९७९ स्मारिका, मुंबई, विश्व हिंदू परिषद् १९८९

रघुनंदन प्रसाद शमा — १. 'प्रेरणा के अमर स्वर', नई दिल्ली, विश्व हिंदू परिषद्, १९९८
२. श्रद्धांजलि स्मारिका, नई दिल्ली, विश्व हिंदू परिषद्, संवत् २००४
३. विश्व हिंदू परिषद् के उद्देश्य, कार्य तथा उपलब्धियाँ, नई दिल्ली, विश्व हिंदू परिषद्
४. विश्व हिंदू परिषद् की ४२ वर्षीय विकास यात्रा, नई दिल्ली, विश्व हिंदू परिषद्, २००७

बसंत आपटे (अनु. सुनीता परांजपे) — बापूराव लेले—व्यक्ति और कार्य, नई दिल्ली, राष्ट्रीय पत्रकारिता कल्याण न्यास, २००४

सदानंद काकड़े (अनु. अशोक भंडारी) — आज की आवश्यकता—हिंदू, हिंदुत्व, हिंदूराष्ट्र नई दिल्ली, साहित्य एवं दृक्—श्रव्य सेवा न्यास, २००५

राकेश सिन्हा — डॉ. केशव बलिराम हेडगेवार, नई दिल्ली, प्रकाशन विभाग, भारत सरकार, २००३ (पुनर्मुद्रित)

श्रीगुरुजी — १. श्री गुरुजी समग्र खंड ७, नई दिल्ली, सुरुचि प्रकाशन, २००४
२. पत्ररूप श्रीगुरुजी, नागपुर, भारतीय विचार साधना, १९८३

रमेश पतंगे (संपा.) — राष्ट्र साधना खंड-२, मुंबई, साप्ताहिक विवेक, २००१

हिंदुस्थान समाचार — २५ रौप्य महोत्सव स्मरणिका, नागपुर, १९७४

हिंदुस्थान समाचार — रौप्य महोत्सव १९४८-७५, स्मारिका, मुंबई, १९७४

रामशंकर अग्निहोत्री (संपा) — हिंदुस्थान समाचार केंद्रीय रजत जयंती स्मारिका, नई दिल्ली, हिंदुस्थान समाचार १९७५

राजकुमार शर्मा (संपा.) — पत्रकार महर्षि बापूराव लेले, नई दिल्ली, राष्ट्रीय पत्रकारिता कल्याण न्यास, २००३

विश्व हिंदू परिषद् — विद्वत् परिषद् निर्णया : विश्व हिंदू परिषद् मद्रास १९६७, मुंबई, १९६७

मराठी

शि.शं. आपटे	फरान्सचा तारणाहार चार्ल्स द गाल, मुंबई, वोरा ऐंड कंपनी पब्लिशर्स, १९६५
शि.शं. आपटे	हिंदी महाकाव्ये : कथा आणि परिचय, मुंबई, वोरा ऐंड कंपनी पब्लिशर्स, १९६३
शि.शं. आपटे (अनु.)	महायोगी अरविंद, १९५६
शि.शं. आपटे	महापुरुष शंकरदेव, मुंबई, वोरा ऐंड कंपनी पब्लिशर्स, १९७९
शि.शं. आपटे	गोमांतक लढा, १९५५
शि.शं. आपटे	असा झाला ज्ञानाचा श्रीगणेशा मुंबई, वोरा ऐंड कंपनी पब्लिशर्स
शि.शं. आपटे	डायरी (१९४२-१९८७, अप्रकाशित)
विश्वास विनायक सावरकर	आठवणी अंगाराच्या, पुणे, स्नेहल प्रकाशन, २००१
शरद हेवालकर	श्री बालासाहेब देवरस, पुणे, भारतीय विचार साधना, २०००
म.वि. गोखले (संपा.)	इतिहास मंजूषा, पुणे, भारतीय इतिहास संकलन समिति, २००१
वि.रा. करंदीकर	तीन सरसंघचालक, पुणे, स्नेहल प्रकाशन, १९९९
लक्ष्मीकांत जोशी (संपा.)	विकसित भारत दृष्टी आणि दिशा, मुंबई, हिंदुस्थान समाचार, २००४

पत्र-पत्रिकाएँ

'हिंदू विश्व', हिंदी	('हिंदू विश्व' का प्रकाशन मुंबई से प्रारंभ हुआ था। बाद में प्रयाग से प्रकाशित होने लगा और उसके बाद से दिल्ली से प्रकाशित हो रहा है।)

पाञ्चजन्य, हिंदी साप्ताहिक, दिल्ली
Organiser, English Weekly, Delhi
Tapovan Prasad, Mumbai
Hindu Vishwa, Delhi

□□□